中南财经政法大学
基本科研业务费重点项目：
后金融危机时代下的
会计准则等效研究（课题编号 2010004）

"十二五"国家重点图书出版规划项目

会计经典

稳定币值会计
Stabilized Accounting

[美] 亨利·惠特科姆·斯威尼 著

王昌锐 李成艾 译

图书在版编目(CIP)数据

稳定币值会计/(美)亨利·惠特科姆·斯威尼著;王昌锐,李成艾译.
—上海:立信会计出版社,2017.9
(会计经典)
ISBN 978-7-5429-4818-2

Ⅰ.①稳… Ⅱ.①亨… ②王… ③李… Ⅲ.①物价变动会计 Ⅳ.①F234

中国版本图书馆 CIP 数据核字(2016)第 113970 号

策划编辑　黄成艮
责任编辑　黄成艮
封面设计　南房间

稳定币值会计

出版发行	立信会计出版社		
地　　址	上海市中山西路 2230 号	邮政编码	200235
电　　话	(021)64411389	传　真	(021)64411325
网　　址	www.lixinaph.com	电子邮箱	lxaph@sh163.net
网上书店	www.shlx.net	电　话	(021)64411071
经　　销	各地新华书店		
印　　刷	上海中华印刷有限公司		
开　　本	670 毫米×965 毫米　1/16		
印　　张	17.5	插　页	4
字　　数	244 千字		
版　　次	2017 年 9 月第 1 版		
印　　次	2017 年 9 月第 1 次		
印　　数	1—1500		
书　　号	ISBN 978-7-5429-4818-2/F		
定　　价	60.00 元		

如有印订差错,请与本社联系调换

会计经典编辑指导委员会

指导委员会

主任委员　葛家澍　郭道扬
委　　员　（以姓氏笔画为序）
　　　　　于玉林　王庆成　王松年　成圣树
　　　　　吴水澎　汤云为　张文贤　张以宽
　　　　　杨宗昌　徐政旦　盖　地　傅　磊
　　　　　常　勋　裘宗舜

编辑委员会

主任委员　邵瑞庆
委　　员　（以姓氏笔画为序）
　　　　　李颖琦　邵　军　张维宾　曹惠民

译者序言

会计计量是财务会计的一个基本特征,在财务会计的理论体系和方法体系中占有重要的地位。一般来说,会计计量包含计量属性和计量单位两个要素。计量属性解决"计量什么"的问题,反映的是会计要素金额的计量基础,而计量单位解决对选定的计量属性"用什么去计量"的问题。计量属性与计量单位是两个不同层次的问题,计量属性是内在的、根本的问题;计量单位是外在的、形式的问题。以货币作为主要的计量单位是现代财务会计的重要特征之一。

货币计量的基础是假定用于计量经济事项的货币价值是稳定不变的(即使有所波动,其波动幅度应当也不足以影响用它来计量会计事项的结果),但实际上,企业面临的经济环境却常常出现由于各种原因引起的物价剧烈波动现象,造成货币价值的极其不稳定,这样一来就使得相同的货币金额在不同的时点代表着不同的购买力。同一时点的资产金额,尽管在会计账簿、财务报表中有详细的反映,但却是一堆没有综合意义和可比价值的数据的罗列,丧失了会计信息应有的可比性和综合性。

此外,物价变动冲击了历史成本计量属性的应用。物价变动使货币价值失去了稳定性,因而使历史成本计量失去了客观性和可靠性,以此为基础计算出来的数据与实际大相径庭。物价变动使得现实的资产在不知不觉中自行改变了其本身所代表的价值,确切地讲是其自行改变对应的货币量。但是,公司账面上的资产价值一直是以历史成本加以反映的。因此,计算出来的资产转移价值,不符合实际结转出去的金额;计算出来的实物资产的价值与公司实物资产所代表的现行价值不符。

另外,物价变动也冲击了收入与费用的配比原则。配比原则是为了按照谁受益谁负担的精神准确地计算出各会计期间的经营成果而设定的一项原则。在物价变动的情况下,企业销售产品取得的收入是按现行市价计算的,而在计算与同期收入相关的费用时,大部分项目采用的是历史成本。现行销售收入与历史成本相配合确定的经营成果,显然是畸形的和不可靠的。

为了保证企业对外提供财务报表的可靠性和可比性,如实反映企业经济活动,必须消除因物价变动导致的货币价值不稳定对财务报表的影响。1924 年,亨利·惠特科姆·斯威尼(Henry Whitcomb Sweeney,1898—1967)在通过了哥伦比亚大学哲学博士学位的综合面试后,经过与其博士论文导师罗伊·伯纳德·凯斯特教授(Roy Bernard Kester,位列美国会计名人堂第 18 位)的讨论,最终确定了以《稳定币值会计》(Stabilized Accounting)作为其博士论文选题。

斯威尼是 20 世纪 30 年代以来美国著名会计学者之一,《稳定币值会计》一书作为其博士论文,从 1924 年立题到 1933 年形成论文并通过答辩,及至 1936 年正式出版并获得博士学位,历时 12 年。这本专著的形成过程虽然充满了艰辛与汗水,但对现代会计理论的发展产生了重要影响。

1936 年该书第一次出版时,斯威尼的博士学位论文导师凯斯特教授亲自作序,对其学术价值做了高度评价。凯斯特教授在序言中写道:"在咱们国家,过去没有设计出可以在会计记录中详尽地反映物价变化的影响并帮助企业在制定政策时考虑到它们的影响的技术。斯威尼先生在发展可能的方法方面做了一个开拓性的尝试。这个技术或其他基于此技术而发展的技术最终是否盛行,只有时间和环境才能证明。他对这个问题的处理方式是激动人心的,并且这将打破大多数门外汉,以及相当部分会计人员和企业管理层对会计数字盲目的信赖。"

该书于 1964 年再版时,作为该会计经典著作再版编辑的美国著名会计学家斯蒂芬·亚当·泽夫(Stephen Adam Zeff,位列美国会计名人堂第 70 位)亲笔撰写了推介性前言;美国著名会计学家威廉·安德鲁·佩顿(William Andrew Paton,位列美国会计名人堂第 3 位)也亲笔撰写再版前言。两位教授对斯威尼的学术精神大加赞赏,并对其学术价值进行了高度评价。斯威尼在本书再版时,也再次提笔为《稳定币值会计》撰写了长篇回忆录《追忆稳定币值会计四十年》,系统、全面地总结了 40 年来稳定币值会计的发展演进及其学术贡献。

《稳定币值会计》一书首次出版的时代背景是美国刚刚渡过灾难性的1929—1933年的经济大危机。这次经济大危机之后,由于罗斯福政府实行对市场经济进行干预的新政,美国经济开始复苏,但20世纪30年代初经济大萧条带来的物价波动、通货紧缩、物价狂跌和企业倒闭的阴影,仍使美国人心有余悸。反映到会计上,就有一种需要,即当物价波动时,应当如何用稳定的会计数字反映企业的"真实收益"(true income)。斯威尼建议,为了计量真实价值,在物价变动时可采用"一般物价水平"作为稳定的计量单位。令人遗憾的是,这个建议直到40多年后的1979年9月,才被美国财务会计准则委员会(Financial Accounting Standards Board,简称 FASB)所发布的第33号财务会计准则(Statements of Financial Accounting Standards,简称 SFAS)——《财务报告与物价变动》(SFAS No.33 Financial Reporting and Changing Prices)所采纳。

《稳定币值会计》一书由八章构成:第一章——普通会计哪里出错了;第二章——稳定币值会计对普通会计的修正;第三章——基于重置成本的稳定币值会计;第四章——公用事业公司的稳定币值会计示例;第五章——毛纺厂的稳定币值会计示例;第六章——代理公司的稳定币值会计示例;第七章——稳定币值会计的各种问题;第八章——对稳定币值会计异议的回应。该书的主要贡献是,提出了将传统历史成本会计报表上的美元调整为"等值美元"的程序与方法,它是有关现时购买力会计的第一本著作。

《稳定币值会计》一书离不开1929年美国经济大危机这一大的经济背景。不幸的是,近乎80年后的2008年,由美国次贷危机引发的全球金融危机给世界经济带来了深重的灾难。为了应对此次全球金融危机,根据二十国集团(简称 G20)和金融稳定委员会(Financial Stability Board,简称 FSB)的要求,国际会计准则理事会(International Accounting Standards Board,简称 IASB)自2008年开始积极研究金融危机中暴露出来的有关会计问题,为此做了大量改进国际财务报告准则的工作。"每一次经济金融危机史,都是一部会计反思史、再造史和创新史",国际金融危机又一次将会计推向了风口浪尖,其必将推动会计理论和实务的不断完善。为了研究国际金融危机对我国会计的影响,以中南财经政法大学会计学院博士生导师张敦力教授、硕士生导师王昌锐副教授和陈辉副教授组成的团队申请到了基本科研业务费青年教师资助重点项目"后金融危机时代下的会计准则等效研究(课题编号：2010004)"，本书作为该重点课题的阶段性研究成果，也是本课题深入研究的重要参考资料之一。

本书由王昌锐和李成艾翻译，其中：王昌锐翻译了斯威尼撰写的前言、第一章至第四章；李成艾翻译了第五章至第八章及附录；最后由王昌锐进行了全书的总校、修改和定稿。

感谢徐荣、杨明、邹昕钰、谭鑫、李娜、李颖、苏一丹、刘甜、曹汉利和贾霖(EJAZ KARIM，来自巴基斯坦)等中南财经政法大学会计学院的硕士研究生在本书翻译过程中给予的大力协助！

值本书出版之际，我们真诚感谢立信会计出版社的领导和本书编辑所给予的支持与指导！同时，更要感谢本书的原作者为我们提供了这本富有重要参考价值的会计巨著！由于译者水平有限，本书疏漏之处在所难免，期待广大读者批评指正！

您的宝贵意见请反馈至邮箱：wchr1974@aliyun.com。

王昌锐　李成艾
2017年6月30日于武汉晓南湖畔

著 者 前 言

　　企业管理层管理着企业的各项经营活动。从管理层自身的管理活动来说，它主要依赖于雇员们提交的报告。它还要定期向企业所有者提供受托责任报告。它也会时不时地向那些给企业提供了贷款的商业银行、向企业征税或管制企业的联邦政府和州政府，以及一般财政公共部门提供报告。

　　因而，整个企业系统依赖于报告。这些报告的核心是财务报表。这些财务报表是基于账簿记录编制的。当然，账簿记录是以货币形式表示的，美国的货币形式就是美元。

　　现在，我们应当可以很细致地观察到美元并不是一成不变的。比如，考虑到一般购买力水平，美元好比一个尺度，一方面，1913年的美元比1936年年初的美元购买力增加了50%。另一方面，1936年年初的美元比1920年夏季的美元购买力增加了33%。1920年夏季的美元购买力只有1913年的美元购买力的一半。美元的一般购买力几乎每月都在发生变化，时而减少，时而增加，如同潮水的涨退，虽然不像潮汐那么有规律，但是有着各自的波峰和波谷，就像商品和服务的价格那样。

　　因此，会计数字是用橡胶一样的计量单位表示的。账户中的1 000美元大于750美元。但是事实上750美元可能比1 000美元更多。因为750美元中每1美元的价值可能比1 000美元中每1美元的价值大。这就是它的道理所在。价格不断地升降，一般只是很轻微地波动，但有时候会变动得很剧烈。会计数据没有建立在坚如磐石般的真实价值的基础之上，而是建立在如同散沙般的美元单位上，这种基础围绕着价格无休止地变动。

　　现在看来，整个企业系统的成功依赖于报告的真实性。报告的真实性依赖于会计的真实性。会计的真实性在很大程度上依赖于美元的真实性——而美元是一个骗子！因为它说的是一件事而表示的又是另外一回事。

结果是，普通会计数字或多或少地给出了错误的建议。他们说应当扩大规模或缩小规模，买进或卖出，雇佣或解雇时，实际上此时他们应该采取相反的做法，或者是实施的幅度应该有所变化。他们说折旧或成本应该如何增减，但通常他们都过于武断。他们常常在实际收入减少时，却说应该多交所得税；反之，亦然。他们频繁地在不该分配股利时分配股利；反之，亦然。结果，企业管理层使用会计信息进行相关决策时，其实是在使用一种不太可靠的向导。

更进一步而且更重要的是，虽然在近几年经济空前的繁荣与萧条中会计的不可靠性已经达到很严重的程度，但是它在未来几年里恐怕会变得更严重，因为通货膨胀继续不祥地潜伏在经济中。

无论是通货膨胀还是通货紧缩，价格无疑都会在很长一段时间内上下波动，就像过去一样。而且只要它们这样，会计数字就同往常一样是错误的。

本书的目的就在于指出会计数字是怎样因为美元价值波动而存在错误，以及怎样最大限度地消除这种错误。接下来阐述的修正方法，叫作"稳定币值会计"。它起源于德国和法国在通货膨胀后期发明的修正方法，但它也包含笔者大量原创的理论与实践精华。并且，我们将会看到，它的实践性已经得到仔细地测试。

本书适用于那些需要依赖会计信息进行决策的企业的任何阶层的人员。更具体一点，它主要适用于以下读者：审计人员、公共会计师、成本会计师、会计教师、一般的企业管理人员、出纳员、信用调查员、商业银行家、投资银行家、统计员、税务会计师、经济学家、簿记员、财务编辑和想从事这些职业的学生或雇员。

只要对企业运行有一般了解的人，就不难理解稳定币值会计的基本原理。而对于那些掌握了中级会计和审计的人员来说，掌握稳定币值会计的详细处理规则则更是不成问题。

在一个新学科的第一次完整的陈述中，难免会存在一些没被检测到的、错误的前提假设，以及一些不合逻辑的结论或数学计算错误。因此，请读者允许这种不受欢迎的错误出现的可能性，并将后文中出现的任何错误或明显的错误告知本人。

接下来,我要表达我的感激之情:感谢哥伦比亚大学的罗伊·伯纳德·凯斯特教授的指导与批评!感谢哥伦比亚大学的A·斯托克德教授对本书1933年的书稿的审阅和支持!感谢大卫·海姆布劳事务所的注册会计师D·海姆布劳先生,他对本书1931年的书稿给予了审阅和支持!感谢德国布赖斯弗赖堡大学的W·梅尔贝里教授,他对本书1927年的书稿给予了审阅和支持!感谢德国法兰克福大学的F·斯密特教授对本人在1929年提出的关于稳定币值会计的基本概念的批评!感谢安达信会计师事务所的注册会计师兼《会计评论》的编辑E·L·科勒先生,感谢他对这个主题在实践方面给予的批评以及对本人在《会计评论》期刊上发表论文的评论!感谢纽约酒吧的J·韦纳先生给予的撰写方式的建议!同时,也感谢哥伦比亚大学的J·C·邦布赖特教授给予的撰写方式的建议!

其他给予了我受益匪浅的帮助的人有:纽约联邦储蓄银行的斯奈德·卡尔先生和巴格韦尔·露西尔女士,他们帮我审核了有关物价指数的报告;哥伦比亚大学的比克·达尔夫先生,以及伯恩斯和贝克公司的前雇员阿尔文·茹思曼先生给我提出了稳定币值会计实践方面的有益建议;埃森德累斯登银行和德国莱比锡大学的前雇员B·哈尼伯科博士,他是德国人,他为我理解错综复杂的德国稳定币值会计提供了帮助;俄亥俄州立大学的D·索婷教授帮助我选择稳定币值会计的德国文献;注册会计师E·E·斯托布先生,罗塞兄弟和蒙哥马利公司在柏林的前合伙人对本书给予了一般性的批评建议;哥伦比亚大学的G·C·米恩斯先生对资本主题给予了建议;还有意大利米兰的彼得罗·波提利教授,墨西哥城的罗伯特·卡萨斯·阿拉特里斯特先生,罗马尼亚布加勒斯特的彼得鲁·德拉戈内斯库·布拉泰什先生,捷克斯洛伐克-斯洛伐克布拉格的卡雷尔·日拉贝克先生,俄罗斯莫斯科的维克特·西下诺夫先生,他们都在各自国家的稳定币值会计方面为我提供了帮助。

亨利·惠特科姆·斯威尼
1936年6月1日于华盛顿

目 录

第一章　普通会计哪里出错了 ……………………………………………… 1
第一节　普通会计程序概述 ………………………………………………… 1
第二节　普通会计程序的非相关性 ………………………………………… 3
第三节　普通会计程序在数学上的不合理 ………………………………… 7
第四节　普通会计程序的缺陷 ……………………………………………… 17

第二章　稳定币值会计对普通会计的修正 ……………………………… 25
第一节　稳定币值会计程序概述 …………………………………………… 25
第二节　对稳定币值会计的评价 …………………………………………… 42

第三章　基于重置成本的稳定币值会计 ………………………………… 47
第一节　重置成本计价的历史背景 ………………………………………… 48
第二节　名义资本、实物资本和实际资本 ………………………………… 50
第三节　重置成本下的稳定币值会计示例 ………………………………… 52

第四章　公用事业公司的稳定币值会计示例 …………………………… 58
第一节　账面金额 …………………………………………………………… 59
第二节　稳定币值金额 ……………………………………………………… 70
第三节　对案例中稳定币值会计的评价 …………………………………… 109

第五章　毛纺厂的稳定币值会计示例 …………………………………… 124
第一节　账面金额 …………………………………………………………… 125
第二节　稳定币值金额 ……………………………………………………… 125

第三节　对案例中稳定币值会计的评价 ⋯⋯⋯⋯⋯⋯⋯⋯ 144

第六章　代理公司的稳定币值会计示例 ⋯⋯⋯⋯⋯⋯⋯⋯⋯ 150
第一节　账面金额 ⋯⋯⋯⋯⋯⋯⋯⋯⋯⋯⋯⋯⋯⋯⋯⋯⋯⋯ 151
第二节　稳定币值金额 ⋯⋯⋯⋯⋯⋯⋯⋯⋯⋯⋯⋯⋯⋯⋯⋯ 153
第三节　对案例中稳定币值会计的评价 ⋯⋯⋯⋯⋯⋯⋯⋯ 184

第七章　稳定币值会计的各种问题 ⋯⋯⋯⋯⋯⋯⋯⋯⋯⋯⋯ 206
第一节　稳定币值的实践问题 ⋯⋯⋯⋯⋯⋯⋯⋯⋯⋯⋯⋯ 206
第二节　新政和稳定币值会计之间的关系 ⋯⋯⋯⋯⋯⋯ 218
第三节　稳定币值会计有利于净资产的实物资本保全 ⋯⋯⋯ 221

第八章　对稳定币值会计异议的回应 ⋯⋯⋯⋯⋯⋯⋯⋯⋯⋯ 223
第一节　对合理异议的回应 ⋯⋯⋯⋯⋯⋯⋯⋯⋯⋯⋯⋯⋯ 223
第二节　对不合理异议的回应 ⋯⋯⋯⋯⋯⋯⋯⋯⋯⋯⋯⋯ 236

附录　追忆稳定币值会计 40 年 ⋯⋯⋯⋯⋯⋯⋯⋯⋯⋯⋯⋯ 240

第一章　普通会计哪里出错了

简洁地描述稳定币值会计是如何应用于普通会计领域，是介绍稳定币值会计的目的、过程和价值的最简单、最明了的方式。这样看来，我们必须首先介绍普通会计。

第一节　普通会计程序概述

为了说明普通会计程序，我们可以设想一个企业，即以设想的 A 公司为例，该公司在 1933 年 1 月 1 日开业，然后假设发生了如下所述的经济业务。

A 公司在成立的当天，按面值发行了 1 000 美元的股票，并用筹得的资金购买了一个市场价格也是 1 000 美元的固定资产，这项固定资产在 1933 年计提 50% 的折旧，在 1934 年计提另外 50% 的折旧。1933 年全年，A 公司通过营业活动所获得的营业收入为 3 000 美元。这些收入在 1933 年全年均匀实现，而且全部收回了现金。A 公司 1933 年唯一的费用就是该固定资产的折旧费用。1933 年 12 月 31 日，A 公司对股东分配现金股利 2 250 美元。1933 年 1 月 1 日的一般物价指数为 100；1933 年 12 月 31 日的一般物价指数为 150；1933 年全年的平均物价指数为 125。

将上述所有假定的交易过入 A 公司的分类账中，A 公司 1933 年的各分类账账户的余额如下所示。

现　金

1月1日至12月31日 营业收入收到的现金	$3 000	12月31日 分配现金股利支付现金	$2 250

固　定　资　产

1月1日 购入固定资产	$1 000

固定资产折旧准备（累计折旧）

12月31日 固定资产50％的折旧	$500

股　本

1月1日 股本	$1 000

盈　余

12月31日 支付股利	$2 250

损　益

12月31日 折旧费用	$500	1月1日至12月31日 营业收入	$3 000

这时，发生了上述经济业务之后，普通会计将采用如下的资产负债表来报告 A 公司在 1933 年 12 月 31 日的财务状况。

A公司资产负债表

1933 年 12 月 31 日

资　产

现金	$750
固定资产原值	$1 000
减：折旧准备中的累计折旧	$500
固定资产净值	$500
资产合计	$1 250

(续表)

负　　债(无)	
净　资　产	
发行在外的股本	＄1 000
加：从损益表中得到的本年净利润	＄2 500
减：宣告并已发放的现金股利	＄2 250
1933 年 12 月 31 日盈余余额	＄250
净资产合计	＄1 250

本年发生经济活动的最终经营结果可以通过如下损益表中的报表项目表示出来。

A 公司损益表

1933 年度

营业收入	＄3 000
减：折旧费用	＄500
净利润	＄2 500

对根据传统普通账户编制出来的上述财务报表(或会计报表)，存在三种异议。这三种异议中的每一种都是有力的。前面两种是理论异议，第三种是实践异议。接下来将介绍这三种异议。

第二节　普通会计程序的非相关性

第一个异议就是上述那些会计报表中列示的大多数数据事实上与账户记录的初衷毫不相关。其原因在于，大多数数据并没有在一个与可能的商业交易对象相一致的基础上进行确认和计量。这种情况可以由以下的推理得到清楚阐述。

从最近的分析来看，人们通常从事各种各样的谋生手段，其目的就是为了直接享用——如"消费"——他们需要的商品和服务。我们把此类商品和服务称为"消费品"。人们似乎更像是为了钱而不是为了消费品而工作。但是守财奴、权力追逐者以至于普通的民众,他们想要金钱也只是因为它代表一种可以购买他们渴望拥有的货物和服务的能力。① 但是,这种说法有待商榷,人们用钱买到的并不总是消费品,更多的时候是诸如工厂设备和厂房之类的"生产性商品"。然而,人们之所以首先购买这些生产性商品,大多数情况下,他们希望最终可以购买到他们需要的消费品。

由于上述原因,会计数据最理想的计量,应该是与获得更多的消费品,抑或是更大的购买力直接相关。这些消费品其实就代表着生活成本。

一、理想的计量单位:生活成本指数

生活成本通常都是用一个指数数字的形式来表示,②用某些年份如1913年或者1926年的平均生活成本作为基数(例如,以"1913年的生活成本＝100"作为基数)。

接下来假设的案例,可以对会计数据如何基于生活成本被表达出来,获得一些端倪:若一个人在生活成本指数是100时投资了1 000美元,然后假设5年后的某一天这个指数变为了200,该项投资在所有的收益被累积的情况下合计为1 500美元。

根据这些假设,为了保持该投资者对组成生活成本的各种货物和服务的购买力,这个投资者的投资在后面的时点上必须至少是最初时候的2

---

① "……货币代表着一般购买力,人们将其视为得到一切结果的工具……"参见米歇尔·A:《经济学原理》,1920年第8版,第22页。"人们持有货币并不是为了货币本身,而是为了其购买力,即它可以买到的东西。因此,人们需要的不是若干货币的集合,而是购买力的集合"。也可参见凯恩斯·J·M:《货币协议》,第53页。更加精彩和更加全面的论述参见西格·H·R:《经济学原理》,1923年第3版,第50~51页。

② 关于指数这一主题清晰明确的阐述,参见韦斯利·C·米切尔:《美国和其他国家的批发价格指数》第一部分和《美国华盛顿特区劳工统计局第284号公报》;也可参见艾尔文·费雪:《货币的购买力》,1922年第2版;还可参见米尔·F·C:《统计方法》等。若需要详尽的处理也可参见艾尔文·费雪:《指数的编制》。

倍。由生活成本指数在后期是初始投资时期的 2 倍,可以得到上述结论。但是,这个人在后期只得到了 1 500 美元的投资回报,而本应该是 2 000 美元,即初始投资的 2 倍。因此,根据实质重于形式的要求,该项投资仅仅是最初时的 3/4,并没有使资本真正实现保值。

普通的会计数据在这种情况下都会显示这个投资者正非常顺利地朝着他的目标前进。原因在于他不仅拥有与最初投资的 1 000 美元相同数量的普通资本,而且他还得到了 500 美元的收益。然而,在相关事实的基准上进行的数据计量,意味着实际情况是正朝着与该投资者确定的目标相反的方向发展,他在 5 年后的情形将比刚开始投资时的情形要更糟糕。因为他最初投资的期望是不仅要保持原来初始的经济购买力,而且还要增加其原有的经济购买力。但是,5 年之后,最初的投入加上所有表面上的收益却仅仅只能购买最初他作为原始投资所能购买东西的 3/4。

在实务中,有人坚决反对运用生活成本指数进行计量。这些人反对采用生活成本指数的原因在于没有收集到全面的生活成本指数。在美国,至少要取得 1920 年之前的几个月的生活成本指数。实际上我们缺乏这些期间的月度指数,而这些 1920 年之前的数据对于之后的会计报表中的数据至关重要。因此,足够精确的结果自然在很多方面都不可获得了。特别需要说明的是,在 1920 年应用生活成本指数调整之前,许多特别的生活成本指数已被收集了好几年。但是,过去几年仅仅只收集了工薪阶层家庭的生活成本。因此,这个指数无疑不能充分代表全部生活成本和其他社会阶层的生活成本的变化。

二、可行的替代:一般物价指数

然而,非常幸运的是,的确存在在内容和实际的指数数字上都与生活成本指数相关,且在过去一个足够远的时点以月份形式存在的一系列指数。这个指数就是一般物价水平指数,或者称为"一般物价指数"。该指数是由卡尔·斯奈德在纽约联邦储蓄银行的支持下设计和汇编出来的,并且通过这个公共机构的《信贷和经营状况评论》月刊发布的。① 从1913年开始到本书出版时,每个月该指数的组成如下表所示。

价格类别	比重
工业产品批发价格	10%
农产品价格	10%
零售食品价格	10%
租金	5%
其他生活成本项目	10%
运输成本	5%
房地产价值	10%
证券价格	10%
机械设备价格	10%
硬件价格	3%
汽车价格	2%
组合工资	15%
合计	100%

除了战争时期受到较大的影响之外,我们这个国家的生活成本指数数据与一般物价水平指数数据在大小上是相当接近的。② 那是因为一般物价指数是生活成本指数的最佳替代,在稳定币值会计中,用它来代替后者。一般物价指数使得会计数据能够在估值的基础上被列示出来,而且估值基础比普通的美元或者是其他任何普遍可用的物价指数在经济效用上都更加相关。③

当然,这个估值基础就是一般购买力。因此,在接下来的篇幅里,它代

---

① 该期刊可以免费获得。一般物价指数也可以从图书馆和统计服务部门获得。
② 参见斯奈德·C:《货币问题与经济稳定》,《经济学季刊》,XLIX,2(1935年2月),第195～196页;也可参见《一般物价水平计量》,《经济学与统计学评论》,X,1(1928年2月),第51页。
③ 对一般物价指数的性质和在稳定币值会计中应用的优势和劣势的充分论述,可以参见斯威尼·H·W:《资本保全》,《会计评论》,V,4(1930年12月),第277～287页。

表了经济效益的正常目标。这就意味着,它代表着比囊括了各种消费品项目的较好的生活成本指数更理想的购买力基础。

第三节　普通会计程序在数学上的不合理

对普通会计程序持有异议的三个反对意见中,第二个异议简要来说就是普通的资产负债表和损益表中的数据并不合理,因为它们都混杂在一起。

一、从上述假设案例中得出的结论

第二个异议可以在上述 A 公司的资产负债表和损益表中得到清楚印证。

1933 年 12 月 31 日的现金为 750 美元,因为无论当初投资时的这些美元价值多少,现金总是表示现在的价值。例如,假定 1933 年 12 月 31 日一般物价水平是 150,比 1933 年 1 月 1 日的一般物价水平高出 50%,且比 1933 年间的平均一般物价水平高出 20%。因此,在 1933 年 12 月 31 日这些美元只能买到大概相当于 1 月 1 日所能买到的货物和服务的 100/150,或者 2/3。平均下来,相当于 1933 年年度平均所能购买的 125/150,或者 5/6。由此,1933 年 12 月 31 日的美元现金总体上只相当于 1933 年 1 月 1 日的 2/3,或者 1933 年年度平均的 5/6。

然而,固定资产净值却是用 1933 年 1 月 1 日的价值表示的,因为这是由其花费的成本来计量的。而在 1933 年 1 月 1 日购买固定资产时花费了 1 000 美元。股本仍然用相同的金额,即股东当初投入公司的 1 000 美元来列示。

股利是用 1933 年 12 月 31 日的价值表示的,因为只有这时的货币价值才是股利支付时所具有的货币价值。

但是,营业收入却是用整个年度的平均货币价值来表示的。因为,根据假设,营业收入是在全年中均匀发生的。

虽然固定资产计提了50%的折旧,但是固定资产的成本是以1933年1月1日的币值进行计量的。因此,自然该固定资产的折旧也是以1933年1月1日的币值来表示。

净利润的金额用1933年的年均币值表示,与用1933年1月1日的币值表示的结果是不同的。因此,净收入是用混合美元这种难以描述的币值来表示的。因为此币值既不是年度均值也不是任何一个时点的值。在资产负债表上,资产总额和净资产总额的数据也是分别以混合币值表示的。

这个假设的案例,如果从数学逻辑的角度来看,就是一种歪曲的情形。当然,这个案例也是一个不现实的简单案例。

接下来,我们分析一个来自法国学者的案例,该学者指出用第二次世界大战前的黄金法郎表示的数据与用贬值了的纸币法郎表示的数据合并起来是非常荒谬的。下面,就仿照该案例,把不同类型的货币看作是不同类型的蔬菜。

将1月1日的美元看作是卷心菜,将12月31日的美元看作是胡萝卜,将年度平均美元看作是小红萝卜。这样,750美元的现金就变成了750个胡萝卜,相似地,500美元的固定资产也就变成了500个卷心菜。现在如果750个胡萝卜和500个卷心菜相加,总额是什么？很显然,它们是1 250个独立的个体,它们当然不能合理地称作"1 250个胡萝卜"或是"1 250个卷心菜"。它们要么被称作"750个胡萝卜和500个卷心菜",要么使用一个不那么确切的名称,比如可被称作"1 250个蔬菜"。

类似地,当美元作为计量单位时,上述资产总额就应当是"1933年12月31日的750美元和1933年1月1日的500美元"。而如果美元的通常意义包括各种美元,就像蔬菜包括卷心菜、胡萝卜和小红萝卜一样,那么把资产总称为"1 250美元"就没有特别的异议,但同时也就没有特别的意义了。

这种蔬菜和美元的类比在资产负债表中的净资产部分表现得更加明显。因为在那里所有不同种类的美元相互间也混杂在一起。

对于这样一种把用不同货币单位计量的数据合并起来的过程①,该法国学者指出:"这种简单相加……就好比一个学生在做计算题时将卷心菜、胡萝卜和小红萝卜的数量简单相加的过程。就我自己来说,我认为当你是个孩子时,你就被教育这个加法是不能做的,因为总数没有任何意义。但是,我们必须承认,该问题中的那些蔬菜有时会被彼此相加在一起,但是,那是厨师为你烹煮食物时的事情,而不是数学,更不会是会计了。"②

当代表不同意义的美元在数学运算中被运用在一起,这种对初等数学原理的背离可以作如下表述:读者可能会把乘法表看作"绝对真理",显然,大多数人是这么认为的。读者会说:"当然了,2加2等于4,2乘以2也是4。"但是,让我们考虑一下在何种条件下这种说法是正确的。"两匹马加上两只苹果"当然没有意义,一个人明显不能将马与苹果相加……

数学家会这样表述:算术的规则当涉及一系列同质的物体时,就是数字的乘法规则。这里提到的"同质"这个词语在词典里确切地指"有着相同的种类和性质或者由相同性质的元素所构成"。③

二、其他人的观点

通常情况下,大家认为普通美元数字不应该直接简单相加或者与另一个其他数字进行比较,唯恐结果不可避免地变成用"蔬菜美元"来表示,这种大家公认的观点并不新鲜。因为许多其他学者已经提出过了类似的观

---

① 关于这一点更加详尽的论述和国外经验的案例可以参见斯威尼·H·W:《通货膨胀如何影响资产负债表》,《会计评论》,Ⅸ,4(1934年10月),第277~299页;也可参见斯威尼·H·W:《通货膨胀对德国会计的影响》,《会计学》,XLIII,3(1927年3月),第183~191页;还可参见斯威尼·H·W:《通货膨胀将怎样影响资产负债表》,《总会计师》,Ⅲ,6(1935年6月),第107~111页。
② 参见莱杰·F:《法郎纸币重新估值的资产负债表》,巴黎,1926,第21页。
③ 参见琼斯·B:《马和苹果》,第5页。

点。现在,将他们的部分观点摘录如下:

"当一般物价水平波动时,美元就必然会变成一个具有不同大小尺度的单位。如果将这些不同大小尺度单位混合在一起就如同把英寸和厘米混合或者用一个橡胶卷尺来丈量土地。"①

"如果 10 年前投资 100 万美元建立一个工厂,今年也投入 100 万美元建立另一个工厂,那么这个企业的总投入并不是 200 万美元。人们也许会说:'我昨天买了一只猫,今天买了一只狗,现在我有了两只狗。'但是,10 年前花费的美元与今天花费的美元的计量并不相同。"②

统计学的首要原则之一就是只有当数据类似时,定量数据间比较才是有意义的。由此,把 1914 年的美元数据与 1924 年的美元数据作比较,则是错误的。

事实虽然很清楚,但仍有一些会计师认为作为会计职业来讲,应当按照各种资产取得时的美元作为成本进行计量,没有必要考虑货币价值的变化。难道这种会计就能发挥其真正的作用,就能反映经济业务导致的属于企业所有者的所有价值的变化?仅仅依赖以美元作为记账单位的会计并不能给企业所有者提供其资产的真实价值。因为作为价值尺度的美元,经常甚至有时是迅速地发生购买力的变化。

"即使是在物理学上,标准测量只有在标准温度下进行测量,结果才是标准的,条件一旦发生改变则会相应进行调整。会计师假装站在科学的位置上,坚持忽视计量单位(即美元)价值不断变化这一基本事实,这难道不可笑吗?"③

"假如一名纺织品商人同意销售一码布,当他转身从货架上拿布的时候,码尺长度增加了 50%,即使仅仅增加 10% 也是不合理的。假如杂货店

---

① 参见米德尔迪奇·L·Jr:《账户是否应当反映美元价值的变化》,《会计学》,XXV,2(1918 年 2 月),第 114~115 页。
② 参见德森·J·E:《升值与贬值及其对净值的影响》,《罗伯特莫里斯联合公告》,X,5(1927 年 10 月),第 178 页。
③ 参见杜布鲁尔·S:《价值或美元会计》,《管理与行政》,X,6(1925 年 10 月),第 338 页。

商人销售一蒲式耳土豆,当他去取蒲式耳篮时,篮子却大了50%,即使是10%也是说不过去的。从另一个角度来考虑这个问题。如果码尺变短了,或者蒲式耳篮缩小了10%~50%,这样都会欺骗顾客。总之,如果这些商品在生产者手里,按照变短或变少的计量器具卖给顾客,就会出现短斤少两的问题,这就非常糟糕了。如果计量标准如码尺、蒲式耳、品脱、英镑、千瓦以及其他交易中每一种计量单位同时增长或下降,经济活动就会变得异常混乱。这就相当于美元价值上涨或下跌带来的影响。以一个经营各种各样商品的大型商场为例,假如美元(或者一天销售的美元总额)下降了50%,这就如同商场使用的所有物理计量单位——码尺、蒲式耳、品脱、英镑同时下降了50%。"①

很明显,如果数量需要准确地组合或者比较,不管是英镑、蒲式耳或者美元,计量单位都必须是一致的。一名男子沉迷于长高,却定期使用一把从5英寸到14英寸不断变化的直尺进行测量,人们会怎样看他?他的身高可能一直是70英寸,但是采用错误的测量方法可能让他认为他的身高在5英尺到14英尺之间变化。然而,不用变化的直尺测量身高的大多数人,会攻击指责这种愚蠢的做法。实际上,这些人却可能正自满地住在同样的玻璃房里(译者注:即自己与别人犯同样的错误却批评指责别人),公司架构里其内在价值的计量正在继续使用价值发生了严重变动的美元进行计量。

三、美元一般购买力的变动

关于美元一般购买力从1860年6月至1936年1月间的主要变动的

---

① 参见费希尔·I:《通货膨胀》,第57页;也可参见费希尔·I:《货币的错觉》,第28页;黛尔·J·P:《更稳定货币的需求》,《成本与管理》,Ⅱ,(1927年6月),第35页;茉莉·M:《余额重估》,《新经济》,XXVI,276(1929年3月),第129页;瓦卢瓦·G:《造币厂与健康昂贵的生活》,巴黎,1920年,第47页;阿尔蒂·J:《工业与贸易中的黄金结算》,附录2:法郎与黄金对照核算表,巴黎,1924年,第100页;斯特鲁茨·G:《通货膨胀与税法》,《通货膨胀与企业》,柏林,1923年,第52页;许布纳·H:《战后资产负债表》,《贸易与商业惯例》,XIV,4(1921年7月),第85页;布伦肯·E:《物价波动下的指数、混合资产负债表和损益表》,《贸易与商业惯例》,XVI,8(1923年11月),第176页。

一个简短回顾,将用下图来阐述。指数系列采用斯奈德一般物价指数。虽然它的结构和权重比例在 1860 年至 1936 年有些变动,但是,之所以采用它是因为斯奈德一般物价指数被认为是目前可获得的最能准确估计一般物价水平变动的指数。

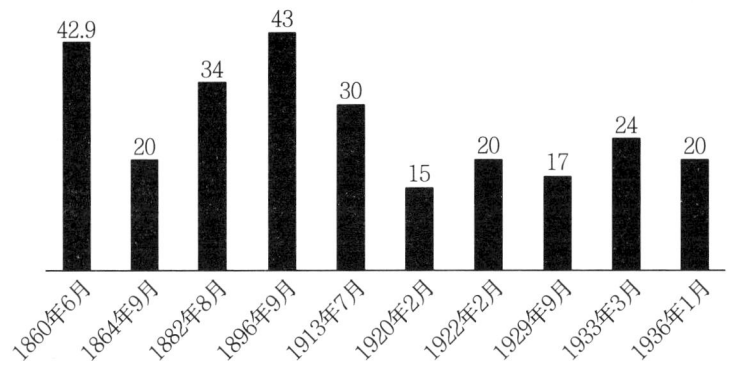

1860 年 6 月至 1936 年 1 月斯奈德一般物价指数表示的美元一般购买力的变动

图中每一月份所对应的数字代表该月美元一般购买力的大小。如描述 1860 年 6 月的数字确认如下:一般指数为 70(1913 年为 100)。以 1913 年美元一般购买力为参考,1860 年 6 月则为 100/70,即 143。为减少说明所需空间,将一般购买力指数 143 减少 70%,即为 42.9。

图中一般购买力数字显示美元价值从 1860 年 6 月至 1864 年 9 月降低了约 50%,从 1864 年 9 月至 1882 年 8 月上升了 70%,至 1896 年 9 月又上升了 26%。但是,从 1896 年 9 月至 1913 年 7 月,下降了 30%。而且从 1913 年 7 月至 1920 年 6 月这 6 年 11 个月时间里,下降了 50%。接着改变长期下降的趋势,至 1922 年 2 月这 20 个月内上升了 33%。但是从那以后至 1929 年 9 月,又一直持续下降,共计下降了 15%,每年大约下降 2%。

然而,随着在接下来的 1 个月里出现了经济大萧条,美元一般购买力却再次开始上升。到 1933 年 3 月,美元购买力上升了 41%,每年大约上升 12%。当然,相对而言,这是一个巨大变动。但从富兰克林·D·罗斯福成为美国总统至 1936 年 1 月,美元购买力再次下降,这段时间大概下降了 17%。

美元一般购买力的近期变动可以用另一种方式来看待。在这种方式下,考察一般物价指数从以前年度相应月份每月发生的变化。依这样的观点看,斯奈德一般物价指数在 1931 年至 1935 年的 5 年间,每个月平均变化了 8%。在 1926 年至 1935 年的 10 年间,以及 1921 年至 1935 年间,平均每个月变化了 5%。

从第一次世界大战结束至 1935 年年末,一般物价指数每年以平均 5% 发生变化。乍一看,5% 的变化可能没有太大意义。但是在大多数情况下,却有着重大的意义。例如,大气压 5% 的变化,意味着晴天与暴风雨天的区别。人体温度 5% 的变化意味着健康与疾病的区别。售价 5% 的变化意味着巨大利润和保本的差别。资产估价 5% 的变化可能意味着真正的盈余与一无所获的差别。收入 5% 的变化造成保守投资的美好前景与什么都不存在的区别。接着,将会看到,一般物价水平 5% 的变化可能造成会计报告可靠与不可靠的区别,而不可靠的会计报告比根本不存在会计报告更糟糕。

一位著名的经济学家认为,如果 26 个月内一般物价水平有 10% 的通货膨胀就很可能对经济生活造成严重影响。因此,他认为如果变化太大了就无法忽视。① 而可以忽视的变化应当每年小于 5%。

在 1936 年接下来时间里的美元价值对 1937 年乃至以后来说肯定是一个重大问题。然而,大多数该领域的学生还似乎想着由于回报丰厚或通货膨胀或两者都有,美元价值将以一个逐渐加快的速度在接下来的几年里继续下降。如果是这样,会计数据的准确性也会以一个逐渐加快的速度继续下降。

我们可以从下面的斯奈德整体一般物价指数系列一览表里看到 1860 年 1 月至 1936 年 2 月的一般物价水平发生通货膨胀的全部历史。

---

① 参见卡塞尔·G:《战后货币的稳定》,第 88 页。

美国斯奈德一般物价指数系列表

年份	1月	2月	3月	4月	5月	6月	7月	8月	9月	10月	11月	12月	平均值
1860	72	72	72	71	71	70	71	71	71	72	72	71	71
1861	71	70	70	69	69	68	67	68	68	70	72	73	70
1862	75	76	75	75	74	74	76	80	81	83	88	90	79
1863	91	96	98	97	94	93	94	94	93	98	102	105	96
1864	108	111	114	118	121	128	142	145	146	137	141	145	129
1865	144	141	136	124	119	115	116	119	124	129	129	127	127
1866	126	124	123	119	121	122	123	124	123	126	124	121	123
1867	120	119	118	119	120	116	115	12	115	115	114	113	117
1868	113	114	116	117	116	114	113	114	113	112	112	112	114
1869	112	113	112	111	110	109	109	112	111	109	109	109	111
1870	105	104	102	102	103	102	102	101	101	101	100	99	102
1871	100	102	103	100	99	98	98	97	98	99	99	100	99
1872	100	100	101	103	103	102	101	102	102	101	103	102	102
1873	102	103	103	103	101	99	99	99	99	98	96	98	100
1874	98	97	97	97	97	95	96	95	95	94	93	94	96
1875	94	94	94	94	93	92	92	92	92	91	91	90	92
1876	90	90	89	88	86	85	85	86	86	87	87	88	87
1877	88	87	85	85	86	84	84	82	83	82	81	81	84
1878	80	80	79	78	77	76	77	77	77	77	76	76	78
1879	76	76	76	75	75	75	75	75	77	79	81	82	77
1880	83	84	84	83	82	81	81	82	82	83	83	83	82
1881	83	84	84	84	84	84	85	85	87	87	87	87	85
1882	87	87	87	88	88	89	88	89	88	88	87	86	87
1883	86	86	86	86	85	84	83	83	82	82	82	82	84
1884	82	82	82	81	79	79	79	79	79	78	78	77	79
1885	77	78	77	77	77	76	76	76	76	77	77	78	77

(续表)

年份	1月	2月	3月	4月	5月	6月	7月	8月	9月	10月	11月	12月	平均值
1886	77	77	76	76	75	75	75	76	76	76	76	76	76
1887	77	77	77	77	77	77	76	77	76	77	77	78	77
1888	78	78	78	78	78	77	78	78	78	78	78	78	78
1889	77	78	77	77	77	77	77	77	77	77	77	77	77
1890	77	777	77	77	78	78	77	78	79	78	77	77	78
1891	77	77	78	78	77	77	77	76	76	76	76	76	77
1892	75	76	75	75	76	76	75	76	76	76	76	77	76
1893	78	78	78	77	76	75	73	74	73	74	74	73	75
1894	72	71	71	71	70	71	71	71	72	71	71	71	71
1895	71	71	71	72	73	73	73	73	73	73	72	72	72
1896	72	72	71	71	71	71	71	70	70	71	72	72	71
1897	71	71	71	71	71	71	71	72	73	73	73	73	72
1898	73	74	73	73	74	73	73	73	73	74	74	74	73
1899	75	75	75	76	77	77	77	77	79	79	79	79	77
1900	80	80	80	80	79	79	79	79	79	80	80	80	79
1901	80	80	80	81	81	81	81	81	81	82	82	83	81
1902	82	82	82	83	84	84	84	84	85	87	85	86	84
1903	86	86	86	86	86	86	85	85	85	85	85	84	86
1904	85	86	86	85	85	85	86	86	86	87	87	87	86
1905	88	88	88	89	87	87	88	88	88	89	89	89	88
1906	90	90	90	90	90	90	90	90	91	92	92	93	91
1907	93	93	93	94	93	93	93	93	93	91	91	93	93
1908	91	90	90	90	91	91	91	91	91	91	92	92	91
1909	93	93	93	93	94	95	95	95	95	96	97	97	94
1910	97	97	98	97	98	97	98	97	97	96	96	96	97
1911	96	96	96	96	96	96	96	96	96	97	96	97	96

(续表)

年份	1月	2月	3月	4月	5月	6月	7月	8月	9月	10月	11月	12月	平均值
1912	97	98	99	100	100	100	100	100	100	101	100	100	100
1913	100	100	100	100	100	99	100	100	101	101	100	100	100
1914	100	100	100	100	100	100	100	101	101	100	99	100	100
1915	100	100	100	101	101	101	102	103	104	107	107	108	103
1916	110	111	113	114	114	115	115	117	120	122	126	127	117
1917	128	130	132	136	139	142	141	142	142	142	141	143	139
1918	144	146	147	149	151	153	155	158	160	162	162	164	157
1919	163	161	162	164	167	170	174	176	176	178	181	184	173
1920	188	189	192	196	198	199	198	195	195	192	187	180	193
1921	177	172	170	167	164	162	160	160	159	159	159	158	163
1922	156	155	155	156	158	158	159	160	160	161	162	163	158
1923	163	164	165	165	166	166	165	165	165	166	166	166	165
1924	167	167	166	165	165	164	165	166	165	165	166	168	166
1925	169	169	169	168	168	170	170	171	171	172	173	173	170
1926	173	172	171	171	171	171	171	171	172	171	172	171	171
1927	170	170	170	169	170	171	170	171	173	173	173	174	171
1928	173	173	174	175	177	176	176	176	178	177	178	178	176
1929	179	179	180	179	179	179	181	182	183	181	174	174	179
1930	174	173	173	174	172	169	167	166	167	163	161	158	168
1931	157	157	157	155	153	150	149	149	147	144	144	140	150
1932	138	136	137	134	132	129	129	132	132	131	130	128	132
1933	127	124	123	124	127	128	132	132	133	133	133	132	129
1934	133	136	136	137	136	137	138	138	139	139	140	140	137
1935	141	142	141	142	143	144	145	146	147	148	149	149	145
1936	150	151											

第四节　普通会计程序的缺陷

对普通会计程序提出的三个异议中的最后一个是：账簿和会计报表上的数据无法包含所有有用但又很容易取得的信息。这些遗漏的信息包括货币价值变动所带来的利得和损失。

货币价值变动产生的利得和损失可以从两个不同的视角进行理解：第一，可以从物价水平变动的角度看待这些利得和损失；第二，可以从"实现"的视角看待这些利得和损失。

上述第一个视角可以进一步分解为两个方面。接下来，将依次讨论这三个方面的问题。

一、货币一般价值变化导致的利得和损失

假定全年平均一般物价指数为 125 时，A 公司 3 000 美元的现金收入在全年均匀地流入。假定在年末，一般物价指数为 150。

由此可见，在全年均匀地收到现金的期间，一般物价水平增加了 20%。因此，在年末，股东用这些钱所能买到的东西比这些钱刚刚进入企业时能够买到的东西要少。也就是说，股东手中持有的现金失去了部分购买力。因而，从总体上看，由于一般物价水平上涨导致现金购买力下降，企业股东持有这些购买力下降的现金，不如在企业刚刚取得这些现金时就将其消费掉，否则将离他们的目标越来越远。

3 000 美元的现金由于货币一般价值变化造成的损失是 600 美元。可以想象，如果没有损失发生，现金应该与一般物价水平同比例增长 20%。当然，不管货币价值是上升还是下降，持有的现金总是保持不变的。现金并不像存货、建筑物等其他资产，其价值会随着物价的增加而增加，或随着物价的降低而降低。因此，在物价上涨时由于 3 000 美元的现金没有增加 20%，即 600 美元，这笔 3 000 美元现金的

一般购买力在年末时会比收到它时减少600美元,这600美元就是现金的货币价值损失。

其他类似现金的资产,无论物价水平如何变动,其数量都保持不变,不考虑货币价值的变化,始终按照一个固定金额进行记录。这类资产主要来自客户和债务人的欠款,包括应收账款、本票、客户和债务人的承兑票据,即应收票据,以及债券和抵押贷款。这类资产属于货币性资产(德国在通货膨胀时期采用的术语)。

货币性负债的性质类似于货币性资产,主要包括应付账款、应付票据、应付债券和应付抵押款。

货币性项目还包括那些以固定金额表示的收入和费用。比如,租金收入和债券利息收入就属于货币性收入;租金费用和办公室职员薪金则属于货币性费用。

二、货币特殊价值变化导致的利得和损失

当然,一般物价指数只是当期所有单个商品和劳务价格的简单平均价格。事实上,单个商品和劳务自身价格指数之间,以及与一般物价指数间通常存在或大或小的差异。它们通常表现为上升或下降得更快或更慢。

(一)商业活动中的个别物价与一般物价的差异关系

鉴于个别物价指数与一物价指数之间的运动变化速率差异,当某个个别物价指数正在上升时,而与其相关的一般物价指数却正在下降,此时该个别物价指数可能确实会相应地马上下降。例如,一种商品的价格指数从100上升到150,这很明显是在增长。但是,如果在同一期间一般指数从100上升到200,则这种商品价格指数相对于总体平均价格水平却是在下降的。因为,在该期期初,个别物价指数与一般物价指数比为100/100,然而在期末却为150/200。

当然,个别物价指数在上升时可能看起来似乎是在下降。比如,当个

别商品价格指数从 100 降到 75,而一般物价指数从 150 降至 100。①

由于前述事项,企业管理层看到公司的产品价格在上涨时可能很高兴,但其实本应该担心,因为其价格比一般价格上升要慢。这种情况意味着该产品失去了控制其他产品的能力,以及公司管理层不是朝着企业股东通常想要达到的目标,即向更强大的一般购买力前进。当产品价格比一般指数下降更快时也存在类似情况。

然而,公司管理层看到产品价格下降时可能会担心,其实本应该感到高兴,因为其价格比一般价格下降要慢很多。当然,类似地,当一个企业个别物价指数上升速率比一般指数快,也会受益。在所有这些案例里面,这是相对最重要的。

(二)增值

当一项资产的价格增值速度快于一般物价指数,关联到该项资产的货币价值将会比关联一般商品和货物的货币价值下降更多。这样,盈利可能会被认为是该资产货币价值的变化,而非一般货币价值的巨大变化产生的。当一项资产价格下降的速度比一般物价指数慢时也会盈利。而当一项资产价格比一般物价指数上升更慢或者下降更快,就会发生损失。

货币特殊价值变化产生的盈利就是增值。

例如,继续采用上面频繁采用的案例,假设 1933 年 1 月 1 日固定资产个别物价指数为 100(一般物价指数也为 100),而 1933 年 12 月 31 日,固定资产个别物价指数变为 225(一般物价指数为 150),那么此时该固定资

---

① 虽然个别商品之间的价格可能存在较大差异,但所有个别商品价格都趋向于同时朝同一方向变化,尽管速度可能不同。因此,即使第一眼看上去似乎很混乱,但统一性和规律性还是在它们的变化中出现。欧文·费雪有个经典的蜜蜂例子:"希望价格变化完全一致就像希望蜂群中所有蜜蜂运动完全一样,是无意义的;然而,因为不是所有价格变化相似而不承认价格总体变化,就像因为蜜蜂有不同运动而否认一个蜂群的蜜蜂总体运动一样,也是无意义的。"参见《货币的购买力》,1922 年第 2 版,第 194 页。另外,"关于价格之间不可思议的固定不变的关系,事实是价格一般倾向于以很显著的程度一起变化",参见斯奈德·C:《关于价格的结构和惯性》,《美国经济评论》,XXIV,2(1934 年 6 月)。

产重置成本在新情况下一定是 1 000×225/100,即 2 250 美元。①

同时,该资产真实价值,即一般物价水平下,其原值一定只有 1 000×150/100,即 1 500 美元。因为一般物价指数只上升了 50%,而该固定资产个别物价指数上升了 125%。

因此,这种情况下的增值就是 2 250 美元减去 1 500 美元,即增值 750 美元。当然,从账面上来看,增值是 1 250 美元,即重置成本减去原值。

该增值额是一种毛增值额,因为在计算该增值额时排除了资产在使用过程中随着时间推移而产生的折旧。因为在本例中,资产使用期限只有 2 年,在 1933 年 12 月 31 日计算增值额时已计提了 50% 的折旧额。因此,其净重置成本或者市场价格,在那天是 1 125 美元,而在一般物价水平下其真实净值,即净原值为 750 美元,净增值额差额为 375 美元。根据账簿记录,净增值额应当是市场价值减去账簿上的折旧成本 500 美元,即 625 美元。

增值额是一项资本利得。如同商品销售后产生的收入使资产增加一样,它只是作为经济能力利得进行列报。因此,它应该被确认为一项收入(确认问题是另一回事,将在后面讨论)。②

(三) 实物价值项目

存在个别物价水平,且其价值并不严格按不随货币价值变化的固定金额计量的资产,被称为实物资产,包括存货、机器、设备、建筑物、土地及持有的普通股股票。

实物负债极其罕见。实物负债的一个例子就是不管其货币等价物可能充当什么样的职能,都需要以货物或劳务进行实际交付,该实物负债才算履行完毕。

---

① 如何使用指数估计更换资产或者购买资产成本的完整讨论,参见斯威尼·H·W:《通过指数对评估价值进行近似计量》,《哈佛商业评论》,Ⅷ,Ⅰ(1934 年 10 月),第 108~115 页;也可参见斯威尼·H·W:《稳定币值会计技术》,《会计评论》,X,2(1935 年 6 月),第 185~205 页。
② 收入完整披露与增值额在收入中的位置,参见斯威尼·H·W:《收入》,《会计评论》,Ⅷ,4(1933 年 12 月),第 323~335 页。

笔者曾在一个棉纺厂的再融资研究中遇到过实物负债。该棉纺厂大量使用了工厂附近种植户的库存棉花。在这种情况下，该棉纺厂发现自己欠着棉花种植户各种数量、各种等级的棉花。

永久性净资产项目也属于实物价值项目。一个公司永久性净资产项目包括发行在外的股票、净资产储备以及其他所有形式的盈余。在合伙企业或个人独资企业中，永久性净资产项目则包括投资、提款及投资或提款的利息。

永久性净资产项目作为实物价值项目，它们可以用期末一般物价水平来表示。相对于稳定币值会计下公司部分所有者的亏损信息，可供分配的净资产和当期实现的净利润①更容易获得。我们将在下一章对这一问题进行解释。

当然，永久性净资产项目不像实物资产和实物负债那样有个别物价水平。

发行在外的普通股股票通常作为实物价值项目。但是如果优先股可以自愿或非自愿地赎回的话，那么它就应该被当作货币性负债项目进行计量。

实物价值项目是由那些没有用货币数额表现出来的收入和费用组成。销售额是以销售量为基础计算的，但是销售量又是不断变化的，并没有注意到已呈现出的实物价值的收入，尽管这一收入不是由销售者造成的。同样，在同一大众层面上，在合同中出现了相关条款来规定在特定条件下的价格等事项，这样，销售就会在某一特定日期内完成；然而，已耗费的材料和固定资产折旧费用是实物价值费用，对于固定资产折旧费，它们是由实物资产中的实际物资损失组成，而没有考虑这一资产的实物价值。这一类

---

① 假如，1910年一家制造企业投入的资本为100 000美元。这意味着这100 000美元是按照1910年的美元进行计量的。如果到了1917年，一般物价水平上升了40%，不考虑折旧，此时按照1917年的美元计量的真实投资或股东权益是140 000美元，而不是100 000美元。参见佩顿和史蒂文森：《会计原则》，第461页。

损失的货币数额原本是应当随着物价水平的变动而变动的。

现在,显而易见地,应当将所有的商品和劳务进行分类,因为物价的变动在某一层面上还是影响了它们的货币性价值。如果物价的变动对其实物价值没有影响,也就是其实物价值取决于当前货币价值,那么它就是一个货币性项目;但是如果物价的变动对其实物价值有一定影响,也就是其货币价值取决于其当前实物价值,那么它就是实物价值项目。

三、已实现的和未实现的货币价值利得和损失

实践已经告诉会计师,在影响收入实现的因素消失前,收入不应该登记入账。因此,有一些条件就被选出来作为是否确认收入的标准。在这里,最重要的一点就是,收入应该是"已实现的"。

(一)已实现的和未实现的收入

通常的观点认为,相关的商品或劳务以高于成本的价格出售或转移到企业以外的购买者时,收入才可以被确认。然而,为方便起见,会计师允许将那些从尚未完成的长期合同中获得的一部分利得作为当期已实现的收入,尽管接下来事情的发展——例如合同的终止,或者费用超过估计等——可能会使利润受到当期事项的影响,或者全部不会发生,但至少会使利润远远少于当期的估计,他们仍然会确认这一事项。同样,在其他情况下,即使产生应计利息的资产并未创造任何销售额,但应计利息仍应该被确认为已实现的收入。

在实际生活中,区分已实现的和未实现的收入毫无疑问被证明是有必要的。然而,它产生了一个问题:在一个会计期间内,对那些并未实际赚取的收入进行了会计确认,对那些尚未实际发生的损失进行了会计确认。例如,如果某一商品或者一栋建筑物在某一时期内升值,那么在这一时期内应当对这一增加的价值予以确认为收入,尽管这一增加的价值要到下一期间才取得。在这一情形下,在前一期间,收入已获得但没有实现;在下一期间,收入实现了但没有获得。

解决人为地将收入划分为已实现的和未实现的收入所带来的问题的方法是很简单的。在后面介绍如何使用稳定币值会计的案例中就使用了这一方法。其由三方面构成:首先,它引进了一个已实现的收入的概念,其与普通的损益表上的内容是完全一致的;其次,将未实现的收入这一部分也添加了进来,因为它包含有一些有用的信息;再次,在损益表的最底栏列示的是已实现的和未实现的收入总额。这一总额被称为"本期最后净利润"。①

(二)货币一般价值变动导致的利得和损失

以 A 公司为例,1993 年中,由于货币一般价值变动所带来的损失中,有 600 美元被认为与美元现金有关。因为在这一年度中,美元现金是此公司经营活动中唯一的货币性资产和货币性负债,这一损失是唯一的一个由一般物价水平变动而产生的损失。

然而,在这一年年底,公司持有现金的 3/4,即 2 250 美元被作为现金股利进行了分配,因此,600 美元的 3/4,即 450 美元的货币性损失立刻就实现了。即一旦发放现金股利,就永久地解决了这一损失。

这 600 美元的货币性损失的剩余部分,即 150 美元就没有实现,其实际上是未实现的货币性损失额。当一般物价指数为 150 时,在 1933 年 12 月 31 日公司持有 750 美元的现金,而这些现金是在一般物价指数为 125 时实现的。因此,当一般物价水平提高 20% 时,要想其一般购买力没有下降,那么这 750 美元的现金也应当升值 20%,即 150 美元。但是,因为美元现金并没有这样增加,这一未实现的货币性损失就是 150 美元。

(三)货币特殊价值变动导致的利得和损失

当这些货币性项目不存在的时候,由货币特殊价值变动引起的利得和损失就实现了。与那些确定已实现和未实现的收入的确认标准一致,当一种有形的、可计量的资产替代一种无形的、不可计量的资产时,所有的计量

---

① 对收入实现所有阶段更详细的讨论,参见斯威尼·H·W:《收入》:《会计评论》,Ⅷ,4(1933 年 10 月),第 333~335 页。

疑问都消失了。在以下两种情形下,这一情况会发生。

第一,已经增值的资产可能会以高于其历史成本扣除折旧后净值的价格出售。例如,在 A 公司的案例中,应计折旧的固定资产就可能在 1933 年 12 月 31 日以它的重置成本 1 125 美元出售。那么如报表所示,其增加的价值就是售价 1 125 美元与其资产应计折旧成本 500 美元之间的差额 625 美元。这一增加的价值是在销售这一环节全部实现的。销售环节同样可能会形成一项新的价值为 625 美元的有形资产——可能是美元现金,也可能是应收账款——来取代在资产估价中增加的 625 美元的净无形资产增加额。另一方面,如果资产只卖了 1 000 美元,那么只有 500 美元的增值得以实现。

第二,经营活动中应承担的成本可能会高于由折旧所耗费的成本。

在此案例中,该固定资产取得成本的一半已经在 1933 年通过折旧而耗费,根据账面记录:该固定资产的历史成本为 1 000 美元,因此,其折旧额为 500 美元。但是,或许是为了满足债券契约的要求,重置成本 2 250 美元的一半,在经营活动中就必须作为折旧来处理。这样的话就要计提 1 125 美元的折旧,其超过由于折旧而耗费的成本 625 美元,从而使 1 250 美元的一半——625 美元就转化为已实现的增值额。因为这一价值为 625 美元的无形资产增加额可能会转化为某一有形资产的增值额。

原因在于,折旧可能会使流动资产承担与其在运营活动中相同数额的折旧额。如果 A 公司的所有利润均作为现金股利发放的话,这一情况会更加明显。在这一假设的基础上,如果折旧费用是以重置成本为基础,其利润应该是 1 875 美元——营业收入总额 3 000 美元与折旧费用 1 125 美元的差额。如果所有的利润均以现金股利的形式发放,在 3 000 美元的营业收入总额中会有 1 125 美元留下来。而且,这 1 125 美元的现金结余与其在经营活动中应承担的折旧数额完全相同。①

---

① 基于历史成本、重置成本和实际成本的已实现和未实现的增值的讨论,参见斯威尼·H·W:《稳定币值会计增值》,《会计评论》,Ⅶ,2(1932 年 6 月),第 115~121 页。

第二章　稳定币值会计对普通会计的修正

第一章简明扼要地概括了账户的类型以及普通会计理论下所编制的会计报表,同时也对此传统会计程序提出了三点异议。

第一,在表明一个企业是否更为接近其经营活动目标,或者是否能增加企业所有者投资的一般购买力时,普通会计程序是不合适的。

第二,普通会计程序包含了一些没有以同一类计量单位来表示的数据,这违反了基本的理论规则——类比性。

第三,普通会计程序并不是完整的,因为它没有包含一般物价水平变动情况下形成的各种各样的已实现的和未实现的利得和损失。

本章的目的在于表明稳定币值会计是如何克服上述三个缺陷的,为达到此目标,现以 A 公司为例,在其普通会计数据基础上使用此稳定币值会计程序进行修正。

第一节　稳定币值会计程序概述

在介绍稳定币值会计程序的实践应用时,本章的会计数据都是建立在历史成本的基础之上;但是第三章中的会计数据则是建立在重置成本的基础之上的。

一、A 公司第一年会计账户的稳定

(一)资产负债表账户的稳定

1933 年 12 月 31 日,在一般物价水平下,750 美元的现金是稳定的,因

为在现有物价水平下,货币性项目通常是稳定的。

在一般物价指数为 100 时,固定资产取得成本为 1 000 美元。到了年末,当一般物价指数为 150 时,就必须花费 1 500 美元才能够买到在一般物价指数为 100 时只花费 1 000 美元就可以买到的商品或劳务。因此,在 1933 年年末,实际上历史成本为 1 000 美元的固定资产应当按照 1 500 美元进行计量。

同样地,该固定资产 50% 的折旧额也必须在年末时按照一般物价指数予以重述。这只要在 1 500 美元——根据一般物价水平的变动调整后的历史成本——的基础上计提 50% 的折旧就可以完成。因此,影响损益的稳定币值折旧费用账户借方发生额和稳定币值累计折旧账户的贷方发生额均为 750 美元。

类似地,1933 年 12 月 31 日,在一般物价水平下,股本的实物价值也按照稳定币值进行计量,即:1 000 美元×150/100=1 500 美元。

由此可见,稳定币值会计程序首先应当应用于资产项目,接着是负债项目,再接着是净资产项目。当所有的这些项目完成以后,基于稳定币值会计时点的所有会计期间经济活动获得的损益很快就可以确定了。在一个公司中,该余额即为其盈亏额,这可以通过典型的单式簿记确定。为了确定这一盈亏额,仅仅需要从稳定币值资产的总额中扣除稳定币值负债和稳定币值股东投资。

以 A 公司为例,其稳定币值资产共计 1 500 美元,包括 750 美元的现金和 750 美元的计提折旧的固定资产成本,负债为零,稳定币值股东投资仅仅由发行在外的股本构成,其稳定价值为 1 500 美元。因此,没有稳定币值盈余额或亏损额。

然而,正如有两类损益(已实现的和未实现的损益)一样,也有两类盈余或亏损。因此,在资产负债表上列示的盈余或者亏损的净额可能为零,但这并不表明在同一账户中不同时存在已实现的盈余和未实现的亏损;反之,也不表明在同一账户中不同时存在已实现的盈余和未实现的亏损。

其实,这只是该案例的部分情况。由于在 1933 年 12 月 31 日有 150 美元的未实现现金亏损,因此在 1933 年 12 月 31 日出现了 150 美元的未实现损失。从整体上看,稳定币值会计下的净盈余最终余额为零,在未实现的部分有 150 美元的亏损。因此,在已实现的部分,一定有 150 美元的盈余。在这种情况下,稳定币值会计下最终的盈余净额和已实现与未实现的部分之间的余额就很容易重新再现了。

以 A 公司为例,其编制资产负债表的目的是为了提供该公司在某一时期内的净损益和现金股利分配情况。因此在稳定币值会计程序中,也必须确保可以得到这些数据。这很容易做到。在一般物价水平下,2 250 美元的现金股利已经是稳定的,因为我们假定现金股利是在每年的年末分配的。采用类似于通过获取一个公司已赚取盈余的期末和期初余额及其变化就可以知道该公司当期已赚取盈余的方法,通过确定一个企业的盈亏额就可以确定其已实现的和未实现的净利润。

由于 A 公司在期初时才开始运营,因此在已实现的盈余中,其稳定币值会计下的期初余额为零,其稳定币值会计下的期末结余为盈余 150 美元。因此,这里有一个稳定币值会计下的净增加额 150 美元。然而,在已实现的盈余被借记了 2 250 美元之后,此时借方的增加意味着稳定币值会计下的现金股利金额为 2 250 美元。如果现金股利尚未分派,那么在已实现的盈余中,其稳定币值会计下的增加额应该是两者之和,即 2 400 美元。这 2 400 美元的增加额肯定是由这一时期的稳定币值会计下已实现的净利润形成的。

对未实现的亏损而言,稳定币值会计下的期初余额为 0,稳定币值会计下的期末余额为 150 美元。因此,未实现的亏损的增加额为 150 美元。因为没有其他的未实现的盈余或亏损项目,因此这 150 美元是稳定币值会计下本年未实现的净亏损额。

现在可以编制稳定币值会计下的资产负债表,为了便于比较,非稳定币值会计下的资产负债表数据也一并列示出来。下面的资产负债表表明了币值的波动是如何使普通的资产负债表上的数据出现差错的。而且,其同样也表明一些数据不是完全错误的,其中某些数据根本就不是错误的,其他有些数据则错得特别严重。原因在于这些数据是由货币性价值项目和实物价值项目构成的。一般情况下,所有的货币性项目的货币价值在其账面数额上均保持不变,尽管其实际价值却因币值的变动而变动;所有的实物价值项目的实际价值并没有因币值变动而变动,而其账面的数额也没有变动。

A 公司稳定币值和非稳定币值的资产负债表

1933 年 12 月 31 日

资　产	非稳定币值	稳定币值
现金	$750	$750
固定资产:以历史成本计量	$1 000	$1 500
减:折旧费用	$500	$750
固定资产扣除折旧后的净值	$500	$750
资产合计	$1 250	$1 500
负债和净资产		
已发行在外的股本	$1 000	$1 500
盈余		
本年实现的净利润	$2 500	$2 400
减:已付现金股利	$2 250	$2 250
1933 年 12 月 31 日实现的盈余	$250	$150
本年未实现的净损失		$150
1933 年 12 月 31 日未实现的亏损		$150
1933 年 12 月 31 日净利润	$250	$0
负债和净资产合计	$1 250	$1 500

公司全部的数据都是错误的,这将是非常糟糕的事情。但是,如果公

司的部分数据是正确的,而另外一部分是错误的,则会更加糟糕。因为如果公司的所有数据都是错误的,那么很快就可以认定它们是错误的,从而加以处理,这样就不会造成什么危害。但是,如果公司的部分数据是正确的,而另外一部分数据是错误的,那些正确的数据可能被认为是正确的,一旦所有的数据都被假定为正确的,那么就很可能基于这些错误的信息而作出错误的决策。

(二)损益表账户的稳定

接下来我们讨论稳定币值会计下的损益表的编制。

未实现的部分将仅仅由美元现金中未实现的 150 美元的损失构成。

损益表中已实现的部分由两部分构成——经营活动形成的净利润或净损失和货币价值变动所形成的已实现的净利润或净损失。很明显可以看出,现金账户中由货币价值变动所形成的稳定币值会计下的净损失额为 450 美元。在扣除由货币价值变动而造成的 450 美元的损失额后,本年已实现的净利润在稳定币值会计下的金额为 2 400 美元,那么,由经营活动而形成的稳定币值会计下的净利润金额为两者之和,即 2 850 美元。然而,这 2 850 美元金额实际上是一个余额,是扣除所有的稳定币值会计下的费用后的余额。在这一案例中,仅有的支出是 750 美元的折旧费用。因此,由经营活动所形成的稳定币值会计下的营业收入为两者之和,即 3 600 美元。

此案例中的假设情况非常简单,因为其 3 600 美元的营业收入均来自经营活动。需要注意的是,该营业收入的金额可能会随时发生变化,因为货币价值处于不稳定状态。在非稳定币值会计下,该公司的营业收入是 3 000 美元。可见,稳定币值会计下的营业收入比非稳定币值会计下的营业收入高出了 20%。因为在 3 000 美元的营业收入所实现的期间内,一般物价指数上升了 20%。因此,稳定币值会计下的营业收入应高出非稳定币值会计下营业收入 3 000 美元的 20%,即 3 600 美元,其金额通过采用稳定币值会计技术从资产负债表中的数据变动计算而来。稳定币值会计下的和非稳定币值会计下的损益表如下表所示。

A 公司稳定币值和非稳定币值的损益表

1933 年度

已实现的损益	非稳定币值	稳定币值
营业收入	＄3 000	＄3 600
减：折旧费用	＄500	＄750
经营活动的净利润	＄2 500	＄2 850
减：货币价值变动导致的损失		＄450
本年实现的净利润	＄2 500	＄2 400
未实现的损益		
货币价值变动导致的净损失		＄150
本年未实现的净损失		＄150
本年最终净利润	＄2 500	＄2 250

　　显而易见地，在稳定币值会计程序中，资产、负债和股本最先被稳定。一旦确定了稳定币值会计下的资产总额、负债和股本总额，资产总额、负债和股本总额之间的净差额，即盈余或亏损也就确定了。同时也表明，如果一项资产或一项负债或股本在稳定币值会计程序中出现错误，则不仅稳定币值会计下的资产负债表上的数据是错误的，而且会使稳定币值会计下盈余或亏损的净额或总额也是错误的。如果后者出现了错误，那么这一期间内已实现的净利润也是错误的，同样也会使得由经营活动产生的稳定币值会计下的营业收入和净利润发生错误。因此，在稳定币值会计下对资产、负债和股本进行会计处理时一定要特别小心地核对。

　　在稳定币值会计下进行的所有计算中，采用稳定的货币价值对固定资产和股本进行处理时尤其需要额外的细心，应当认真核对。因为一旦对其处理出现错误，则不仅本期间的资产负债表和损益表出现错误，而且很可能以后每一个期间的资产负债表和损益表都会是错误的。因为在实务中，那些计算只是简单地从上一个会计期间的期末转移到下一个会计期间的期末，而有些项目中新的变化是与上一期的期末余额相关的。

(三) 调整账户的稳定

非稳定币值会计下的资产负债表和损益表中的数据表明了所有存在余额的账户,其借贷方余额合计数是相等的。当然,稳定币值会计下的资产负债表和损益表上的数据也是一样的。因此,稳定币值会计下和非稳定币值会计下的资产负债表、损益表上的数据的差额也必须是平衡的。当在非稳定币值会计下的报表上添加上那些差额或者调整账户后,其账面余额当然就没有稳定币值会计下的余额准确了。

稳定币值会计下的调整可视为是未记入分类账账簿的备忘录信息。然而,它们可能被登记在备查账户里,没有以任何方式记入普通账户的分类账户或者按照常规簿记方法进行登记。当完成这些记录后,对那些更正后的原始数据来说,它们就会是永久有效的,继而就可以发挥更大的作用。因此,在分类账中建立调整账户似乎是非常明智的。

为了实现这一目的,仅须设置一个账户。这个账户必须设置在分类账的最底部、传统账户的后面,一般采用普通日记账的形式。借方和贷方应保持平衡,登记完成后也应立马结账。在 A 公司的案例中,这一调整账户如下所示。

1933 年 12 月 31 日稳定币值会计的调整分录

借: 固定资产	$500
折旧费用	$250
已实现的货币价值变动导致的损失	$450
未实现的货币价值变动导致的损失	$150
贷: 折旧准备	$250
股本	$500
营业收入	$600

我们必须注意,在稳定币值会计下对分类账进行调整时,所有不受物价变动影响的普通账户是如何被保留下来的。而且,不仅会计系统要和以前一样以同样的格式提供相同的信息,普通账户也要成为完全稳定币值会

计系统的一个重要组成部分。因此,无论如何,稳定币值会计好的应用必须依赖于那些必须设立的账户。

或许,毋庸置疑,当一个公司的股本数据需要采用稳定币值会计进行调整时,股票证明书和其他股票记录不需要作任何调整,因为稳定币值会计下的调整仅仅只是一个补充,而不是去替代传统股本的账面价值。

二、A 公司第二年会计账户的稳定

假设到了第二年,即 1934 年,A 公司的营业收入依然是 3 000 美元,在 1 年中均匀地发生且全部收到现金;费用仍然只有固定资产的折旧费用;年末支付的现金股利为 1 750 美元,这 1 年平均的一般物价指数为 180,年末的一般物价指数为 200。

(一) 稳定币值会计之前的账户数据

由于前述假设已经对第二年的账簿记录产生了影响,我们必须列出传统的账户数据。为了保持账户的完整性,我们将第一年的账户数据也复述如下。

现　　金

1933 年 1 月 1 日至 1933 年 12 月 31 日来自营业收入的现金	$3 000	1933 年 12 月 31 日支付现金股利	$2 250
1934 年 1 月 1 日至 1934 年 12 月 31 日来自营业收入的现金	$3 000	1934 年 12 月 31 日支付现金股利	$1 750
		余额	$2 000
	$6 000		$6 000
1935 年 1 月 1 日余额	$2 000		

固 定 资 产

1933 年 1 月 1 日固定资产成本	$1 000	1934 年 12 月 31 日报废的固定资产计提的全部折旧准备	$1 000
	$1 000		$1 000

固定资产折旧准备(累计折旧)

1934年12月31日结账后固定资产被结转的累计折旧	$1 000	1933年12月31日计提固定资产50%的折旧	$500
		1934年12月31日计提固定资产50%的折旧	$500
	$1 000		$1 000

股　　本

		1933年1月1日发行在外的普通股股本	$1 000

盈　　余

1933年12月31日支付的现金股利	$2 250	1933年12月31日由损益转入的净利润	$2 500
1934年12月31日支付的现金股利	$1 750	1934年12月31日由损益转入的净利润	$2 500
余额	$1 000		
	$5 000		$5 000
		1935年1月1日的余额	$1 000

损　　益

1933年12月31日折旧费用	$500	1933年1月1日至1933年12月31日营业收入	$3 000
转为盈余的净利润	$2 500		
	$3 000		$3 000
1934年12月31日折旧费用	$500	1934年1月1日至1934年12月31日营业收入	$3 000
转为盈余的净利润	$2 500		
	$3 000		$3 000

因为第一年的稳定币值会计程序是真实的,因此,在第二年我们要运用稳定币值会计时就必须对第一年的资产负债表和损益表按照稳定币值会计程序进行调整。在此基础上,被调整和未被调整的余额之间的差异应

当再次进入稳定币值会计的调整账户中。

(二)资产负债表账户的稳定

1934年12月31日现金账户的余额2 000美元已经按照稳定币值进行了处理,固定资产由于已经达到了使用寿命的终点,已经全额计提了折旧,即固定资产已经不存在了。此时,该公司依然没有负债。在稳定币值会计下股本被调整为:1 000美元×200÷100=2 000美元,由于1934年年末的一般物价指数为200,稳定币值会计下的资产合计数为2 000美元,同样,此时稳定币值会计下的负债和股本总计也必然是2 000美元,此时稳定币值会计下的净利润一定是零。

至此,第二年的稳定币值会计程序甚至比第一年的还要简单。现在,计算货币性项目的利润和损失时,就变得有点复杂了。

1934年12月31日,A公司持有2 000美元的现金,这笔现金是该公司1934年全年收到的3 000美元现金中的余额2 000美元。对现金流量而言,我们做了这样的假设:现金流出方式为先进先出。或者,我们也可以假设A公司现有的现金就是最后收到的现金。

接着,这2 000美元的现金是在平均一般物价指数为180时赚得的,持有这些现金期间一般物价指数上升了1/9,即一般物价指数上升到200。这样一来,持有的这2 000美元的现金就产生了1/9的未实现的损失,这笔损失为222美元,由于这笔损失是第二年年末所有损失中唯一的未实现的损失,因此它必然是采用稳定币值会计程序的未实现的损失。

第一年年末即第二年年初稳定币值会计下未实现的损失为150美元,这一数据是相对于第一年年末的一般物价水平而言的。然而,第二年年末的一般物价水平上升了1/3,即是200,而不是150。因此,在第二年年末的一般物价水平下,第一年年末稳定币值会计下的未实现的损失应当是:150美元×4÷3=200美元。第二年中增长的22美元的未实现的损失就反映了稳定币值会计下第二年未实现的净损失。稳定币值会计下的盈余(也就是稳定币值会计下的利润表中的盈余)中的未实现部分就计算出来了。

然而,接下来需要回答的问题是:根据上述程序计算的结果,稳定币值会计下第二年的未实现的净损失仅仅为22美元。但是,根据前面的解释,第二年年末,A公司持有的2 000美元现金在第二年一般购买力水平下损失了222美元,稳定币值会计下这222美元的损失是未实现的损失,而且这笔损失体现在本年A公司唯一的货币性项目,即现金上面。但是,为什么根据前面的稳定币值会计程序计算出来的未实现的损失仅仅为22美元呢?

答案其实非常简单。稳定币值会计下第一年年末未实现的损失200美元,在第二年年末也将按照一般物价水平进行调整后表示出来。该损失产生于第一年年末持有的现金。当这笔现金在第二年被使用时,其中的未实现的损失就变为已实现的损失。同时,随着200美元未实现损失的消失,稳定币值会计下一个新的222美元的未实现的损失将会出现。因此,第二年未实现的净损失只有22美元,即从第一年年末200美元的未实现的损失上升到第二年年末的222美元。

接下来,如果稳定币值会计下的净盈余为零,而稳定币值会计下未实现的损失为222美元,那么稳定币值会计下已实现的盈余也必然是222美元。1933年年末,稳定币值会计下已实现盈余的余额是150美元,在1934年年末的一般物价水平下为200美元。然后,1934年稳定币值会计下已实现的净利润的计算如下。

说　　明	稳定币值金额
1934年12月31日已实现的盈余	$222
减:1933年12月31日已实现的盈余	$200
1934年期间已实现盈余的增加	$22
加:1934年支付的现金股利	$1 750
1934年已实现的净利润	$1 772

现在我们就可以编制稳定币值会计下的资产负债表了。为了便于比较,与前面一样,非稳定币值会计下的数据也一并列示如下。

A 公司稳定币值和非稳定币值的资产负债表

1934 年 12 月 31 日

资　　产	非稳定币值		稳定币值	
现金		$ 2 000		$ 2 000
资产合计		$ 2 000		$ 2 000
净　资　产				
已发行在外的股本		$ 1 000		$ 2 000
盈余				
1933 年 12 月 31 日已实现的盈余	$ 250		$ 200	
1934 年已实现的净利润	$ 2 500	$ 2 750	$ 1 772	$ 1 972
减：支付的现金股利		$ 1 750		$ 1 750
1934 年 12 月 31 日已实现的盈余		$ 1 000		$ 222
1933 年 12 月 31 日未实现的亏损			$ 200	
1934 年未实现的净损失			$ 22	
1934 年 12 月 31 日未实现的亏损				$ 222
1934 年 12 月 31 日净盈余		$ 1 000		$ 0
净资产合计		$ 2 000		$ 2 000

（三）损益表账户的稳定

接下来，在对利润和损失账户金额进行稳定币值会计处理的过程中，首先应当采用稳定币值会计对已实现的利润和损失进行调整。

前述 A 公司的案例中，在 1934 年当年仅有一笔款项的支付，即 1934 年 12 月 31 日支付了 1 750 美元的现金股利。在该案例中我们假设，这 1 750 美元的现金中有 750 美元来自 1933 年 12 月 31 日该公司的现金盈余，另外的 1 000 美元的现金来自 1934 年的经营所得。结果是，来自 1933 年的 750 美元的现金，其取得时的平均一般物价指数是 125；来自 1934 年的 1 000 美元的现金，其取得时的平均一般物价指数是 180；这 1 750 美元的现金在 1934 年 12 月 31 日被支付出去时，此时的一般物价指数为 200。此时，已实现的货币价值变动损失可以很快地按照如下方法计算出来：

$750 \times (200-125) \div 125 = \$450$

$\$1\,000 \times (200-180) \div 180 = \$111$

合计   \$561

1934 年的折旧费用是经过稳定币值会计程序处理后的固定资产成本的 50%。当然,这个成本是按照 1934 年 12 月 31 日的一般物价水平进行调整后的成本,即:1 000 美元×200÷100＝2 000 美元。因此,1934 年的固定资产的折旧费用应当是 1 000 美元。

现在我们就可以采用稳定币值会计的最后一步对利润表进行调整了,即重新计算稳定币值会计下的营业收入,具体计算过程如下表所示。

说　明	稳定币值金额
当年已实现的净利润	\$1 772
加:已实现的货币价值变动净损失	\$561
已实现的经营活动产生的净利润	\$2 333
加:折旧费用	\$1 000
营业收入	\$3 333

在这个案例中,稳定币值会计下 3 333 美元的营业收入是否正确,可以快速地被验证,即:在平均一般物价指数为 180 时,此时账面的营业收入为 3 000 美元,将其用 1934 年 12 月 31 日的一般物价水平进行计量,可以得出:3 000 美元×200÷180＝3 333 美元。

现在可以编制稳定币值会计下的损益表了。与前面一样,为了便于比较,将非稳定币值会计下的损益表金额也一同列示,具体如下表所示。

A 公司稳定币值和非稳定币值的损益表

1934 年度

已实现损益	非稳定币值	稳定币值
营业收入	\$3 000	\$3 333
减:折旧费用	\$500	\$1 000
经营活动净利润	\$2 500	\$2 333
减:货币价值变动引起的净损失		\$561

(续表)

1934年已实现的净利润	$2 500	$1 772
未实现损益		
货币价值变动引起的净损失		$22
1934年未实现的净损失		$22
本年最终净利润	$2 500	$1 750

（四）调整账户的稳定

接下来将给出2年调整账户的稳定过程。如前所示，稳定币值会计下的调整账户仅仅只是列示资产负债表和损益表上稳定币值会计和非稳定币值会计账户余额的差异。

调整账户的稳定

1933年12月31日：		1933年12月31日：	
固定资产	$500	累计折旧	$250
折旧费用	$250	股本	$500
已实现的货币价值损失	$450	营业收入	$600
未实现的货币价值损失	$150		
合计	$1 350		$1 350
1934年12月31日：		1934年12月31日：	
1933年12月31日已实现的盈余	$50	股本	$1 000
1933年12月31日未实现的亏损	$200	营业收入	$333
折旧费用	$500		
已实现的货币价值损失	$561		
未实现的货币价值损失	$22		
合计	$1 333		$1 333

1934年12月31日，借记50美元是为了对1933年12月31日已实现的盈余进行稳定币值会计处理，这样处理的目的仅仅只是将非稳定币值会计下未实现的损失的余额250美元降低到稳定币值会计下未实现的损失的余额200美元。同样地，1934年12月31日借记200美元是为了将1933年12月31日非稳定币值会计下未实现的亏损进行稳定币值会计处理，它也仅仅只是反映非稳定币值会计下未实现亏损0美元和稳定币值会

计下未实现的亏损 200 美元之间的差异。

（五）比较资产负债表和损益表的稳定

1933 年 12 月 31 日的年末稳定币值会计下的会计报表的数据全部用 1933 年 12 月 31 日的一般物价水平反映，1934 年 12 月 31 日的年末稳定币值会计下的会计报表的数据全部用 1934 年 12 月 31 日的一般物价水平反映，但是由于这两个时期的一般物价水平是不同的，因此这 2 年的会计报表上的数据不具有可比性。

然而，这 2 年会计报表上的数据又可以通过换算调整从而快速实现可比，所有需要做的工作只是将第一年会计报表上的所有数据都增加 1/3。通过这种换算调整后的比较会计报表如下表所示。

A 公司稳定币值和非稳定币值的比较资产负债表

1933 年 12 月 31 日和 1934 年 12 月 31 日

资　产	非稳定币值		基于 1934 年 12 月 31 日一般物价水平的稳定币值	
	1933 年	1934 年	1933 年	1934 年
现金	$750	$2 000	$1 000	$2 000
固定资产原值	$1 000		$2 000	
减：累计折旧	$500		$1 000	
固定资产净值	$500		$1 000	
资产合计	$1 250	$2 000	$2 000	$2 000
净　资　产				
发行在外的股本	$1 000	$1 000	$2 000	$2 000
盈余：				
已实现的初始盈余		$250		$200
本年已实现的净利润	$2 500	$2 500	$3 200	$1 772
小计	$2 500	$2 750	$3 200	$1 972
减：已分配的现金股利	$2 250	$1 750	$3 000	$1 750
已实现最终盈余	$250	$1 000	$200	$222
未实现初始损失				$200

(续表)

净资产	非稳定币值		基于1934年12月31日一般物价水平的稳定币值	
	1933年	1934年	1933年	1934年
本年未实现净损失			$200	$22
未实现最终损失			$200	$222
最终净盈余	$250	$1 000	$0	$0
净资产合计	$1 250	$2 000	$2 000	$2 000

当然,所有的数据也可以不用按照1934年12月31日,而按照1933年12月31日的一般物价水平进行调整。但是,通常使用后一期的一般物价水平反映的可比稳定币值会计下的报表通常更加容易理解。因为在对数据进行比较时,后一期的物价水平通常接近于当前实际的一般物价水平。

A公司稳定币值和非稳定币值的损益表

1933年度和1934年度

已实现的损益	非稳定币值		基于1934年12月31日一般物价水平的稳定币值	
	1933年	1934年	1933年	1934年
营业收入	$3 000	$3 000	$4 800	$3 333
减:折旧费用	$500	$500	$1 000	$1 000
经营活动净利润	$2 500	$2 500	$3 800	$2 333
减:货币价值变动产生的净损失			$600	$561
本年已实现净利润	$2 500	$2 500	$3 200	$1 772
未实现的损益				
货币价值变动产生的净损失			$200	$22
本年未实现净损失			$200	$22
本年最终净利润	$2 500	$2 500	$3 000	$1 750

三、小结

上述介绍的稳定币值会计方法与跨国企业将其在国外分支机构在结

账前的试算平衡表上以外币表示的数据折算为本国货币的方法没有太大的差别。① 这种方法是对德国和法国在通货膨胀时期所采用方法的一种发展。那个时期的方法被称为"稳定币值资产负债表",②主要是为了与另外一种更加详细、成本更高的被称为"稳定币值会计分录"的方法相区别。③

上述稳定币值会计程序与传统的欧洲稳定币值资产负债表的主要区别表现在以下四个方面。

第一,国外(指欧洲的德国和法国等,下同)的方法通常只是将纸币下的账面金额以一些黄金货币(通常是国家黄金货币)为基础进行调整,而没有考虑这些黄金货币的一般购买力水平也存在波动。④

第二,国外的方法通常并没有将盈余部分进一步分为已实现的部分和未实现的部分,且采用与上述稳定币值会计方法一样的处理方法,描述每个部分的变化。在采用这些国外的稳定币值会计方法后,将采用稳定币值会计程序处理后的资产、负债和净资产与没有采用稳定币值会计程序处理的原资产、负债和净资产之间的差额简单地称为"盈余"或"亏损"。

第三,国外的方法通常并不编制稳定币值会计下的损益表。

第四,显而易见,国外的方法并未将注意力集中在设计出一个彻底的

---

① 关于国外分支机构数据折算的细节,参见凯斯特·R·B:《高级会计学》(1933 年第 3 版),第 635~648 页;也可参见斯威尼·H·W:《国外利润和损失项目的实务处理方法》,《美国会计师》,XVII,9(1932 年 9 月),第 269~270 页。

② 关于德国稳定币值会计的完整阐述,参见斯威尼·H·W:《德国通货膨胀会计》,《会计》,XLV,(1928 年 2 月),第 104~116 页。

③ 关于稳定币值会计的两种主要方式的全面介绍,参见斯威尼·H·W:《稳定币值会计技术》,《会计评论》,第 X(1935 年 6 月),第 185~205 页。

④ 一个并不令人信服的试图通过理论基础对这个程序进行的解释。参见托马斯·L:《物价波动情形下的资产负债表修订》,巴黎,1928 年,第 6 页。也可参见福尔·G:《法郎兑换黄金的账目与资产负债表》,巴黎,1926 年,第 14 页。然而,施马伦巴赫在他的《动态资产负债表》(1925 年第 3 版)一书中使用批发商品指数,莱比锡,第 211~247 页;在德国没有真正的一般物价指数可以获得。

和系统的方法来处理货币性项目的收益和损失。① 事实上,这在很大程度上可以解释为什么稳定币值会计下的盈余没有被划分为已实现的部分和未实现的部分,同时也可以解释为什么人们不能提供一个令人满意的稳定币值会计下的收益和损失。

第二节　对稳定币值会计的评价

基于运用稳定币值会计去修正普通会计的具体方法已经得到了全面的阐述,现在我们可以适当地思考它的优点和实用性。

一、稳定币值会计的优点

诚如前述,反对普通会计的第一个理由在于它并不能生成它所应生成的相关和适当的信息。它并不能提供一般购买力保值程度以及增加的一般购买力信息。但是,稳定币值会计通过将那些选定的交易类别转换为一般购买力,继而解决了这一问题。

德国的稳定币值会计专家施密特教授对采用一般物价指数来计量交易的优点的本质有着清晰而独到的见解。在过去相当长的一段时间内,施密特教授一直坚定地支持采用实物资本计量资本和收入,而不是采用现实的一般购买力资本。因此,他不接受一般物价指数作为计量所有交易或者事项的唯一标准。他敏锐地将笔者的计划与另外一个会计程序进行了比较,该会计程序是由一个想获得外部支持的人所提出的,这个人采取的每一个行动都是为了获得外部的支持,其判断的依据是该外部支持是否可以使他更接近最终目的,而不是像惯常那样,通过现实生活中的实务应用可

---

① 参见《会计》,XLV,4(1928年4月),第310页,艾伦·J·H批判笔者的论文,《德国通货膨胀会计》,于1928年2月出版,该文从货币价值变动的角度来讨论未实现收益和损失。对于该批判,笔者表示感谢,因为该批判促使笔者有动力去研究货币价值变动导致的收益与损失,继而发展了上述稳定币值会计程序。

以达到的预期效果是否可以给他带来成功进行判断的。

虽然人们指责他试图通过采取与最终实现长期目标相和谐的、单一的、具体的行为,但笔者认为他的行为是可以理解的。他的行为如同为了实现商业活动的最终目标,公司管理层应当采取的方法与一个海员为了到达遥远的彼岸的方法相似。每个人为了更迅速和更容易地实现其目标,都应当从许多条可行的次要的路线中选出那些最能帮助他实现最终目标的路线。因此,当一个标准成为一项原则,人们并据此来判断最终的成就时,人们为何又要设定另一项经常前后不一致的标准作为一项原则并据此来判断现有的成就呢?

例如,如果一个人在1月1日将价值1 000美元的货物投入一项新的商业活动中,并且在12月31日通过出售该批货物收取现金2 000美元,如果这项投资活动在未受到任何其他事项的影响下被终止了,那么他会赚取利润或承受亏损吗?施密特教授和笔者都一致认为合理的答案取决于从1月1日至12月31日之间的一般物价水平的变化情况。如果一般物价指数从1月1日的100上升到12月31日的200,该商人将不会获得任何的利润。因为最后的结果是,2 000美元代表了与初始1 000美元的投资具有相同的一般购买力。从另一方面而言,如果一般物价指数仅从100上升到150,该商人将赚取500美元;而如果上升到250,那么该商人将承担500美元的损失。

在经过了一般物价指数从100上升到150的变化后,下面的年末资产负债表给出了一些事实。

资 产 负 债 表

12月31日

资　　产	金　　额
现金	$2 000
资产合计	$2 000
净资产	

(续表)

资产	金额
初始投资额	$1 500
已实现的盈余	$500
净资产合计	$2 000

因此,施密特教授赞同这样一种观点。该观点认为一个企业最终的成功或失败应当取决于对于企业股东而言在其存续期间内全部的一般物价购买力是否高于股东投资时的一般购买力。然而,他认为如果一个企业在资产负债表日没有终止经营,那么,(这种情况的稳定币值会计下的资产负债表将不会有别于假设企业此时终止经营的情况),企业净资产应当在实物资本的基础上进行分类,而不是在实际资本的基础上进行分类。

例如,假设该企业不是在12月31日停止经营,而且实物资产已经在1月1日投入企业,12月31日的2 000美元是1月1日实物资产在当天的重置成本。施密特教授认为持续经营情况下的中期资产负债表应当如下表所示。

资产负债表

12月31日

资产	金额
现金	$2 000
资产合计	$2 000
净资产	
初始投资额	$1 000
价值调整	$1 000
净资产合计	$2 000

在这些假定情形下,施密特教授并不同意对净资产按照稳定币值会计的分类进行分类,他认为此时的资产负债表应当按照如下方法进行列报。

资 产 负 债 表

12 月 31 日

资　　产	金　　额
现金	＄2 000
资产合计	＄2 000
净　资　产	
初始投资额	＄1 500
如果资产负债表日企业停止经营时可供分配的盈余	＄500
净资产合计	＄2 000

因此,虽然施密特教授认为衡量企业最终是否经营成功应当基于真实的、一般物价购买力资本,但他认为企业持续经营中的中期是否经营成功应以实物资本为基础进行计量。

如前文所述,反对普通会计的第二个理由在于它违背了相同计量单位才可以相加的基本的数学规则。然而,稳定币值会计通过期末价格水平来表述所有的数据,从而克服了这一缺陷。

最后,反对普通会计的第三个理由在于它的不完整性,因为它并未确认和包含由货币价值波动而产生的所有类别的收益和损失。当然,稳定币值会计弥补了这一缺陷。第一,它将以货币价值变动产生的收益和损失分类为以一般货币价值变动产生的收益和损失与以特殊货币价值变动产生的收益和损失。在会计期间内,不同来源的货币价值变动产生的收益和损失在利润表中得到了详细的阐述。第二,稳定币值会计下,根据货币价值变动产生的收益和损失是否已经实现,将货币价值变动产生的收益和损失进行了分类。在会计期末,货币价值变动产生的未实现的收益和损失的余额将在资产负债表中的未实现收益部分进行列报。

二、实用性是决定性考验

尽管稳定币值会计有如上的优点,然而,它仍不足以在所有情况下使用,除非它被证明是"实用的"。① 这就意味着使用该方法而获得的收益必须大于使用它而产生的成本。

后文我们将充分考虑稳定币值会计的实用性问题。然而,在此时,人们还是会提及证明稳定币值会计具有实用性的条件。这些条件包括两条,笔者所确定的测试已经表明如果在某一特定情况下以下两个条件中的任何一条已经出现,则相应的稳定币值会计应被证明是具有实用性的。这些条件包括:

(1) 在测试的会计期间内,一般物价水平至少已经发生了5%的变动。

(2) 会计期末账簿中的大部分资产、负债、净资产项目,自其首次出现在账簿中到会计期末,一般物价水平至少发生了5%左右的变动。

---

① 事实上,该书扉页的德文引言声称,稳定币值会计应该具有实用性。这一引言的意义在于"……除非存在非常重要的不精确,采用非常复杂的程序去处理资产负债表是不明智的。"参见施马伦巴赫的著作,第188页。

第三章 基于重置成本的
稳定币值会计

在前面的章节中已经阐述了采用稳定币值编报会计报表的通常做法。前述稳定币值会计依赖于历史成本,原因在于这种简化方法(以历史成本为基础进行计价)改进了传统的会计计价方法提供的会计信息的质量。

然而,许多资深会计专家认为另一种计价方法要优于上述方法。这种方法是在重置成本或重新生产成本的基础上评估某些实物资产的价值(为了方便起见,重置成本和重新生产成本以及后文中将提及的评估价值被认为是同义的)。[1]

因为稳定币值会计主要侧重于同一种计量单位的使用,而非侧重于计价方法的使用。就这一点而言,它必须如同采用历史成本进行计价一样,采用重置成本计价也应当产生同样的效果。这一点其实很容易做到,本章将予以详细阐述。事实上,人们发现基于重置成本的稳定币值会计比基于历史成本的稳定币值会计更为有效。

本章在对基于重置成本的计价历史及由这种计价方法表示的资本解释进行简短的回顾后,将以 A 公司为例,介绍其在重置成本的基础上是如何应用稳定币值会计程序的。

---

[1] 从技术上而言这 3 个术语的内涵或多或少彼此间是互不相同的。重新生产成本是在相同的地方取得或建造一项类似资产的成本。重置成本是无论建造形式与资产的存放地点是否一致,取得或建造能提供相同的服务资产的成本。评估价值是指资产的价值不仅包括资产的重置成本,还包括诸如额外的生产能力和废弃等因素。

第一节 重置成本计价的历史背景

重置成本法通常只应用于固定资产的计价上,而且受到独立的评估方法的影响。在经历了第一次世界大战后,人们对于此类计价方法的需求越来越强烈。产生这种需求的原因是多种多样的。

从 1916 年初期到 1929 年经济大萧条初期的这一段时期,除了 1920 年年初的短暂经济萧条外,这一段时间内的显著特征是建设成本迅速上涨,有两大主要原因可以解释重置成本的普及应用。第一个原因是管理层企图操纵企业的资源和净资产,以使其能以一个较高的总金额列示于资产负债表上。对于这样经过夸大而得出的计价信息,给那些关注它的内部生产经营状况的利益相关者,如企业外部人员(特别是银行家和股东)传递了它更为繁荣和更重要的信息。第二个原因在于使企业所拥有的厂房和设备以较高的总金额列示于会计报表中的必要性,它可作为发行债券和新股的充分的安全保障,特别是发行抵押债券和优先股。

但是,在接下来的 1930 年、1931 年和 1932 年 3 年内,价格和收入以越来越快的速度下降。因此,以前繁荣时期有着高额历史成本的厂房,现在通过采用重置成本重新计价后其金额与其他账户的金额相比显得不成比例。然而更为不可思议的是,以高额历史成本和重新计价后的金额为基础计提的折旧费用,对逐渐减少的收入而言是一个越来越大的沉重负担。事实上,人们发现,相对于经济繁荣时期越来越高的折旧费用,竞争者们不得不忍受在经济衰退时期以较低价格建造厂房。其结果就是大量厂房重估价值的下滑——并且在许多情况下出现净利润取代净损失。

这一状况从发生一直持续到 1933 年的春天。从 1933 年春天开始,由于预期通货膨胀的影响和对于经济复苏的信心,建设成本开始再次向上攀升。《国家恢复法案》的实施对于价格的上涨具有助推作用。虽然对于 1933 年中期到 1936 年春天的重新计价的结果可能比 1930 年以前要少得多，但再一次或多或少可以反映企业家想使他们的资产和净资产以超出实际情况的金额进行列报的欲望。此外，当公司及其法律顾问和会计顾问认为发行证券比较安全时，又会进一步催生以重置成本为基础的重新计价。

然而，总体而言，会计师们对待固定资产的重新计价和折旧问题的态度不仅不同于企业管理层，而且较为复杂。即使当较高的现行建造成本使早期成本相对偏低，历史成本更像是古老的历史而不是反映现实重要性的现实，但大部分会计师可能更倾向于采用历史成本。更进一步而言，当价格在上涨时那些会计师们之所以更倾向于以重置成本进行计价，更多的是因为他们想提高计提的折旧费用，而不是因为他们受到那些重置成本对企业管理层具有吸引力因素的影响。

当会计师们看到新的厂房和机器设备的价格在上升时，如果折旧额仍是以历史成本为计量基础的，则这些被计提折旧的厂房和设备不能在它们终止使用年限时被替换。例如，如果一台机器在1920年价值1 000美元，到1930年时上升到1 500美元，那么应以1 500美元为计提折旧的基础，这样才能在机器报废时被顺利替换。这些会计师们认为，以10%的年折旧率对1 000美元的机器计提折旧，并以此来替代1 500美元的机器的这一做法既非一项理想的企业实践，也不是一个好的会计处理方法。他们认为固定资产应当在每期期末以重置成本为基础进行重新计价，并以此为基础来计提折旧（应当指出的是，在很多案例中，并不是只有这种方法才能使折旧额等于设备达到使用年限时的重置成本）。

这些会计师们公然抨击巧妙而又折中的程序，这些程序由那些保守的会计师们所设计。这些程序能满足管理层利用重置成本进行重新计价的欲望，而且也并未侵犯账簿中历史成本的神圣地位。因为它包含了在固定资产账户与重置成本金额之间不断增加的平衡性，两者的区别在于净值的增加被计入未实现评估增值账户的贷方。据此，与以前的会计处理一样，以历史成本为基础计提的折旧作为一项费用来处理。但是，以资产价值重估增值部分为基础计提的折旧被指责违背了评估的目的。按照这种方法进行会计处理时,传统会计处理方法不应如此简单,而应该变得更为复杂,并且应当让账簿上的金额与报税时的金额趋同。① 传统会计处理方法允许不速之客的到来,但是也让他们大范围失效。②

在1929年经济大萧条之前,对重置成本以及基于重置成本的折旧的大争论时断时续。从1929年经济大萧条开始,这种争论便销声匿迹了。这意味着正是因为它的重要性随着设备和厂房重置成本的下降而减弱。虽然这只是对会计理论的一次探索,但它却确实为会计文献作出了巨大的贡献。③

基于重置成本的计价和以此为基础计提折旧的做法在处于通货膨胀时期的德国得到了有力支持。人们也推崇这样的折旧程序,因为这种折旧程序可以保持资产的实物资本的完整。④ 进一步而言,这种方法不仅可以应用于计提厂房和设备的折旧,也适用于已经被耗用的材料和服务。基于这些认识,制定出的销售价格的公式表示为:销售价格＝重置成本＋利润。

读者应当回顾一下在前面章节中已经叙述过的资本类别,并且注意观察与重置成本相关的资本类别。

第二节 名义资本、实物资本和实际资本

第一种资本,是企业界使用"资本"一词时人们常会想到的概念。它指

---

① 然而,从长远来看,税务要求倾向于迁就会计实务。参见美国《第74号所得税规章》,第322条。

② 正如一位作者所说:"对于未实现评估增值部分计提折旧,等同于忽视了评估增值。"参见怀尔德曼·J·R:"关于'评估增值研讨会'的评论",《会计评论》,V,I(1930年3月),第54页。

③ 这场争论的细节和对它所作出的贡献的评价,参见斯威尼·H·W:《稳定币值会计下的折旧》,《会计评论》,VI,3(1931年9月),第172～174页,第177～178页。

④ 参见施密特·F:《利润与资产负债表的价值》,赫特国际会计师会议,阿姆斯特丹,1926年,第409页。也可参见施密特·F:《通货膨胀与资产负债表》,通货膨胀和企业,柏林,1923年,第11～17页。也可参见施密特·F:《应当以每日价值编制资产负债表》(1929年,第3版),莱比锡,第83～248页。也可参见施密特·F:《在计算经济活动时应当以当天的销售价格重新计算》,柏林,1923年。

的是花费的货币资金的初始金额,也就是指传统意义上的成本。

当它一旦被投入使用,就常常不再用来表示初始物质在同一时期的价值。原因在于价格在此期间经常发生变化。因此,资本仅在名义和描述上继续使用相同的数值。换句话说,它是"名义资本"。

第二种资本,是"实物资本"或"物质资本",如有形的机器和厂房,这类资本受到了那些支持以重置成本为基础计提折旧的会计师们的青睐。当然,他们主张的是它的效率的原始状态,而非它的形式。

毫无疑问,实物资本相对于名义资本而言是一种更为安全的保有资本的类型。因为价格处于上涨时的状态要多于处于下跌时的状态,当价格在上涨时,相对于在名义资本下应花更多的钱去买实物而言,实物资本是一个更为有用的资本类型。

然而,实物资本保全也受到了公众的抨击。例如,如果实物资本在一般的价值规模经济中正在失去它的重要性,保持实物资本的做法就像是奋力抓牢一艘正在下沉的轮船。相反,当实物资本在一般的价值规模经济中的重要性越来越大时,那么,实物资本保全就成了不必要的累赘。

第三种资本,也是最后一种资本为"实际资本"。它存在于初始投资所表示的一般购买力中。例如,一项资产的取得成本为 1 000 美元,仅仅表示在取得该资产的时点上,1 000 美元的一般购买力是投资在这项资产上的真实资本,并不代表着这一时点之后的一般购买力。这 1 000 美元只是在那一时点上实际资本的货币表示,如果以后价格上涨为原来的 2 倍,投资在该资产上的真实成本的价格按现在的价格水平而言应该是 2 000 美元。

正如前文所述,实际资本是稳定币值会计努力去保留的一类资本①。而且,稳定币值会计通过实际资本确定了实际收入。因为它扣除了实际资本的现行价格,这种价格源于现在所拥有的一般购买力净值。事实上,在

---

① 对于所有的资本分支的全面介绍,参见斯威尼·H·W:《资本》,《会计评论》,Ⅷ,3(1933年9月),第185~199页。

前文中假设的 A 公司的两年收入的计算中得到了验证。

第三节　重置成本下的稳定币值会计示例

下文所要阐述的 A 公司在重置成本下的稳定币值会计的会计数据基于这样一个假设：需要计提折旧的固定资产的个别物价指数如下表。

固定资产的个别物价指数

日　期	物价指数
1933 年 1 月 1 日	100
1933 年 12 月 31 日	225
1934 年 12 月 31 日	250

这一个别物价指数的相对变化表明了固定资产的实际重置成本的相对变化。因此，在 1933 年 12 月 31 日一台类似的新固定资产的重置成本应当是：1 000 美元×225÷100＝2 250 美元；在 1934 年 12 月 31 日是 2 500 美元。当然，在现实生活中，存在着太多的单个因素影响特定资产的价值，以至于不能使用一个指数来实现对相同资产重置成本的精确计量。然而，重置成本物价指数仍然被认为是可以以一种相对较为精确的方式进行描述，这一方式考虑了一段时期内重置成本的变化和地区因素。[①]

在这个案例中，第一年年末，新经济状况下该固定资产的重置成本是 2 250 美元。然而，资产在那时只是被计提了一半的折旧额。因此，它提取折旧后的重置成本，或公允价值是 1 125 美元。

该项固定资产在 1933 年 12 月 31 日的普通账户中显示的净值是 500 美元。因此，从传统会计的观点得出的未实现的增值的净值是 1 125 美元减去 500 美元，即 625 美元。而该项资产的稳定币值会计下的历史成本是

---

① 出于此目的，对可获得的指数进行全面的讨论：它们的价值和缺陷，参见斯威尼·H·W：《通过指数对评估价值进行近似计量》，《哈佛商业评论》，XIII，I(1934 年 10 月)，第 108~115 页。

750 美元。因此,从稳定币值会计角度得出的未实现的增值的净值是 1 125 美元减去 750 美元,即 375 美元。

下文展示了在普通会计系统与稳定币值会计下该项固定资产在 1933 年 12 月 31 日的公允价值,所得出的结论也已经呈现在下面的会计报表中。

为了方便比较,在稳定币值会计下和普通会计下会计报表中的增值都被看作收益进行列示(然而事实上如果名义资本也被看作资本,它确实应被看作收益,尽管是一类特殊的未实现的收益①)。

A 公司稳定币值和非稳定币值的资产负债表

1933 年 12 月 31 日

资　　产	非稳定币值		稳定币值	
现金		$ 750		$ 750
固定资产(以重置成本计价)	$ 2 250		$ 2 250	
减:累计折旧	$ 1 125		$ 1 125	
重置成本下的固定资产折余成本		$ 1 125		$ 1 125
资产合计		$ 1 875		$ 1 875
净　资　产				
发行在外的流通股		$ 1 000		$ 1 500
盈余:				
当年已实现的净利润	$ 2 500		$ 2 400	
减:已分配的现金股利	$ 2 250		$ 2 250	
已实现的盈余(1933 年 12 月 31 日)	$ 250		$ 150	
当年未实现的净利润	$ 625		$ 225	
未实现的盈余(1933 年 12 月 31 日)	$ 625		$ 225	
总盈余(1933 年 12 月 31 日)		$ 875		$ 375
净资产合计		$ 1 875		$ 1 875

---

① 评估增值以及它与名义资本、实物资本和实际资本的关系的完整讨论,参见斯威尼·H·W:《稳定币值会计下的估值》,《会计评论》,Ⅶ,2(1932 年 6 月),第 115~121 页。

A公司稳定币值和非稳定币值的损益表

1933年度

已实现的净利润	非稳定币值	稳定币值
营业收入	＄3 000	＄3 600
减：折旧费用	＄500	＄750
经营活动净利润	＄2 500	＄2 850
减：货币价值变动导致的净损失		＄450
当年已实现的净利润	＄2 500	＄2 400
未实现的净利润		
固定资产评估增值的净利得	＄625	＄375
减：货币价值变动的净损失		＄150
当年未实现的净利润	＄625	＄225
当年最终净利润	＄3 125	＄2 625

从上述会计报表可以得出如下几个要点：

第一，无论是在非稳定币值会计还是在稳定币值会计中，固定资产的重置成本、总额和净额一定是相同的。因为重置资产的成本不是由会计决定的，会计只是简单地在账户中反映它。

第二，稳定币值会计依据重置成本计量固定资产。因为稳定币值会计主要考虑以一般购买力为基础的资本保值，因此根据一般购买力调整历史成本下的折旧来代替重置成本的折旧。

第三，很显然，750美元的现金余额代表了12月31日现金的现时一般购买力，但2 250美元的固定资产重置成本也代表了12月31日固定资产的现时一般购买力。因为它是用12月31日当天的美元来计量的，现时美元就代表了现时一般购买力。事实上，固定资产历史成本根据一般物价指数调整后，2 250美元的重置成本表示的一般购买力只相当于历史成本按照一般物价指数进行调整后的1 500美元历史成本的现实一般购买力。因此，所有的项目都要用资产负债表日的一般购买力计量。虽然固定资产的一般购买力是由特定资产的个别物价指数，而不是由一般物价指数计算出来的,但是这仍然是正确的。

最后,非稳定币值会计下的资产负债表与稳定币值会计下的资产负债表只是在净资产的具体构成方面不同。换句话说,就是这两个资产负债表中资产在实物和金额上都是完全一样的,并且净资产总额也是一样的。如果有负债,一般都是货币性负债,负债在类别和金额上也都是相同的。

以重置成本作为所有实物资产(并不仅仅包括厂房,也包括诸如持有的证券和存货等)的计量基础时,非稳定币值会计和稳定币值会计下的资产负债表的项目将极其相似。当然,以重置成本表示的实物资产的数额越大,稳定币值会计下的资产负债表和非稳定币值会计下的资产负债表项目就越相似。因此,尽管稳定币值会计使用了相同的计量方法,但仍然不可避免地较历史成本来说更青睐使用重置成本作为计量基础。

在这个案例中,第二年年末固定资产折旧计提完毕。尽管如此,此时更有利于对会计报表作进一步的观察。此时的净评估增值下降到零,被看作是未实现的损失。

A 公司稳定币值和非稳定币值的资产负债表

1934 年 12 月 31 日

资　　产	非稳定币值		稳定币值	
现金	$2 000		$2 000	
资产合计	$2 000		$2 000	
净　资　产				
发行在外的流通股	$1 000		$2 000	
盈余:				
已实现的盈余(1933 年 12 月 31 日)	$250		$200	
当年已实现的净利润	$2 500	$2 750	$1 772	$1 972
减:已分配的现金股利		$1 750		$1 750
已实现的盈余(1934 年 12 月 31 日)		$1 000		$222
未实现的盈余(1933 年 12 月 31 日)	$625		$300	
当年未实现的净损失	$625		$522	

（续表）

净资产	非稳定币值	稳定币值
未实现的亏损(1934年12月31日)	$0	$222
净盈余(1934年12月31日)	$1 000	$0
净资产合计	$2 000	$2 000

A公司稳定币值和非稳定币值的损益表

1934年度

已实现的净利润	非稳定币值	稳定币值
总收入	$3 000	$3 333
减：折旧费用	$500	$1 000
经营活动的净利润	$2 500	$2 333
减：货币价值变动的净损失		$561
当年已实现的净利润	$2 500	$1 772
未实现的净利润		
固定资产评估增值的净损失	$625	$500
货币价值变动的净损失		$22
当年未实现的净损失	$625	$522
当年最终净利润	$1 875	$1 250

当以重置成本为基础的账面金额稳定后，重置成本的稳定调整将通过建立一个从历史成本的稳定调整中分离出来的账户进行。这个账户被安排在历史成本账户之后。而且，在后面的案例中，当自我平衡的重置成本调整一旦被登记入账，该账户就应该被结账处理。

似乎保留这两个稳定币值会计账户将更加清晰。然而，如果有必要的话，这两个账户可以合并。与前面一样，这种情况下，稳定调整只是简单地由账面金额和稳定重置成本之间的差额实现。当然，与账簿记录只允许简单反映历史成本相比，如果账面记录已经反映了重置成本，这些调整将会有很大的差异。

当有两个稳定币值会计调整账户时,历史成本账户应该被称为"历史成本稳定币值会计调整",而不仅仅由"稳定币值会计调整"。而且,重置成本调整账户应该被称为"重置成本稳定币值会计调整"。在上述 A 公司的案例中,"重置成本稳定币值会计调整"账户的应用应当如下所示。

重置成本稳定币值会计调整

1933 年 12 月 31 日		1933 年 12 月 21 日	
固定资产	$750	累计折旧	$375
		未实现的评估增值收益	$375
	$750		$750

当然,这样的调整只在重置成本稳定币值会计报表和历史成本稳定币值会计报表的个别项目金额上有一些差异。因此,借记 750 美元,是资产的重置成本 2 250 美元与历史成本稳定币值会计 1 500 美元的差额。

与采用历史成本计价相比,以重置成本计价能提供更多有用的会计信息。同时,从长远来看,以重置成本计价确定的价值更接近于源自理想方法所确定的价值。① 理想方法就是依靠未来收益进行计价。基于这些原因,在稳定币值会计中,更倾向于选择重置成本。而且,如果取得重置成本数据是可行的,如能够取得资产的评估值或取得资产个别重置成本指数,采用重置成本计价的成本并不比采用历史成本计价的成本高。

---

① 参见斯威尼·H·W:《资本》,《会计评论》,Ⅷ,3(1933 年 9 月),第 188~191 页。

第四章　公用事业公司的稳定币值会计示例

前面章节已经介绍了稳定币值会计的基本理论和应用技术。为了证明这个理论和技术产生的结果符合成本效益原则，现在我们来探究该理论和技术应用于实践时会遇到哪些问题。因此，本章和接下来的 2 章将按照以下逻辑进行安排：第一，描述稳定币值会计应用于 3 种不同类型的企业实践的方式；第二，尝试着评估稳定币值会计在每个案例中的价值。

为了节约时间以表明稳定币值会计在应用中立马显示出其所具有的实践价值，在每个案例的一开始它就经历了严格的测试。本章运用的会计数据是以 1929 年 10 月 31 日为会计年度最后一天的会计数据，这一会计年度开始和结束时一般物价指数几乎完全相同，都是 177.5。当然，这一年的一般物价水平是有小的变动的。与此同时，在之前的年份中出现了很多实物资产项目，那段时间一般物价指数显著低于 1929 年 10 月 31 日的一般物价指数。

为了保护这 3 家公司的隐私，所有有关这 3 家公司实践测试的实际资料都做了充分的修改，要想通过修改后的实际资料能够清楚地知道是哪 3 家具体公司是不可能的。

接下来的这 3 章的每一章的第一部分都将对案例公司作一些简介，并给出一些账面金额；第二部分将阐述稳定币值会计如何应用于账面金额；第三部分和最后一部分将评估稳定币值会计的实践价值。

因为篇幅限制，不能给出所有的稳定币值会计明细表。然而，为了便于理解稳定币值会计程序,将提供足够的具有代表性的稳定币值会计明细表。

第一节 账面金额

该企业是一个公用事业公司,更具体来说是一家自来水公司。我们假设该公司成立于1917年2月3日。该公司为一个刚成立并迅速发展的西部城镇提供自来水。在本章的后面部分,它被称作"大草原自来水公司"。

该公司的财政年度是以公历年度进行确定的,不是本案例中的会计年度。然而,有个例外,与每年年末一样,该公司每月月末都要进行账面余额的调整。这个例外来自固定资产报废的年度备抵账户,即累计折旧、废弃或出售固定资产的损失和处置费用。因为1928年10月31日和1929年10月31日的固定资产报废备抵账户的金额很容易估计,所以我们将结束于1929年10月31日的账户内容作为第一个实验对象。

该公司每年报废固定资产的备抵是建立在公历年末固定资产折旧账户总额基础上的。之所以使用该公司的数据,是因为这个测试需要使用一套实际的账面金额。因此,在这个例子中,1928年稳定币值会计的报废备抵是公历年度的报废备抵,而不是结束于10月31日的会计年度的报废备抵。

为了获得1928年前10个月(即直到复核开始的时候)的稳定币值会计和非稳定币值会计的报废备抵,要用全年的稳定币值会计和非稳定币值会计备抵的5/6。例如,账户上1928年的报废备抵是5 192.08美元,它的5/6就是4 326.73美元。因此,该公司1928年11月和12月的非稳定币值会计报废备抵就是5 192.08美元和4 326.73美元的差额。稳定币值会计的报废备抵也用同样的方法计算。

1929年的账面报废备抵又是涵盖了一个公历年度。虽然1929年10月31日是会计年度的结束日,但此时全年报废备抵的5/6就不能作为1929年前10个月的报废备抵。因为1929年最后两个月固定资产发生了变化(1928年没有发生变化),如果这样做,将会导致计算出来的结果不准确。这时就依据1929年10月31日的固定资产折旧账户余额独立计算出1929年前10个月的备抵金额,这个计算结果被当作账面金额使用。此时的这个数据已经被稳定化了。

该公司没有对难以收回的水费计提准备的习惯。相反,只有公司认为水费确实收不回来了,该公司才把它作为经营损耗。

一、年初和年末的资产负债表

为第一次测试所收集的大草原自来水公司会计年度年初和年末的简明资产负债表合并列示如下。

大草原自来水公司资产负债表

1928年10月31日和1929年10月31日

资　　　产	1928年10月31日		1929年10月31日	
固定资产:				
土地	$1 026.50		$1 026.50	
管道穿越用地权	$7 899.17		$7 899.17	
峡谷蓄水池	$11 108.85		$11 108.85	
管道系统	$63 414.46		$65 197.27	
抽水站建筑	$7 695.93		$7 695.93	
抽水站设备	$13 483.22		$14 087.56	
仪表	$7 101.23		$8 076.23	
家具和固定装置	$1 037.61		$1 121.71	
		$112 766.97		$116 213.22
减:报废准备		$58 972.32		$64 307.98
		$53 794.65		$51 905.24
流动资产:				
储备物资	$1 864.12		$2 011.20	
应收水费	$54 630.12		$56 780.18	

(续表)

资产	1928年10月31日	1929年10月31日
现金	$20 712.19	$20 102.55
	$77 206.43	$78 893.93
资产合计	$131 001.08	$130 799.17
负　债*		
股本：		
批准可发行的股票：2 500股，每股$100	$250 000.00	$250 000.00
发行在外的股票：1 100股	$110 000.00	$110 000.00
流动负债：		
应付账款	$1 210.45	$1 311.66
应付工资和应交税金	$220.00	$230.00
	$1 430.45	$1 541.66
盈余	$19 570.63	$19 257.51
负债合计	$131 001.08	$130 799.17

* 译者注：此处的负债是一个广义的概念，包括狭义的负债和所有者权益。下同，不再赘述。

二、固定资产账户

以下是大草原自来水公司3项固定资产的明细账。

仪　表

1917年	摘要	金额	1919年	摘要	金额
4月28日	仪表	$475.00	4月14日	1919年3月30日购买的水表退回	$175.50
5月16日	仪表	$118.75			

(续表)

1917年	摘要	金额	1923年	摘要	金额
5月31日	储备物资	$52.16	5月2日	40美元销售1917年4月28日购买的水表	$97.50
6月19日	仪表	$237.50	1928年	摘要	金额
6月30日	人工	$29.12	10月31日	余额	$7 101.23
7月18日	仪表	$118.75			
8月20日	仪表	$237.50			
9月12日	仪表	$475.00			
9月30日	储备物资	$63.32			
10月17日	仪表	$475.00			
10月19日	仪表检测设备	$237.50			
11月26日	仪表	$118.75			
12月30日	仪表	$237.50			
1918年	摘要	金额			
2月3日	仪表	$118.75			
7月14日	仪表	$237.50			
11月27日	仪表	$475.00			
1919年	摘要	金额			
3月30日	仪表	$237.50			
4月16日	储备物资	$24.19			
4月30日	人工	$15.34			
1920年	摘要	金额			
2月23日	仪表	$950.00			
1921年	摘要	金额			
3月9日	仪表	$243.75			

(续表)

1922 年	摘要	金额			
10 月 14 日	仪表	$487.50			
1923 年	摘要	金额			
11 月 17 日	仪表	$195.00			
1924 年	摘要	金额			
9 月 25 日	仪表	$975.00			
1926 年	摘要	金额			
10 月 2 日	混合设备	$51.35			
1928 年	摘要	金额			
5 月 11 日	仪表	$487.50			
		$7 374.23			$7 374.23
1928 年	摘要	金额	1929 年	摘要	金额
11 月 1 日	余额	$7 101.23	10 月 31 日	余额	$8 076.23
1929 年	摘要	金额			
7 月 19 日	仪表	$975.00			
		$8 076.23			$8 076.23
1929 年	摘要	金额			
11 月 1 日	余额	$8 076.23			

家具和固定装置

1917 年	摘要	金额	1928 年	摘要	金额
5 月 20 日	桌椅	$469.74	10 月 31 日	余额	$1 037.61
5 月 31 日	混合设备	$116.45			
6 月 29 日	打字机	$102.50			
6 月 30 日	混合设备	$126.40			
1918 年	摘要	金额			
3 月 4 日	混合设备	$96.32			

(续表)

1920年	摘要	金额			
11月7日	混合设备	$126.20			
		$1 037.61			$1 037.61
1928年	摘要	金额	1929年	摘要	金额
11月1日	余额	$1 037.61	10月31日	余额	$1 121.71
1929年	摘要	金额			
10月16日	混合设备	$84.10			
		$1 121.71			$1 121.71
1929年	摘要	金额			
11月1日	余额	$1 121.71			

报 废 准 备

1918年	摘要	金额	1917年	摘要	金额
1月11日	退回的1917年9月21日购买的抽水站设备的累计准备	$15.62	12月31日	每年按5%计提的准备	$4 752.70
3月21日	1917年3月30日多收抽水站建筑账款的累计准备	$5.58	1918年	摘要	金额
1922年	摘要	金额	12月31日	每年按5%计提的准备	$4 789.43
3月17日	退回的1920年2月27日购买的管道的累计准备	$7.66			

64 | 稳定币值会计

(续表)

1923 年	摘要	金额	1919 年	摘要	金额
5月2日	以成本高于售价卖出1917年4月28日购买的水表	$57.50	12月31日	每年按5%计提的准备	$4 809.80
1928 年	摘要	金额	1920 年	摘要	金额
10月31日	余额	$58 972.32	12月31日	每年按5%计提的准备	$4 926.66
			1921 年	摘要	金额
			12月31日	每年按5%计提的准备	$4 938.85
			1922 年	摘要	金额
			12月31日	每年按5%计提的准备	$4 980.81
			1923 年	摘要	金额
			12月31日	每年按5%计提的准备	$4 991.79
			1924 年	摘要	金额
			12月31日	每年按5%计提的准备	$5 123.52
			1925 年	摘要	金额
			12月31日	每年按5%计提的准备	$5 123.52
			1926 年	摘要	金额
			12月31日	每年按5%计提的准备	$5 135.34
			1927 年	摘要	金额
			12月31日	每年按5%计提的准备	$5 159.53

(续表)

			1928 年	摘要	金额
			10 月 31 日	每年按 5% 计提的准备	$ 4 326.73
		$ 59 058.68			$ 59 058.68
1929 年	摘要	金额	1928 年	摘要	金额
10 月 31 日	余额	$ 64 307.98	11 月 1 日	余额	$ 58 972.32
			12 月 31 日	每年按 5% 计提的准备	$ 865.35
			1929 年	摘要	金额
			10 月 31 日	每年按 5% 计提的准备	$ 4 470.31
		$ 64 307.98			$ 64 307.98
			1929 年	摘要	金额
			11 月 1 日	余额	$ 64 307.98

三、流动资产和流动负债

大草原自来水公司期末储备物资中重要项目的盘存信息如下，每个项目名称采用简洁的字母和数字指代。

储备物资盘存

1929 年 10 月 31 日

项　　目	购买月份	成　　本
A8	1929 年 10 月	$ 131.10
A28	1929 年 9 月	$ 74.50
B13	1929 年 10 月	$ 247.88
C11	1929 年 10 月	$ 111.56
C21	1929 年 8 月	$ 86.13
D14	1929 年 10 月	$ 151.71
D17	1929 年 10 月	$ 133.54

(续表)

项　目	购买月份	成　本
E21	1929 年 9 月	$106.49
其他		$968.29
合　计		$2 011.20

在大草原自来水公司账簿中有 4 个货币性账户,分别是应收水费、现金、应付账款,以及应付工资和应交税金。为了使货币价值的变动形成的已实现的收益和损失能够在这些账户中计算出来,必须对每个账户进行两种类型的分析。

第一种分析,在复核时要知道每个账户在一个会计年度内的每月增加额和减少额。可以根据下面这种分析计算出来,以下这个分析显示了每月应收水费和现金账户各自的借方和贷方总额。

应 收 水 费

1928 年	金额	1928 年	金额
11 月 1 日余额	$54 630.12	11 月减少合计	$10 413.06
11 月增加合计	$10 214.99	12 月减少合计	$9 215.68
12 月增加合计	$8 179.85	1929 年	金额
1929 年	金额	1 月减少合计	$8 823.34
1 月增加合计	$7 314.76	2 月减少合计	$7 615.94
2 月增加合计	$5 231.85	3 月减少合计	$7 510.72
3 月增加合计	$5 190.03	4 月减少合计	$8 441.17
4 月增加合计	$7 001.54	5 月减少合计	$9 955.32
5 月增加合计	$8 111.79	6 月减少合计	$10 153.46
6 月增加合计	$9 082.28	7 月减少合计	$11 245.74
7 月增加合计	$11 171.56	8 月减少合计	$13 204.27
8 月增加合计	$13 349.87	9 月减少合计	$12 245.88
9 月增加合计	$16 153.25	10 月减少合计	$11 041.50
10 月增加合计	$21 014.37	11 月 1 日余额	$56 780.18

(续表)

1929 年	金额	1929 年	金额
	$176 646.26		$176 646.26
1929 年	金额		
11 月 1 日余额	$56 780.18		

现　　金

1928 年	金额	1928 年	金额
11 月 1 日期初余额	$20 712.19	11 月减少合计	$11 131.47
11 月增加合计	$10 413.06	12 月减少合计	$10 247.95
12 月增加合计	$9 215.68	1929 年	金额
1929 年	金额	1 月减少合计	$10 359.73
1 月增加合计	$8 823.34	2 月减少合计	$9 227.70
2 月增加合计	$7 615.94	3 月减少合计	$9 189.98
3 月增加合计	$7 510.72	4 月减少合计	$8 035.64
4 月增加合计	$8 441.17	5 月减少合计	$8 249.87
5 月增加合计	$9 955.32	6 月减少合计	$9 165.57
6 月增加合计	$10 153.46	7 月减少合计	$9 235.02
7 月增加合计	$11 245.74	8 月减少合计	$11 348.79
8 月增加合计	$13 204.27	9 月减少合计	$12 031.55
9 月增加合计	$12 245.88	10 月减少合计	$12 252.45
10 月增加合计	$11 041.50	11 月 1 日余额	$20 102.55
	$140 578.27		$140 578.27
1929 年	金额		
11 月 1 日余额	$20 102.55		

第二种分析,需要指出每个货币性账户的月初余额和月末余额,并且年初余额和年末余额在月初余额和月末余额的分析下分别产生。上面给出的大草原自来水公司应收水费账户中它的年末余额是 56 780.18 美元。

这个余额是由众多的单个消费者的余额组成的,从下表可以看到,它的一部分便是 1929 年 1 月的余额。现金余额应由最近现金的增加所构成。

大草原自来水公司在 1929 年 10 月 31 日 4 个货币性账户余额的分析如下表所示。

货币性账户余额分析

1929 年 10 月 31 日

(1929 年) 月份	资产		负债	
	应收水费	现金	应付账款	应付工资和应交税金
1	$652.35			
2	$1 965.41			
3	$1 875.00			
4	$1 462.35			
5	$2 457.96			$30.00
6	$4 781.02			$30.00
7	$5 681.55			$30.00
8	$8 794.09			$30.00
9	$12 085.72	$9 061.05	$250.00	$30.00
10	$17 024.73	$11 041.50	$1 061.66	$80.00
余额合计	$56 780.18	$20 102.55	$1 311.66	$230.00

这种分析也需要计算货币价值变化导致的未实现的收益或损失。

四、股本、盈余以及利润和损失

发行在外的 110 000 美元股本中,有 64 300 美元是在 1917 年 3 月发行的,剩下的 45 700 美元是在 1917 年 4 月发行的。

1928 年 11 月 1 日至 1929 年 10 月 31 日间导致盈余变化的信息如下:在 1928 年 11 月 2 日公司收到一笔包括利息收入的退款,该退款是因按 1925 年联邦所得税法计算多付税款而应退回的 754.16 美元;另外一笔包括利息的退款,该退款是因按 1926 年联邦所得税法计算多付税款而应退回的 462.06 美元。A 公司在 1928 年 12 月 1 日和 1929 年 3 月 1 日、6 月 1 日、9 月 1 日分别宣告分派现金股利 1 650.00 美元(按照发行在外的流通股本总额乘以 1.5％计算),总共分派了 6 600 美元的现金股利。

这一年还有一项非常收入和一项非常费用。非常收入是 1929 年 9 月因火灾而收到的保险赔偿款超过因火灾损失的储备物资成本的差额,共计 1 398.90 美元,并且在当月收到现金。损失的储备物资的成本明细如下表所示。

成本明细表

取得月份	种类	成本金额
1928 年 6 月	E9	$246.81
1927 年 5 月	P12	$305.64
1929 年 4 月	W4	$203.40
1928 年 11 月	Z16	$75.83
合　　计		$831.68

非常费用是因现金被盗而损失的 2 500 美元,其中 1 500 美元发生在 1928 年 11 月,另外 1 000 美元发生在 1928 年 12 月。

该公司在一个会计年度获得了 7 003.44 美元的营业利润,减去因非常费用超过非常收入的差额 1 932.78 美元,而最终得到这一会计期间的净利润 5 076.66 美元。自来水的销售额,又称营业收入,总计是 122 016.14 美元。相应地,随着每月应收水费的增加,最终构成了年末应收水费账户的余额。

第二节　稳定币值金额

明细表上的账面金额首先应当经过稳定币值会计程序处理,然后才可以编制稳定币值会计下的会计报表。

在下面的稳定币值会计程序的分析中,读者应当注意采用了两个重要的简便方法。

在稳定币值会计程序中,第一种简便方法是采用了月度物价指数。例如,在 4 月份某一固定资产账户每天增加了 30。很显然,如果把这个月中每天的数值汇总起来后采用月度物价指数分析,比采用当天的物价指数对当天的数据进行分析后得到汇总的数值要轻松得多。既然在美国一般物价指数和大部分个别价格指数通常在 1 个月内变化不大,那么采用月度物价指数分析所得到的结果与采用日物价指数分析所产生的结果差异性应当也不会很大。

在采用第一种简便方法时,有两个例外情形。

第一个例外情形是,一个会计期间的最后一天的物价指数是估计的,并仅用它来代替月度物价指数。估计某月最后一天的物价指数可以用下面的例子进行阐释:1934 年 12 月和 1935 年 1 月的斯奈德一般物价指数分别是 140 和 141。既然这个物价指数代表整个月的物价指数,那么它可以近似地被看作是对月中(大约是每月的第 15 天)的一般物价指数。也就是说,140 代表的是 1934 年 12 月 15 日的物价指数,141 代表的是 1935 年 1 月 15 日的物价指数。对这两个物价指数进行平均,得到 140.5,这个数也就近似地代表了对这两天指数的平均数,也就代表 1934 年 12 月 31 日的一般物价指数。

大草原自来水公司的案例将运用这种思路。1928 年 10 月和 11 月的一般物价指数分别是 177 和 178,那么 1928 年 10 月 31 日的一般物价指数可估计为 177.5。同样地,1929 年 10 月和 11 月的一般物价指数分别是 181 和 174,那么 1929 年 10 月 31 日的一般物价指数估计为 177.5。

第一种简便方法的第二个例外是,可能需要估计某一特定日期的物价指数,而不是这个月的物价指数,因为这个特定日期离月中相当的远,且在这一特定日期发生了异常大量的经济业务,因而在进行稳定币值会计处理时就需要用到这个特定日期的物价指数。在这种情况下,需要采用内插法估计某一特定日期的物价指数。接下来将对内插法举个例子,假定某 1 年

3月和4月的物价指数分别是112和120,现在需要估计3月20日的物价指数。分析过程如下所示。

3月15日的近似物价指数是	112
4月15日的近似物价指数是	120
3月15日至4月15日物价指数变化是	8
3月15至3月20日经过的天数是	5天
3月15日至4月15日经过的天数是	31天

那么,$8 \times 5 \div 31 \approx 1.25$。

所以,估计出来的3月20日的物价指数是:112+1.25=113.25。

为了减少稳定币值会计程序的工作量,可能会采用第二种简便方法,该简便方法是首先把全部或近乎全部账面金额转换成基期(1913年)的等值,然后再用当前等值进行重新表述。采用第二种简便方法的分析,大致会减少一半的计算工作量。下面的简要例子将说明第二种简便方法的技术性和实用性。

下面10个非稳定币值会计下的金额需要被转换成它们在12月31日的稳定币值会计等值,假定12月31日的物价指数为200。

发生时的物价指数	金额
100	$1 200.00
120	$3 000.00
125	$3 750.00
145	$5 800.00
130	$5 200.00
170	$5 100.00
190	$950.00
185	$5 550.00
210	$4 200.00
215	$2 150.00
合　　计	$36 900.00

处理上述 10 个金额中的每个金额的冗长的、直接的方法如下表所示。首先每个金额乘以物价指数比率,然后再除以物价指数比率的分母,最后再乘以 100。该物价指数比率中,分子是 12 月 31 日的物价指数,分母是金额发生时的物价指数。

非稳定币值的金额 ①	物价指数比率 ②	非稳定币值的金额乘以物价指数比率 ③＝①×②	稳定币值的金额 ④＝③÷金额发生时的物价指数×100
$ 1 200.00	200/100	$ 2 400.00	$ 2 400.00
$ 3 000.00	200/120	$ 6 000.00	$ 5 000.00
$ 3 750.00	200/125	$ 7 500.00	$ 6 000.00
$ 5 800.00	200/145	$ 11 600.00	$ 8 000.00
$ 5 200.00	200/130	$ 10 400.00	$ 8 000.00
$ 5 100.00	200/170	$ 10 200.00	$ 6 000.00
$ 950.00	200/190	$ 1 900.00	$ 1 000.00
$ 5 550.00	200/185	$ 11 100.00	$ 6 000.00
$ 4 200.00	200/210	$ 8 400.00	$ 4 000.00
$ 2 150.00	200/215	$ 4 300.00	$ 2 000.00
$ 36 900.00			$ 48 400.00

读者应当可以很快地注意到前面的货币金额换算是乘以或者除以一个物价指数的形式而得到的,在本书中用到的物价指数隐含地规定以 100 为基数。即若某一个物价指数是 275,实际上它也代表 275/100 或 2.75,为了简明起见,100 省略了。因此,8 250 美元除以物价指数 275,计算表达形式是:8 250 美元÷275×100＝3 000 美元,实际上等同于:8 250 美元÷(275÷100)＝3 000 美元,或者:8 250 美元÷2.75＝3 000 美元。

在这个案例中,采用间接的、以年为基础的简便方法对 10 个未经稳定币值会计处理的金额转换成 12 月 31 日的稳定币值会计下的总的等值如下表所示。

非稳定币值的金额①	发生时的物价指数②	以年为基础的等值＝非稳定币值的金额除以发生时的物价指数③＝①÷②
$1 200.00	100	$1 200.00
$3 000.00	120	$2 500.00
$3 750.00	125	$3 000.00
$5 800.00	145	$4 000.00
$5 200.00	130	$4 000.00
$5 100.00	170	$3 000.00
$950.00	190	$500.00
$5 550.00	185	$3 000.00
$4 200.00	210	$2 000.00
$2 150.00	215	$1 000.00
$36 900.00		$24 200.00
乘以当日(12月31日)的物价指数		×200
当日稳定币值下的金额合计		$48 400.00

很显然，以年为基础进行简便处理的方法大大减少了稳定币值会计程序的工作量。

第二种简便的处理方法也称为基年处理方法，有很多优点。第一个优点是，它可以留下任何一个你想要的、在即将完成稳定币值会计处理日期的数据。其中的原因是，虽然基年处理方法下的系列物价指数是不同的，但是基年等值至少是不变的。

基年处理方法的第二个优点，可以举个例子来说明一下。假定某天的物价指数是160，如果要把上面的金额转化成当天的稳定币值会计下的等值，那么只需要把基年总额24 200美元转化成新的当期的等值就行了，也就是：24 200美元×1.60＝38 720美元。

基年处理方法的第三个优点是,在一个会计期间结束前,稳定币值会计处理程序的部分工作可以提前完成。例如,在某年的第一个月购置一台机器所花的钱,只要第一个月的物价指数能够得到,就能转化成基年等值。通常情况下,这个指数可以在第二个月结束前得到。很多其他的非稳定币值会计记录也能够在会计期间结束前进行稳定币值会计程序的处理。

然而,如果不采用基年处理方法,需要在会计期末重新表述的每个项目,则又得直接在期末按一般物价水平进行重新表述。如果需要这样进行处理,就得知道会计期间结束时的物价指数,这个物价指数需要等到这段期间结束后才能得到。因此,类似这样的项目不能在第一个月进行稳定币值会计处理,而是需要等到这段会计期间结束后才能够进行处理。因此,所有的稳定币值会计处理工作只有在会计期间结束后才能够开始。

当然,在会计期间结束前,如果已经把账面金额按照基年等值进行了稳定币值会计处理,则审计师在后期通常需要对这些账面金额进行调整,这样的事情也是经常发生的。因此,稳定的等值也需要进行调整。通常情况下,审计师对大部分账面金额是不会调整的,只对少部分账面金额进行调整。因此,采用基年处理方法没必要等到账面金额被审计之后才进行。

一、固定资产的稳定币值会计处理

在这个案例中,所有的固定资产都采用相同的方法进行稳定币值会计处理。仪表账户以及家具和固定装置账户首先按照基年等值进行稳定币值会计处理。报废准备贷方金额也要按照基年等值进行稳定币值会计处理。报废准备的稳定币值会计处理是以每年按计提折旧资产账户余额的5%计提准备后的金额进行会计处理的。

读者应当已经注意到,每个固定资产账户的贷方,由于出售或者是其他处置,需要按计入固定资产借方时的当月的物价指数进行稳定币值会计处理,而不是按固定资产减少时的当月的物价指数分析的。否则,稳定币值会计下的借方金额可能不会抵销稳定币值会计下的贷方金额。

例如,假定当一般物价指数是200时,土地的成本是1 000美元;当一般物价指数是300时,这块土地在这段期间结束时以1 000美元出售,借方和贷方的发生额1 000美元都计入了土地账户,贷方1 000美元发生日的物价指数比率是300/200,因此可以重新表述为1 500美元;借方1 000美元按比率300/200,可重新表述成1 500美元。这样,经稳定币值会计程序处理后的借方就可以与经稳定币值会计程序处理后的贷方金额1 500美元相抵销。但是,如果贷方按取得日的物价指数进行稳定币值会计处理,而贷方按出售日的物价指数进行稳定币值会计处理,就会错误地得出:1 000美元×300÷300=1 000美元,这样就没有抵销经稳定币值会计程序处理后的借方金额,即使这块土地已不再拥有了。

同样地,累计折旧(或"折旧准备",下同)的借方也要按与之相对应的固定资产取得日的当月的物价指数进行稳定币值会计处理。对于每一笔这样的借方应当与对应的贷方累计折旧相抵销。但是,实际上每一笔贷方只能对计提折旧资产的账面价值起减少作用。因此对每一笔贷方都要按该资产取得日的当月的物价指数进行稳定币值会计处理。

当然,本案例中的准备,并不是严格意义上的固定资产累计折旧,因为还包含了固定资产处置时的损失。例如,基年期间,1923年5月的借方金额47.59美元是已出售的仪表的累计折旧和出售损失的合计数。47.59美元是仪表账户经稳定币值会计处理后的贷方金额71.69美元与当一般物价指数是166时实际收到出售仪表的现金40美元经稳定币值会计处理后的24.10美元的差额。

接下来的固定资产基年稳定币值会计表格是将固定资产基年金额转化成它们当前的等值。下面的表格上有两个当前日期,它们分别是指分析当年的年初和年末。之所以这样进行处理,其原因是可以编制每一个日期的稳定币值会计资产负债表。

之所以稳定币值会计下的年初金额也要按年末的一般物价指数进行表述,是因为只有这样编制资产负债表才具有可比性(在这个特殊案例中,之所以按年初一般物价指数进行稳定币值会计处理的金额不必再按年末一般物价指数进行转换,是因为每天的一般物价指数都是一样的。下面将通过一个很简单的表格来说明这一情形,如第78~84页所示)。

二、流动资产和流动负债的稳定币值会计处理

1929年10月31日的存货(储备物资)以基年等值进行的稳定币值会计处理结果如第85页的表所示。基年等值的合计数为1 108.55美元,在一张明细表上转换为按1929年10月31日的一般物价水平的等值。尽管为了简洁的需要,将上述存货按照基年等值进行的实际转换被省略了,1928年10月31日的存货(储备物资)按基年总额的重述仍然列示在这张当日的明细表上。

在稳定币值会计处理时,对那些金额较小的存货,如1929年10月31日的存货(储备物资),每一个项目都没有采用稳定币值会计进行处理。相反,只有对那些金额比较大的项目才进行稳定币值会计处理。全部存货的稳定币值会计处理的合计数是通过按照一定比例的方式估计出来的。稳定币值会计下的存货总额与被选择的采用稳定币值会计进行处理后的项目的总额之间的关系与整个存货非稳定币值会计下的存货总额与被选择的未采用稳定币值会计进行处理的项目的总额之间的关系相同。下面建立的比例解决了1929年10月31日的存货进行稳定币值会计处理的问题。计算如下:

设X为稳定币值会计下全部存货的总额:

$$\frac{X}{\$574.84}=\frac{\$2\,011.20}{\$1\,042.91}$$

$$X=\$1\,108.55$$

固定资产(仪表)按基年的稳定过程
截至 1929 年 10 月 31 日

	借 方					贷 方			
日 期	说明	非稳定币值	物价指数	稳定币值	日 期	说明	非稳定币值	物价指数	稳定币值
1917 年 4 月	增加合计	$475.00	136	$349.26	1919 年 4 月	1919 年 3 月取得	$175.50	162	$108.33
1917 年 5 月	增加合计	$170.91	139	$122.96	1923 年 5 月	1917 年 4 月取得	$97.50	136	$71.69
1917 年 6 月	增加合计	$266.62	142	$187.76	1928 年 10 月 31 日	余额	$7 101.23		$4 523.73
1917 年 7 月	增加合计	$118.75	141	$84.22					
1917 年 8 月	增加合计	$237.50	142	$167.25					
1917 年 9 月	增加合计	$538.32	142	$379.10					
1917 年 10 月	增加合计	$712.50	142	$501.76					
1917 年 11 月	增加合计	$118.75	141	$84.22					
1917 年 12 月	增加合计	$237.50	143	$166.08					
1918 年 2 月	增加合计	$118.75	146	$81.34					
1918 年 7 月	增加合计	$237.50	155	$153.23					

日期	项目	金额	指数	调整金额				
1918年11月	增加合计	$475.00	162	$293.21				
1919年3月	增加合计	$237.50	162	$146.60				
1919年4月	增加合计	$39.53	164	$24.10				
1920年2月	增加合计	$950.00	189	$502.65				
1921年3月	增加合计	$243.75	170	$143.38				
1922年10月	增加合计	$487.50	161	$302.80				
1923年11月	增加合计	$195.00	166	$117.47				
1924年9月	增加合计	$975.00	165	$590.91				
1926年10月	增加合计	$51.35	171	$30.03				
1928年5月	增加合计	$487.50	177	$275.42				
		$7 374.23		$4 703.75		1929年10月31日	$7 374.23	$4 703.75
1928年11月1日	余额	$7 101.23		$4 523.73				
1929年7月	增加合计	$975.00	181	$538.67				
		$8 076.23		$5 062.40			$8 076.23	$5 062.40
1929年11月1日	余额	$8 076.23		$5 062.40			$8 076.23	$5 062.40

第四章 公用事业公司的稳定币值会计示例

固定资产(家具和固定装置)按基年的稳定过程
截至 1929 年 10 月 31 日

	借 方					贷 方			
日期	说明	非稳定币值	物价指数	稳定币值	日期	说明	非稳定币值	物价指数	稳定币值
1917年5月	增加合计	$586.19	139	$421.72	1928年10月31日	余额	$1 037.61		$715.93
1917年6月	增加合计	$228.90	142	$161.20					
1918年3月	增加合计	$96.32	147	$65.52					
1920年11月	增加合计	$126.20	187	$67.49					
		$1 037.61		$715.93					
1928年11月1日	余额	$1 037.61		$715.93	1928年11月1日	余额	$1 121.71		$762.39
1929年10月	增加合计	$84.10	181	$46.46					
		$1 121.71		$762.39					
1929年11月1日	余额	$1 121.71		$762.39					

固定资产按基年的稳定过程
稳定币值的报废准备

日 期	稳定币值的资产余额						总额	稳定币值的报废准备（每年按5%计提）
	峡谷蓄水池	管道系统	抽水站建筑	抽水站设备	仪表	家具和固定装置		
1917年12月31日	$8 068.84	$42 510.33	$5 481.56	$9 485.18	$2 042.61	$582.92	$68 171.44	$3 408.57
1918年12月31日	$8 068.84	$42 510.33	$5 464.50	$9 355.54	$2 570.39	$648.44	$68 618.04	$3 430.90
1919年12月31日	$8 068.84	$42 698.02	$5 464.50	$9 355.54	$2 632.76	$648.44	$68 868.10	$3 443.41
1920年12月31日	$8 068.84	$43 214.73	$5 464.50	$9 499.23	$3 135.41	$715.93	$70 098.64	$3 504.93
1921年12月31日	$8 068.84	$43 214.73	$5 464.50	$9 499.23	$3 278.79	$715.93	$70 242.02	$3 512.10
1922年12月31日	$8 068.84	$42 450.50	$5 464.50	$9 529.35	$3 581.59	$715.93	$70 780.59	$3 539.03
1923年12月31日	$8 068.84	$42 450.50	$5 508.48	$9 529.35	$3 627.37	$715.93	$70 900.47	$3 545.02
1924年12月31日	$8 068.84	$44 456.34	$5 508.48	$9 529.35	$4 218.28	$715.93	$72 497.22	$3 624.86
1925年12月31日	$8 068.84	$44 456.34	$5 508.48	$9 529.35	$4 218.28	$715.93	$72 497.22	$3 624.86
1926年12月31日	$8 068.84	$44 563.87	$5 508.48	$9 529.35	$4 248.31	$715.93	$72 634.78	$3 631.74
1927年12月31日	$8 068.84	$44 846.76	$5 508.48	$9 529.35	$4 248.31	$715.93	$72 917.67	$3 645.88
1928年10月31日	$8 068.84	$44 939.54	$5 508.48	$9 529.35	$4 523.73	$715.93	$73 285.87	$3 053.58
1928年12月31日	$8 068.84	$44 939.54	$5 508.48	$9 529.35	$4 523.73	$715.93	$73 285.87	$610.71
1929年10月31日	$8 068.84	$45 924.52	$5 508.48	$9 863.23	$5 062.40	$762.39	$75 189.86	$3 132.91

固定资产按基年的稳定过程
稳定币值的报废准备
截至1929年10月31日

借方					贷方			
日期	说明	非稳定币值	物价指数	稳定币值	日期	说明	非稳定币额	稳定币值
1918年1月	退回1917年9月购买抽水站设备的累计准备	$15.62	142	$11.00	1917年12月31日	本年报废准备	$4 752.70	$3 408.57
1918年3月	1917年4月多收抽水站建筑物款的累计准备	$5.58	136	$4.10	1918年12月31日	本年报废准备	$4 789.43	$3 430.90
1922年3月	退回1920年2月购买的管道物的累计准备	$7.66	189	$4.06	1919年12月31日	本年报废准备	$4 809.80	$3 443.41
1923年5月	以成本高于售价卖出1917年4月购买的水表	$57.50	—	$47.59	1920年12月31日	本年报废准备	$4 926.66	$3 504.93

日期	摘要	金额	金额		日期	摘要	金额	金额
1928年10月31日	余额	$58 972.32	$41 898.13		1921年12月31日	本年报废准备	$4 938.85	$3 512.10
					1922年12月31日	本年报废准备	$4 980.81	$3 539.03
					1923年12月31日	本年报废准备	$4 991.79	$3 545.02
					1924年12月31日	本年报废准备	$5 123.52	$3 624.86
					1925年12月31日	本年报废准备	$5 123.52	$3 624.86
					1926年12月31日	本年报废准备	$5 135.34	$3 631.74
					1927年12月31日	本年报废准备	$5 159.53	$3 645.88
					1928年10月31日	10个月的报废准备	$4 326.73	$3 053.58
1928年10月31日	余额	$59 058.68	$41 964.88			余额	$59 058.68	$41 964.88
1929年10月31日	余额	$64 307.98	$45 641.75		1928年11月1日	余额	$58 972.32	$41 898.13
					1928年12月31日	1928年11月和12月的报废准备	$865.35	$610.71
					1929年10月31日	1929年前10个月的报废准备	$4 470.31	$3 132.91
		$64 307.98	$45 641.75			余额	$64 307.98	$45 641.75
					1929年11月1日	余额	$64 307.98	$45 641.75

第四章 公用事业公司的稳定币值会计示例

固定资产按当前日期的稳定过程
截至 1929 年 10 月 31 日

项　目	基年余额		当日等值金额		
	1928 年 10 月 31 日	1929 年 10 月 31 日	1928 年 10 月 31 日（物价指数：177.5）余额	1929 年 10 月 31 日余额	1929 年 10 月 31 日（物价指数：177.5）余额
土地	$754.78	$754.78	$1 339.73	$1 339.73	$1 339.73
管道穿越用地权	$5 638.67	$5 638.67	$10 008.64	$10 008.64	$10 008.64
峡谷蓄水池	$8 068.84	$8 068.84	$14 322.19	$14 322.19	$14 322.19
管道系统	$44 939.54	$45 924.52	$79 767.68	$79 767.68	$81 516.02
抽水站建筑	$5 508.48	$5 508.48	$9 777.55	$9 777.55	$9 777.55
抽水站设备	$9 529.35	$9 863.23	$16 914.60	$16 914.60	$17 507.23
仪表	$4 523.73	$5 062.40	$8 029.62	$8 029.62	$8 985.76
家具和固定装置	$715.93	$762.39	$1 270.78	$1 270.78	$1 353.24
总额	$79 679.32	$81 583.31	$141 430.79	$141 430.79	$144 810.36
减：报废准备	$41 898.13	$45 641.75	$74 369.18	$74 369.18	$81 014.11
净额	$37 781.19	$35 941.56	$67 061.61	$67 061.61	$63 796.25

存货(储备物资)按基年的稳定过程

1929 年 10 月 31 日

项目	购进月份	非稳定币值	物价指数	稳定币值
A8	1929 年 10 月	$131.10	181	$72.43
A28	1929 年 9 月	$74.50	183	$40.71
B13	1929 年 10 月	$247.88	181	$136.95
C11	1929 年 10 月	$111.56	181	$61.64
C21	1929 年 8 月	$86.13	182	$47.32
D14	1929 年 10 月	$151.71	181	$83.82
D17	1929 年 10 月	$133.54	181	$73.78
E21	1929 年 9 月	$106.49	183	$58.19
小计		$1 042.91		$574.84
杂项		$968.29		$533.71
合计		$2 011.20		$1 108.55

存货(储备物资)按当前日期的稳定过程

1928 年 10 月 31 日和 1929 年 10 月 31 日

日期	基年金额	当日等值金额	
		1928 年 10 月 31 日（物价指数：177.5）	1929 年 10 月 31 日（物价指数：177.5）
1928 年 10 月 31 日	$1 058.72	$1 879.23	$1 879.23
1929 年 10 月 31 日	$1 108.55		$1 967.68

接下来,将所有货币性资产和货币性负债的期初和期末余额减少到基年等值。这时,它们将出现在一个表格上,这样一来使得用任何当日的一般物价水平来重述更快速。而且,在基年的表格中,它们被用到稳定币值会计程序的另一部分,即货币价值变动带来的未实现收益或亏损的稳定币值会计处理。

在转换到基年表格后,它们将被按照当日等值进行重新表示。当然,对货币性项目而言,采用稳定币值会计处理后的金额与其当天实际的账面余额是同一个数,如下表所示。

货币性资产和货币性负债按基年的稳定过程

1928 年 10 月 31 日和 1929 年 10 月 31 日

项目	当期余额		基年等值金额	
	1928 年 10 月 31 日	1929 年 11 月 1 日	1928 年 10 月 31 日（物价指数 177.5)	1929 年 10 月 31 日（物价指数 177.5)
资产：				
应收水费	$ 54 630.12	$ 56 780.18	$ 30 777.53	$ 31 988.83
现金	$ 20 712.19	$ 20 102.55	$ 11 668.84	$ 11 325.38
合计	$ 75 342.31	$ 76 882.73	$ 42 446.37	$ 43 314.21
负债：				
应付账款	$ 1 210.45	$ 1 311.66	$ 681.94	$ 738.96
应付工资和应交税金	$ 220.00	$ 230.00	$ 123.94	$ 129.58
合计	$ 1 430.45	$ 1 541.66	$ 805.88	$ 868.54
净货币性资产金额	$ 73 911.86	$ 75 341.07	$ 41 640.49	$ 42 445.67

货币性资产和货币性负债按当前日期的稳定过程

1928 年 10 月 31 日和 1929 年 10 月 31 日

项目	基年余额		当日等值金额		
			1928 年 10 月 31 日（指数 177.5)	1929 年 10 月 31 日（指数：177.5)	
	1928 年 10 月 31 日	1929 年 10 月 31 日	1928 年 10 月 31 日余额	1928 年 10 月 31 日余额	1929 年 10 月 31 日余额
资产：					
应收水费	$ 30 777.53	$ 31 988.83	$ 54 630.12	$ 54 630.12	$ 56 780.18
现金	$ 11 668.84	$ 11 325.38	$ 20 712.19	$ 20 712.19	$ 20 102.55
合计	$ 42 446.37	$ 43 314.21	$ 75 342.31	$ 75 342.31	$ 76 882.73
负债：					
应付账款	$ 681.94	$ 738.96	$ 1 210.45	$ 1 210.45	$ 1 311.66

(续表)

项　目	基年余额		当日等值金额		
			1928年10月31日(指数:177.5)	1929年10月31日(指数:177.5)	
	1928年10月31日	1929年10月31日	1928年10月31日余额	1928年10月31日余额	1929年10月31日余额
应付工资和应交税金	$123.94	$129.58	$220.00	$220.00	$230.00
合计	$805.88	$868.54	$1 430.45	$1 430.45	$1 541.66
净货币性资产金额	$41 640.49	$42 445.67	$73 911.86	$73 911.86	$75 341.07

三、股本、盈余、收益和损失的稳定币值会计处理

截至1929年10月31日的股本账户所记录的金额和当年年末盈余的稳定币值会计下的金额列示在下面的表格中,所得税退款的利息记录在账面盈余的贷方。

股本按基年的稳定过程

截至1929年10月31日

日期	说明	非稳定币值	物价指数	稳定币值
1917年3月	发行股本总数643	$64 300.00	132	$48 712.12
1917年4月	发行股本总数457	$45 700.00	136	$33 602.94
	发行股本总数1 100	$110 000.00		$82 315.06

股本按当前日期的稳定过程

截至1929年10月31日

余　额	基年金额	当日等值金额	
		1928年10月31日(指数:177.5)	1929年10月31日(指数:177.5)
1928年10月31日	$82 315.06	$146 109.23	$146 109.23
1929年10月31日	$82 315.06		$146 109.23

直接影响盈余的交易按基年的稳定过程

1928 年 11 月 1 日至 1929 年 10 月 31 日

项　目	非稳定币值	物价指数	稳定币值
以前年度的所得税退款：			
1928 年 11 月	$ 1 216.20	178	$ 683.27
分配现金股利：			
1928 年 11 月	$ 1 650.00	178	$ 926.97
1929 年 3 月	$ 1 650.00	180	$ 916.67
1929 年 6 月	$ 1 650.00	179	$ 921.78
1929 年 9 月	$ 1 650.00	183	$ 901.64
合计	$ 6 600.00		$ 3 667.06

直接影响盈余的交易按当前日期的稳定过程

1928 年 11 月 1 日至 1929 年 10 月 31 日

项　目	基年金额	1929 年 10 月 31 日当日等值金额(物价指数：177.5)
以前年度的所得税退款	$ 683.27	$ 1 212.80
已分配的现金股利	$ 3 667.06	$ 6 509.03

虽然收入和费用一般应当按照涵盖的会计期间进行稳定币值会计处理，但这个收到的退款利息是在收到该款项的当月进行的稳定币值会计处理。按照收到该退款的月份进行稳定币值会计处理的第一个原因是这样处理更简单。第二个原因是这样处理虽然损失了一小部分金额的额外信息，但产生的最终结果是相同的。①

如下的明细表可以帮助我们理解因货币价值变动导致的未实现的收益或亏损。除了因为 1928 年 10 月 31 日的资产和负债余额是按月对其原始数

---

① 因为如果对所收到的利息按照其所涵盖的会计期间进行稳定币值会计处理，这样计算出来的结果与按照收到该利息当月进行稳定币值会计处理的结果之间的差异，将被利息赚取时点与实际收到时点的平均时间内货币价值变动产生的收益或损失完全抵销掉。

据进行的稳定币值会计处理,且这些处理过程被省略了以外,这些明细表都是完整的。明细表中的这些思路应该很容易理解。

货币价值变动导致的未实现的收益和损失按基年的稳定过程

1929 年 10 月 31 日资产负债余额按产生月份的稳定过程

项　目	非稳定币值	物价指数	稳定币值
应收水费:			
1929 年 1 月	$652.35	179	$364.44
1929 年 2 月	$1 965.41	179	$1 097.99
1929 年 3 月	$1 875.00	180	$1 041.67
1929 年 4 月	$1 462.35	179	$816.96
1929 年 5 月	$2 457.96	179	$1 373.16
1929 年 6 月	$4 781.02	179	$2 670.96
1929 年 7 月	$5 681.55	181	$3 138.98
1929 年 8 月	$8 794.09	182	$4 831.92
1929 年 9 月	$12 085.72	183	$6 604.22
1929 年 10 月	$17 024.73	181	$9 405.93
余额合计	$56 780.18		$31 346.23
现金:			
1929 年 9 月	$9 061.05	183	$4 951.39
1929 年 10 月	$11 041.50	181	$6 100.28
余额合计	$20 102.55		$11 051.67
应付账款:			
1929 年 9 月	$250.00	183	$136.61
1929 年 10 月	$1 061.66	181	$586.55
余额合计	$1 311.66		$723.16
应付工资和应交税金:			
1929 年 5 月	$30.00	179	$16.76
1929 年 6 月	$30.00	179	$16.76
1929 年 7 月	$30.00	181	$16.57
1929 年 8 月	$30.00	182	$16.48

(续表)

项 目	非稳定币值	物价指数	稳定币值
1929年9月	$30.00	183	$16.39
1929年10月	$80.00	181	$44.20
余额合计	$230.00		$127.16

货币价值变动导致的未实现的收益和损失按基年的稳定过程

1928年10月31日和1929年10月31日未实现的收益和亏损计算过程

货币性项目	当日实际余额	实际余额直接稳定为等值金额（物价指数：177.5）	按产生月份稳定的余额	未实现的收益或损失
1928年10月31日				
资产：				
应收水费	$54 630.12	$30 777.53	$30 937.44	($159.91)
现金	$20 712.19	$11 668.84	$11 688.67	($19.83)
合计	$75 342.31	$42 446.37	$42 626.11	($179.74)
负债：				
应付账款	$1 210.45	$681.94	$683.87	$1.93
应付工资和应交税金	$220.00	$123.94	$124.50	$0.56
合计	$1 430.45	$805.88	$808.37	$2.49
净值	$73 911.86	$41 640.49	$41 817.74	($177.25)
1929年10月31日				
资产：				
应收水费	$56 780.18	$31 988.83	$31 346.23	$642.60
现金	$20 102.55	$11 325.38	$11 051.67	$273.71
合计	$76 882.73	$43 314.21	$42 397.90	$916.31
负债：				
应付账款	$1 311.66	$738.96	$723.16	($15.80)

(续表)

货币性项目	当日实际余额	实际余额直接稳定为等值金额 [物价指数：177.5]	按产生月份稳定的余额	未实现的收益或损失
应付工资和应交税金	$230.00	$129.58	$127.16	($2.42)
合计	$1 541.66	$868.54	$850.32	($18.22)
净值	$75 341.07	$42 445.67	$41 547.58	$898.09

注：( )表示负数。

货币价值变动导致的未实现的收益和损失按当前日期的稳定过程

1928年10月31日和1929年10月31日未实现的收益和损失计算过程

货币性项目	基年总额		当期等值		
			1928年10月31日(物价指数：177.5)	1929年10月31日(物价指数：177.5)	
	1928年10月31日	1929年10月31日	1928年10月31日总额	1928年10月31日总额	1929年10月31日总额
资产：					
应收水费	($159.91)	$642.60	($283.84)	($283.84)	$1 140.62
现金	($19.83)	$273.71	($35.20)	($35.20)	$485.84
负债：					
应付账款	$1.93	($15.80)	$3.43	$3.43	($28.05)
应付工资和应交税金	$0.56	($2.42)	$0.99	$0.99	($4.30)
合计	($177.25)	$898.09	($314.62)	($314.62)	$1 594.11

注：( )表示负数。

非常收入和非常费用按基年的稳定过程

截至1929年10月31日的会计年度

保险收入超过火灾损毁的储备物资成本的金额

项　　目	非稳定币值	物价指数	稳定币值
收入：			
1929年9月	$1 398.90	183	$764.43

第四章　公用事业公司的稳定币值会计示例

(续表)

项　　目	非稳定币值	物价指数	稳定币值
储备物资成本：			
1928年6月	$246.81	176	$140.23
1927年5月	$305.64	170	$179.79
1929年4月	$203.4	179	$113.63
1928年11月	$75.83	178	$42.60
合计	$831.68		$476.25
收益：			
收入超过成本	$567.22		$288.18
现金被盗的损失：			
1928年11月	$1 500.00	178	$842.70
1928年12月	$1 000.00	178	$561.80
合计	$2 500.00		$1 404.50

非常收入和非常费用按当前日期的稳定过程

截至1929年10月31日的会计年度

项　　目	基年金额	1929年10月31日当日等值金额(物价指数：177.5)
保险收入超过火灾损毁的储备物资成本的金额	$288.18	$511.52
现金被盗的损失	$1 404.50	$2 492.99

例如，1929年10月31日的现金余额是20 102.55美元。在本章的前面部分介绍到，1929年9月收到的现金是9 061.05美元，这时的一般物价指数是183，剩余的部分11 041.50美元就是在1929年10月取得的，这时的一般物价指数是181。当然，这些现金在1929年10月31日是一直持有的，此时的一般物价指数是177.5。因此，这些现金是在一般物价水平下降时持有的，即这些现金的一般购买力水平在上升。结果，在1929年10月31日一定有未实现的现金收益。

未实现收益的金额能被直接地迅速计算出来，即：如果1929年9月收到 9 061.05 美元现金没有发生收益或损失,这些现金将按一般物价指数下降的相同比率减少,即从 183 降至 177.5。这意味着从 183 中减少了 5.5 个指数(或应当减少 272.33 美元),然而实际现金余额没有发生变化。这意味着在 1929 年 10 月 31 日它一定比没有收益或损失发生的情况下多出 272.33 美元,因此 1929 年 9 月现金的未实现的收益是 272.33 美元。

类似地,如果 1929 年 10 月收到的 11 041.50 美元没有收益或损失的发生,这些现金应被从 181 中减少 3.5 个指数(或应当减少 213.51 美元)。当然,它一点也没有被减少,即这 213.51 美元被计入现金余额中未实现收益的一部分。现金余额账户中两个未实现收益的总计数是 485.84 美元。

尽管不是那么显而易见,但是以下的稳定币值会计报表计算出结果的过程更简便。

1929 年 10 月 31 日的现金余额 20 102.55 美元转换为基年的等值形式如下:

$$20\,102.55\ 美元 \div 177.5 \times 100\% = 11\,325.38(美元)$$

然而在稳定币值会计下,随着月份的推移,20 102.55 美元在基年的余额只有 11 051.67 美元,计算如下:

$$9\,061.05\ 美元 \div 183 \times 100 = 4\,951.39(美元)$$
$$1\,1041.50\ 美元 \div 181 \times 100 = 6\,100.28(美元)$$
$$\underline{2\,0102.55(美元)} \qquad \underline{11\,051.67(美元)}$$

因此,1929 年 10 月 31 日现金余额随着月份的推移比当天的价值更高,这个超过的价值用 11 325.38 美元超过 11 051.67 美元的金额——273.71 美元——来衡量。然而,在如下稳定币值会计处理程序的最后过程中,这个 1929 年 10 月 31 日的差额为 273.71 美元 × 177.5 ÷ 100(或 485.84 美元)。当然,这个 485.84 美元与前文采用直接方法获得的 1929 年 10 月 31 日现金余额的未实现的收益是完全一致的。其他项目在稳定币值会计处理中的未实现的收益和损失的类似推导和解释将在后面的明细表中介绍。

货币价值变动导致的已实现的收益和损失按基年的稳定过程

截至1929年10月31日的会计年度月初数的增加额和当月减少额的稳定过程

	借方				贷方			
日期	说明	非稳定币值	物价指数	稳定币值	日期	说明	非稳定币值	物价指数	稳定币值
应收水费:									
1928年11月	增加总额	$10 214.99	178	$5 738.76	1928年11月	减少总额	$10 413.06	178	$5 850.03
1928年12月	增加总额	$8 179.85	178	$4 595.42	1928年12月	减少总额	$9 215.68	178	$5 177.35
1929年1月	增加总额	$7 314.76	179	$4 086.46	1929年1月	减少总额	$8 823.34	179	$4 929.24
1929年2月	增加总额	$5 231.85	179	$2 922.82	1929年2月	减少总额	$7 615.94	179	$4 254.72
1929年3月	增加总额	$5 190.03	180	$2 883.35	1929年3月	减少总额	$7 510.72	180	$4 172.62
1929年4月	增加总额	$7 001.54	179	$3 911.47	1929年4月	减少总额	$8 441.17	179	$4 715.74
1929年5月	增加总额	$8 111.79	179	$4 531.73	1929年5月	减少总额	$9 955.32	179	$5 561.63
1929年6月	增加总额	$9 082.28	179	$5 073.90	1929年6月	减少总额	$10 153.46	179	$5 672.32
1929年7月	增加总额	$11 171.56	181	$6 172.13	1929年7月	减少总额	$11 245.74	181	$6 213.12
1929年8月	增加总额	$13 349.87	182	$7 335.09	1929年8月	减少总额	$13 204.27	182	$7 255.09
1929年9月	增加总额	$16 153.25	183	$8 826.91	1929年9月	减少总额	$12 245.88	183	$6 691.74

现金:								
1929年10月	增加总额	$21 014.37	181	1929年10月	减少总额	$11 610.15	181	$6 100.28
		$122 016.14				$67 688.19		$66 593.88
1928年11月	增加总额	$10 413.06	178	1928年11月	减少总额	$5 850.03	178	$6 253.63
1928年12月	增加总额	$9 215.68	178	1928年12月	减少总额	$5 177.35	178	$5 757.28
1929年1月	增加总额	$8 823.34	179	1929年1月	减少总额	$4 929.24	179	$5 787.56
1929年2月	增加总额	$7 615.94	179	1929年2月	减少总额	$4 254.72	179	$5 155.14
1929年3月	增加总额	$7 510.72	180	1929年3月	减少总额	$4 172.62	180	$5 105.54
1929年4月	增加总额	$8 441.17	179	1929年4月	减少总额	$4 715.74	179	$4 489.18
1929年5月	增加总额	$9 955.32	179	1929年5月	减少总额	$5 561.63	179	$4 608.87
1929年6月	增加总额	$10 153.46	179	1929年6月	减少总额	$5 672.32	179	$5 120.43
1929年7月	增加总额	$11 245.74	181	1929年7月	减少总额	$6 213.12	181	$5 102.22
1929年8月	增加总额	$13 204.27	182	1929年8月	减少总额	$7 255.09	182	$6 235.60
1929年9月	增加总额	$12 245.88	183	1929年9月	减少总额	$6 691.74	183	$6 574.62
1929年10月	增加总额	$11 041.50	181	1929年10月	减少总额	$6 100.28	181	$6 769.31
		$119 866.08				$66 593.88		$66 959.38
								$120 475.72

第四章　公用事业公司的稳定币值会计示例

至于货币价值变动导致的已实现的收益或损失的稳定币值会计处理，如果一项资产取得时比处置时有更高的稳定币值会计等值，或者如第 97 页表示的稳定币值会计下的表格，如果资产按照原始金额的月减少数超过了按发生额的月减少数，应确认已实现的损失。这时资产按低于最初购入时的一般购买力水平被处置。而如果负债按照初始成为负债的月减少数超过了按发生额的月减少数，应确认已实现的收益。因为这时负债是按低于原来发生时的一般购买力水平偿还的。①

货币价值变动导致的已实现的收益和损失按基年的稳定过程

截至 1929 年 10 月 31 日的会计年度已实现的收益和亏损计算过程

说　　明	资产		负债	
	应收水费	现金	应付账款	应付工资和应交税金
各月增加额的合计	$ 67 688.19	$ 66 593.88	$ 19 550.09	$ 34 001.63
月初余额	$ 30 937.44	$ 11 688.67	$ 683.87	$ 124.50
总计	$ 98 625.63	$ 78 282.55	$ 20 243.96	$ 34 126.13
减：月末余额	$ 31 346.23	$ 11 051.67	$ 732.16	$ 127.16
各月减少额合计	$ 67 279.40	$ 67 230.38	$ 19 520.08	$ 33 998.97
减：各月实际减少额合计	$ 66 593.88	$ 66 959.38	$ 19 491.08	$ 33 997.77
已实现的收益或损失	($ 685.52)	($ 271.50)	$ 29.72	$ 1.20

注：(　)表示负数。

---

① 货币价值变动产生的已实现的收益或损失的稳定币值会计的内在机制的细节说明，参照斯威尼·H·W：《稳定币值会计技术》，《会计评论》，X，2(1935 年 6 月)，第 188～194 页。

货币价值变动导致的已实现的收益和损失按当前日期的稳定过程

截至 1929 年 10 月 31 日的会计年度已实现的收益和损失的计算过程

货币性项目	基年金额	1929 年 10 月 31 日当日等值金额(物价指数：177.5)
资产：		
应收水费	($685.52)	($1 216.80)
现金	($271.5)	($481.91)
负债：		
应付账款	$29.72	$52.75
应付工资和应交税金	$1.20	$2.13
合计	($926.10)	($1 643.83)

注：( )表示负数。

营业收入按当前日期的稳定过程

截至 1929 年 10 月 31 日的会计年度

说　明	基年金额	1929 年 10 月 31 日当日等值金额（物价指数：177.5）
营业收入，等于应收水费每月增加额总计	$67 688.19	$120 146.54

在如下所示的年度营业成本计算明细表中，分别使用了 1928 年 10 月 31 日和 1929 年 10 月 31 日已实现的盈余金额。从稳定币值会计资产负债表中获得的已实现收益(括号代表亏损)的稳定币值会计金额，实务中应该在确定稳定币值会计下的营业成本之前计算出来。

非稳定币值的营业成本和稳定币值的营业成本的计算过程

截至 1929 年 10 月 31 日的会计年度

说　明	非稳定币值	当日稳定币值等值
1929 年 10 月 31 日已实现的收益	$19 257.51	($6 598.34)
减：1928 年 10 月 31 日已实现的收益	$19 570.63	($2 941.91)

(续表)

说　　明	非稳定币值	当日稳定币值等值
本年已实现的收益的净增加额	($ 313.12)	($ 3 656.43)
本年已实现的收益的记录		
加：已分配的现金股利	$ 6 600.00	$ 6 509.03
小计	$ 6 286.88	$ 2 852.60
减：以前年度所得税的退款	$ 1 216.22	$ 1 212.80
本年已实现的净利润	$ 5 070.66	$ 1 639.80
加：货币价值变动导致的已实现的净损失		$ 1 643.83
经营活动已实现的净利润	$ 5 070.66	$ 3 283.63
非常收入和非常费用：		
加：现金被盗的损失	$ 2 500.00	$ 2 492.99
小计	$ 7 570.66	$ 5 776.62
减：保险收入超过火灾损毁的储备物资成本的金额	$ 567.22	$ 511.52
经营净利润	$ 7 003.44	$ 5 265.10
减：营业收入	$ 122 016.14	$ 120 146.54
营业成本	$ 115 012.70	$ 114 881.44

注：(　)表示负数。

在稳定币值会计资产负债表的编制过程中，第一步通常是确定说明文字（译者注：即报表项目，下同）。接着是资产、负债和股本数额被填制在说明文字旁的合适位置。不同的是，上面填制的是资产总额，下面填制的是负债总额和股本总额，此时的负债和股本通常是稳定币值会计下的盈余或亏损的净额或总额。考虑到必须计算出来稳定币值会计下未实现的盈余或亏损的金额，涉及盈余或亏损净额或总额的项目，要能够确定已实现的盈余或亏损的金额。这时将已实现盈余或亏损、未实现盈余或亏损、盈余或亏损的净额或总额的金额填制好，稳定币值会计资产负债表就编制完成了。

四、稳定币值会计成果展示

大草原自来水公司稳定币值和非稳定币值的资产负债表
1928年10月31日和1929年10月31日

资产	1928年		1929年	
	非稳定币值	1928年10月31日的一般物价水平稳定币值	非稳定币值	1929年10月31日的一般物价水平稳定币值
固定资产：				
土地	$1 026.50	$1 339.73	$1 206.50	$1 399.73
管道穿越用地权	$7 899.17	$10 008.64	$7 899.17	$10 008.64
峡谷蓄水池	$11 108.85	$14 322.19	$11 108.85	$14 322.19
管道系统	$63 414.46	$79 767.68	$65 197.27	$81 516.02
抽水站建筑	$7 695.93	$9 777.55	$7 695.93	$9 777.55
抽水站设备	$13 483.22	$16 914.60	$14 087.56	$17 507.23
仪表	$7 101.23	$8 029.62	$8 076.23	$8 985.76

第四章 公用事业公司的稳定币值会计示例

(续表)

资产	1928年		1929年	
	非稳定币值	1928年10月31日的一般物价水平稳定币值	非稳定币值	1929年10月31日的一般物价水平稳定币值
家具和固定装置	$1 037.61	$1 270.78	$1 121.71	$1 353.24
固定资产小计	$112 766.97	$141 430.79	$116 213.22	$144 810.36
减：报废准备	$58 972.19	$74 369.18	$64 307.98	$81 014.11
固定资产净值	$53 794.65	$67 061.61	$51 905.24	$63 796.25
流动资产：				
储备物资	$1 864.12	$1 879.23	$2 011.20	$1 967.68
应收水费	$54 630.12	$54 630.12	$56 780.18	$56 780.18
现金	$20 712.19	$20 712.19	$20 102.55	$20 102.55
流动资产小计	$77 206.43	$77 221.54	$78 893.93	$78 850.41
资产合计	$131 001.08	$144 283.15	$130 799.17	$142 646.66

负　债					
股本	$110 000.00	$146 109.23	$110 000.00		$146 109.23
流动负债：					
应付账款	$1 210.45		$1 311.66	$1 311.66	
应付工资和应交税金	$220.00		$230.00	$230.00	
流动负债小计		$1 430.45		$1 541.66	$1 541.66
盈余：					
已实现的盈余	$19 570.63		($2 941.91)	($6 598.34)	
未实现的盈余			($314.62)	$1 594.11	
净盈余		$19 570.63		$19 257.51	($5 004.23)
负债合计		$131 001.08		$130 799.17	$142 646.66

注：（　）表示负数。

第四章　公用事业公司的稳定币值会计示例

大草原自来水公司稳定币值和非稳定币值的比较资产负债表
1928年10月31日和1929年10月31日

资产	财务状况				财务状况的变化			
	非稳定币值		1929年10月31日的一般物价水平稳定币值		增加或减小的金额		增加或减小的百分比	
	1929年	1928年	1928年	1929年	非稳定币值	稳定币值	非稳定币值	稳定币值
固定资产：								
土地	$1 026.50	$1 026.50	$1 339.73	$1 399.73				
管道穿越用地权	$7 899.17	$7 899.17	$10 008.64	$10 008.64				
峡谷蓄水池	$11 108.85	$11 108.85	$14 322.19	$14 322.19				
管道系统	$65 197.27	$63 414.46	$79 767.68	$81 516.02	$1 782.81	$1 782.81	2.8	2.2
抽水站建筑	$7 695.93	$7 695.93	$9 777.55	$9 777.55				
抽水站设备	$14 087.56	$13 483.22	$16 914.60	$17 507.23	$604.34	$592.63	4.5	3.5
仪表	$8 076.23	$7 101.23	$8 029.62	$8 985.76	$975.00	$956.14	13.7	11.9
家具和固定装置	$1 121.71	$1 037.61	$1 270.78	$1 353.24	$84.10	$82.46	8.1	6.5
固定资产小计	$116 213.22	$112 766.97	$141 430.79	$144 810.36	$3 446.25	$3 379.57	3.1	2.4
减：报废准备	$64 307.98	$58 972.19	$74 369.18	$81 014.11	$5 333.66	$6 644.93	9.0	8.9
固定资产净值	$51 905.24	$53 794.65	$67 061.61	$63 796.25	($1 889.41)	($3 265.36)	(3.5)	(4.9)
流动资产：								

储备物资	$1 864.12	$2 011.20	$1 879.23	$1 967.68	$147.08	$88.45	7.9	4.7
应收水费	$54 630.12	$56 780.18	$54 630.12	$56 780.18	$2 150.06	$2 150.06	3.9	3.9
现金	$20 712.19	$20 102.55	$20 712.19	$20 102.55	($609.64)	($609.64)	(2.9)	(2.9)
流动资产小计	$77 206.43	$78 893.93	$77 221.54	$78 850.41	$1 687.50	$1 628.87	2.2	2.1
资产合计	$131 001.08	$130 799.17	$144 283.15	$142 646.66	($201.91)	($1 636.49)	(0.2)	(1.1)
股本	$110 000.00	$110 000.00	$146 109.23	$146 109.23				
流动负债:								
应付账款	$1 210.45	$1 311.66	$1 210.45	$1 311.66	$101.21	$101.21	8.4	8.4
应付工资和应交税金	$220.00	$230.00	$220.00	$230.00	$10.00	$10.00	4.5	4.5
流动负债小计	$1 430.45	$1 541.66	$1 430.45	$1 541.66	$111.21	$111.21	7.8	7.8
盈余:								
已实现的盈余	$19 570.63	$19 257.51	($2 941.91)	($6 598.34)	($313.12)	($3 656.43)	(1.6)	(124.3)
未实现的盈余			($314.62)	$1 594.11		$1 908.73		606.7
净盈余	$19 570.63	$19 257.51	($3 256.53)	($5 004.23)	($313.12)	($1 747.70)	(1.6)	(53.7)
负债合计	$131 001.08	$130 799.17	$144 283.15	$142 646.66	($201.91)	($1 636.49)	(0.2)	(1.1)

注:( )表示负数。

大草原自来水公司稳定币值和非稳定币值的盈余表

截至 1929 年 10 月 31 日的会计年度

项　目	非稳定币值	稳定币值
已实现的盈余		
1928 年 10 月 31 日的余额	$ 19 570.53	($ 2 941.91)
加：本年已实现的净利润	$ 5 070.66	$ 1 639.80
以前年度的所得税退款	$ 1 216.22	$ 1 212.80
小计	$ 25 857.51	($ 89.31)
减：已分配的现金股利	$ 6 600.00	$ 6 509.03
1929 年 10 月 31 日的余额	$ 19 257.51	($ 6 598.34)
未实现的盈余		
1928 年 10 月 31 日余额		($ 314.62)
加：本年未实现的净利润		$ 1 908.73
1929 年 10 月 31 日的余额		$ 1 594.11

注：(　) 表示负数。

大草原自来水公司稳定币值和非稳定币值的损益表

截至 1929 年 10 月 31 日的会计年度

已实现的损益	非稳定币值		稳定币值	
营业收入		$ 122 016.14		$ 120 146.54
减：营业成本		$ 115 012.70		$ 114 881.44
经营净利润		$ 7 003.44		$ 5 265.10
非常收入和非常费用：				
现金被盗的损失	$ 2 500.00		$ 2 492.99	
减：保险收入超过火灾损毁的储备物资成本的金额	$ 567.22	$ 1 932.78	$ 511.52	$ 1 981.47
经营活动净利润		$ 5 070.66		$ 3 283.63
货币价值变动导致的收益和损失：				

(续表)

已实现的损益	非稳定币值	稳定币值	
损失：			
应收水费		$1 216.80	
现金		$481.91	$1 698.71
减（收益）：			
应付账款		$52.75	
应付工资和应交税金		$2.13	$54.88
货币价值变动导致的净损失			$1 643.83
本年已实现的净利润	$5 070.66		$1 639.80
未实现的损益			
货币价值变动导致的收益和损失：			
收益：			
应收水费		$1 424.46	
现金		$521.04	$1 945.50
减（损失）：			
应付账款		$31.46	
应付工资和应交税金		$5.29	$36.77
本年未实现的净利润			$1 908.73
本年最终净利润	$5 070.66		$3 548.53

大草原自来水公司稳定币值和非稳定币值的财务比率与经营比率

1928年10月31日和1929年10月31日

比 率	1928年		1929年	
	非稳定币值	稳定币值	非稳定币值	稳定币值
财务比率：				
流动资产/流动负债	53.97	53.98	51.17	51.15

(续表)

比　　率	1928年		1929年	
	非稳定币值	稳定币值	非稳定币值	稳定币值
速动资产/流动负债	52.67	52.67	49.87	49.87
流动资产/固定资产净值	1.44	1.15	1.52	1.24
净资产/外部负债	90.58	99.87	83.84	91.53
现金/总资产	0.16	0.14	0.15	0.14
现金股利/平均股本			0.06	0.045
现金股利/平均净资产			0.051	0.046
每股账面价值	$117.79	$129.87	$117.51	$128.28
经营比率:				
已实现的净利润/平均净资产			0.039	0.012
最终的净利润/平均净资产			0.039	0.026
现金股利/已实现的净利润			1.3	3.97
现金股利/最终的净利润			1.3	1.83
经营净利润/营业收入			0.057	0.044
已实现的净利润/营业收入			0.042	0.014
经营净利润/平均总资产			0.054	0.037
已实现的净利润/平均总资产			0.039	0.011
最终的净利润/平均总资产			0.039	0.025
营业收入/平均总资产			0.93	0.84
营业收入/平均应收水费			2.19	2.16
营业收入/平均净资产			0.94	0.85
营业收入/平均固定资产净值			2.31	1.84

大草原自来水公司稳定币值和非稳定币值的资金表

截至 1929 年 10 月 31 日的会计年度

项　目	非稳定币值		稳定币值	
资金流入：				
最终的净利润：				
已实现的净利润	$ 5 070.66		$ 1 639.80	
加：不引起资金减少的费用				
报废准备	$ 5 335.66	$ 10 406.32	$ 6 644.93	$ 8 284.73
未实现的净利润				$ 1 908.73
引起资金增加的收入		$ 10 406.32		$ 10 193.46
以前年度的所得税退款		$ 1 216.22		$ 1 212.80
资金总流入		$ 11 622.54		$ 11 406.26
减：资金流出				
固定资产的增加	$ 3 446.25		$ 3 379.57	
已分配的现金股利	$ 6 600.00		$ 6 509.03	
资金总流出		$ 10 046.25		$ 9 888.60
余额(净流动资产的增加)：				
储备物资	$ 147.08		$ 88.45	
应收水费	$ 2 150.06		$ 2 150.06	
合计	$ 2 297.14		$ 2 238.51	
减：				
现金	$ 609.64		$ 609.64	
应付账款	$ 101.21		$ 101.21	
应付工资和应交税金	$ 10.00		$ 10.00	
合计	$ 720.85		$ 720.85	
资金增加合计		$ 1 576.29		$ 1 517.66

在某一会计期间开始时的货币性资产和负债的未实现的收益或损失与这些项目在该期间结束时的未实现的收益或损失之间的差额就是这一时期的稳定币值差异。例如,大草原自来水公司在 1928 年 10 月 31 日的未收水费以 1929 年 10 月 31 日的一般物价水平表示时有 283.84 美元的未实现的损失。然而,在 1929 年 10 月 31 日,用同样的一般物价水平表示的应收水费产生了 1 140.62 美元的未实现的收益。因此,从 1928 年 10 月 31 日至 1929 年 10 月 31 日应收水费带来了 1 424.46 美元的未实现的收益的增加。这个金额就是由于应收水费的货币价值的变化产生了未实现的收入,从而导致稳定币值的损益表中货币金额表示的变化。

如果账户在每个会计期间结束时能够经常保持稳定不变,那么在这一稳定期内,只需要编制一个稳定币值的资产负债表即可。当然,这只是作为这一会计期间期末的稳定币值的资产负债表。然而,一个稳定币值的比较资产负债表常常也是非常有用的。如果以它作为编制的基础,前一年的资产负债表的基年金额仅仅需要简单地转化,即可作为当期期末相应的等值金额。

上述稳定币值会计成果展示的都是用当前日期的美元表示。然而,有趣的是,这些展示也可以很容易地用基年的美元来表示。例如,对资产负债表而言,前面的稳定币值明细表包含了除已实现的盈余和净盈余之外的所有的基年的金额。这些基年的金额可以通过追溯工作迅速确定。如果 1929 年 10 月 31 日的已实现的盈余是个负数,比如该损失 3 717.37 美元。按照 1929 年 10 月 31 日的一般物价水平转换为当前日期的等值,该等值与当前日期资产负债表中已实现的损失进行比较,我们将发现亏损只少了 1 美分。

财务比率和经营比率的计算一直要求相对较高的精确度,在稳定币值和非稳定币值下,财务比率和经营比率一样,其差异计算的相对精确度也是很有必要的。大草原自来水公司 1928 年 10 月 31 日的经营比率没有被报告出来,是因为该案例仅仅只进行以 1929 年 10 月 31 日为会计年度结束时点的测试。而且,在计算已实现的净利润/平均净资产这个比率时,只有已实现的净资产被用到。这也就是说,未实现的收益或损失被从净资产中省略了。这样处理的原因是使计算出来的比率更加统一。

第三节 对案例中稳定币值会计的评价

既然该公用事业公司1929年10月31日的账面价值已经按照稳定币值会计进行了处理,这是否意味着根据这个案例公司测试的结果就可以证明稳定币值会计在实践中是可行的。换句话说,在成本效益原则下,提供稳定币值会计信息是值得的。

为了相对公正地回答这个问题,接下来的第一部分将阐述稳定币值会计信息的价值,第二部分将阐述稳定币值会计信息提供的成本,第三部分将进行总结。

一、稳定币值会计信息的价值

也许在这个案例中寻找稳定币值会计信息价值的最直接的方式就是去看账面价值错误的程度。下面编制的表格将实现这一目的。

作为反映他们工作过程的一个案例,让我们来审议第一个项目。大草原自来水公司截至1928年10月31日土地的账面价值为1 026.50美元,稳定币值下的金额为1 339.73美元。因此,非稳定币值下的金额与稳定币值下的金额相比被低估了313.23美元。被低估的百分比是23.4%。也就是说,313.23美元占1 339.73美元的23.4%。高估是积极的误差,低估是消极的误差。

下表是比较资产负债表的稳定币值会计下与非稳定币值会计下变化百分比相对值的误差金额,而不是绝对值金额的变化。之所以使用这些变化的百分比,是因为在他们的计算过程中,这些项目金额的变化自动地包括自身金额的变化。因此,当使用变化的百分比时,更丰富的信息可由简单的形式获得。

大草原自来水公司非稳定币值的资产负债表中的计量误差
1928年10月31日和1929年10月31日

资产	非比较资产负债表				比较资产负债表	
	1928年		1929年			
	金额	百分比	金额	百分比	金额	百分比
固定资产：						
土地	($313.23)	(23.4)	($313.23)	(23.4)		
管道穿越用地权	($2 109.47)	(21.1)	($2 109.47)	(21.1)		
峡谷蓄水池	($3 213.34)	(22.4)	($3 213.44)	(22.4)		
管道系统	($16 353.22)	(20.5)	($16 318.75)	(20.0)	$0.60	27.3%
抽水站建筑	($2 081.62)	(21.3)	($2 081.62)	(21.3)		
抽水站设备	($3 431.38)	(20.3)	($3 419.67)	(19.5)	$1.00	28.6%
仪表	($928.39)	(11.6)	($909.53)	(10.1)	$1.80	15.1%
家具和固定装置	($233.17)	(18.3)	($231.53)	(17.1)	$1.60	24.6%
小计	($28 663.82)	(20.3)	($28 597.14)	(19.7)	$0.70	29.2%

减：报废准备	($15 396.86)	(20.7)	($16 706.13)	(20.6)	$0.10	1.1%
固定资产净值	($13 266.96)	(19.8)	($11 891.01)	(18.6)	$1.40	28.6%
流动资产：						
储备物资	($15.11)	(0.8)	$43.52	2.2	$3.20	68.1%
流动资产总额	($15.11)	(0.0)	$43.52	0.1	$0.10	4.8%
资产合计	($13 282.07)	(9.2)	($11 847.49)	(8.3)	$0.90	81.8%
负债						
股本	($36 109.23)	(24.7)	($36 109.27)	(24.7)		
盈余：						
已实现的盈余	$22 512.54	765.2	$25 855.85	391.9	$122.70	98.7%
未实现的盈余	$314.62	100.0	($1 594.11)	(100)	($606.7)	(100%)
净盈余	$22 827.16	701.0	$24 261.74	484.8	$52.10	97.0%
负债合计	($13 282.07)	(9.2)	($11 847.49)	(8.3)	$0.90	81.8%

注：（ ）表示负数。

大草原自来水公司非稳定币值的盈余表中的计量误差

截至 1929 年 10 月 31 日的会计年度

项　　目	金额	百分比
已实现的盈余		
1928 年 10 月 31 日的余额	$ 22 512.54	765.2%
加：		
本年已实现的净利润	$ 3 430.86	209.2%
以前年度的所得税退款	$ 3.42	0.3%
合计	$ 25 946.82	29 052.5%
减：已分配的现金股利	$ 90.97	1.4%
1929 年 10 月 31 日的余额	$ 25 855.85	391.9%
未实现的盈余		
1928 年 10 月 31 日的余额	$ 314.62	100.0%
加：本年未实现的净利润	($ 1 908.73)	(100.0%)
1929 年 10 月 31 日余额	($ 1 594.11)	(100.0%)

注：( )表示负数。

大草原自来水公司非稳定币值的损益表中的计量误差

截至 1929 年 10 月 31 日的会计年度

已实现的损益	金额	百分比
营业收入	$ 1 869.60	1.6%
减：营业成本	$ 131.26	0.1%
经营净利润	$ 1 738.34	33.0%
非常收入和非常费用：		
现金被盗的损失	$ 7.01	0.3%
减：保险收入超过火灾损毁的储备物资成本的金额	$ 55.70	10.9%
净非常费用	($ 48.69)	(2.5%)
经营活动净利润	$ 1 787.03	54.4%
货币价值变动导致的收益和损失：		

（续表）

已实现的损益	金额	百分比
应收水费和现金的损失	($1 698.71)	(100.0%)
减：应付账款及应付工资和应交税金的收益	($54.88)	(100.0%)
货币价值变动形成的净损失	($1 643.83)	(100.0%)
本年已实现的净利润	$3 430.86	209.2%
未实现的损益		
货币价值变动导致的收益和损失：		
应收水费和现金的收益	($1 945.5)	(100.0%)
减：应付账款及应付工资和应交税金的损失	($36.77)	(100.0%)
本年未实现的净利润	($1 908.73)	(100.0%)
本年最终净利润	$1 522.13	42.9%

注：( )表示负数。

大草原自来水公司非稳定币值的财务比率和经营比率的计量误差

1928年10月31日和1929年10月31日

比　　率	1928年		1929年	
	金额	百分比	金额	百分比
财务比率：				
流动资产/流动负债	($0.01)	(0.0)	$0.02	0.0%
流动资产/固定资产净值	$0.29	25.2	$0.28	22.6%
净资产/外部负债	($9.29)	(9.3)	($7.69)	(8.4%)
现金/总资产	$0.02	14.3	$0.01	7.1%
现金股利/平均股本			$0.015	33.3%
现金股利/平均净资产			$0.005	10.9%
每股账面价值	($12.08)	(9.3)	($10.77)	(8.4%)
经营比率：				
已实现的净利润/平均净资产			$0.027	225.0%
最终的净利润/平均净资产			$0.014	56.0%
现金股利/已实现的净利润			($2.67)	(67.3%)
现金股利/最终的净利润			($0.53)	(29.0%)

(续表)

比率	1928年		1929年	
	金额	百分比	金额	百分比
经营净利润/营业收入			$0.013	29.5%
已实现的净利润/营业收入			$0.028	200.0%
经营净利润/平均总资产			$0.017	45.9%
已实现的净利润/平均总资产			$0.028	254.5%
最终的净利润/平均总资产			$0.014	56.0%
营业收入/平均总资产			$0.09	10.7%
营业收入/平均应收水费			$0.03	1.4%
营业收入/平均净资产			$0.09	10.6%
营业收入/平均固定资产净值			$0.47	25.5%

注：( )表示负数。

大草原自来水公司非稳定币值的资金表中的计量误差

截至1929年10月31日的会计年度

项目	金额		百分比	
资金流入：				
最后净利润：				
已实现的净利润	$3 430.86		209.2	
加：不引起资金减少的费用				
报废准备	($1 309.27)	$2 121.59	(19.7)	25.6%
未实现的净利润		($1 908.73)		(100.0%)
引起资金增加的收入		$212.86		2.1%
以前年度的所得税退款		$3.42		0.3%
资金总流入		$216.28		1.9%
减：资金流出				

(续表)

项　　目	金额	百分比
固定资产的增加	$66.68	2.0
已分配的现金股利	$90.97	1.4
资金总流出	$157.65	1.6%
余额：净流动资产的增加		
储备物资	$58.63	66.3
资金增加额合计	$58.63	3.9%

注：(　)表示负数。

正如所期待的那样,非稳定币值会计下的资产负债表中的误差常常在两类项目上表现得最为明显。

第一类项目是那些在资产负债表日之前的一个相对较长的时间前进入公司的,这些项目进入公司时,一般物价指数是相当的高或者相当的低。这样的项目很常见,比如固定资产、股本等。

第二类项目是那些在非稳定币值会计下的资产负债表上其盈余有重大误差的项目。因为稳定币值会计倾向于不同程度地重新表述实物资产和股本,如可能会导致固定资产增加20%,存货减少10%,股本增加5%等;而货币性资产和负债却仍然以它们各自的账面金额进行列示,此时的盈余就存在重大误报。除盈余之外,其他项目发生的非对称性变化很明显会对盈余产生一个相对较大的净影响。毕竟,盈余仅仅是资产总额与负债总额加上净资产总额之间的差异。

例如,在本案例中,与相应的稳定币值会计下的金额相比,资产负债表中期初和期末固定资产的账面金额都有20%的误差。非稳定币值会计下的股本金额有25%的误差。然而,这些账面的误差在巨大的盈余误差面前显得相形见绌,微不足道。在大多数案例的资产负债表中,盈余可能是最重要的数字了。

例如,1928年10月31日非稳定币值会计下的已实现的盈余为

19 570.63美元,事实上它本应该是2 941.91美元的损失。因此,它就高报了22 512.54美元(或高报了765.2%)。接下来,1928年10月31日账面上根本就没有未实现的损失。非稳定币值会计下的净盈余就非常高,达到了22 827.16美元(或高报了701.0%)。

然而,1929年10月31日,非稳定币值会计下的已实现的盈余有19 257.51美元,但在稳定币值会计下却应该显示已实现的损失有6 598.34美元。因此,非稳定币值会计下的盈余金额高出了25 855.85美元(或高报了391.9%)。尽管有1 594.11美元的未实现的盈余,但是,账面并没有表明未实现的金额。净盈余在非稳定币值会计下被高估了484.8%。

在大多数情况下,非稳定币值会计下的比较资产负债表上货币金额的变化与稳定币值会计下的比较资产负债表上货币金额的变化相当接近。这就可以预期在某个案例的会计期间内,一般物价水平变化相对较小。但是,当非稳定币值会计下的变化百分比与稳定币值会计下的变化百分比时,就会看出明显的差异。在此基础上,固定资产净值在非稳定币值会计下变化了28.6%;总资产在非稳定币值会计下变化了81.8%。最后,已实现的盈余在非稳定币值会计下变化了98.7%;未实现的盈余变化了100%;净盈余变化了97.0%。

在这个案例中,非稳定币值会计下的盈余表和非稳定币值会计下的资金表中最严重的误差也出现在非稳定币值会计下的资产负债表和损益表中。因此,它们需要和后面两者联系起来单独进行讨论。

在非稳定币值会计下的损益表中,存在类似的严重误差。例如,非稳定币值会计下的经营净利润高达33.0%,非稳定币值会计下来自经营活动的净利润高达54.4%。虽然稳定币值会计下的金额包括了1 643.83美元的损失,但非稳定币值会计下的金额根本不能表示货币价值变化带来的任何已实现的净损失。类似地,尽管稳定币值会计下表示货币价值变化带来1 908.73美元的未实现的净利润,但是在非稳定币值会计下却根本没有显示未实现的净利润。最终,非稳定币值会计下已实现的净利润高报了209.2%。

接下来,大多数非稳定币值会计下的比率都是不精确的,如果以此作为决策依据的话,可能会引起很大的麻烦。另外,一些重要的比率常常会出现重大误差。例如,流动资产/固定资产净值、现金股利/平均股本、现金股利/已实现的净利润、最终净利润/平均净资产、经营净利润/营业收入等等。在非稳定币值会计下,还有一些非常重要的比率也将误报。例如,非稳定币值会计下已实现的净利润/营业收入为 4.2%,而不是 1.4%,有 200.0%的高估。非稳定币值会计下已实现的净利润/平均净资产为 3.9%,而不是 1.2%,有 225.0%的高估。

如果账面上这些重要的数字出现这么重大的误报还不重要的话,那么在会计里面还有什么是重要的呢?然而,出现在非稳定币值会计下的这些重大的误报不仅仅在一般物价水平存在少许通货膨胀的时候出现,而且在期初和期末一般物价水平保持精确不变的会计期间也是一直存在的。

二、稳定币值会计信息的成本

在本案例中,将非稳定币值会计下的会计数据转换为稳定币值会计下的会计数据所需要的时间如下表所示。

采用稳定币值处理的会计数据	会计师花费的小时数	
	高级会计师	初级会计师
固定资产	2	7
流动资产和流动负债	1	2
股本、直接影响盈余的交易、非常收入和非常费用	1	2
货币价值变化导致的未实现的收益和损失	3	4
货币价值变化导致的已实现的收益和损失	1.5	5
营业成本	0.5	
最终成果展示	5	5
合计	14	25

稳定币值会计需要一个高级会计师和一个初级会计师一起工作,稳定币值会计工作所需要的工作时间是:一个高级会计师2天和一个初级会计师3.5天。保守一点说,假定一个初级会计师大约需要工作4天。进一步而言,如果一个高级会计师每天的薪酬是40美元,一个初级会计师每天的薪酬是20美元,那么,稳定币值会计所需要的费用总计达到160美元。差旅费每天平均在10美元左右。最后,大草原自来水公司的稳定币值会计工作所需的成本就是220美元。

在1929年,对非稳定币值会计下的资产负债表的审计费用,包括差旅费,大约需要450美元。尽管损益表也要编制,但最重要的还是资产负债表的审计,即关心提供一个正确无误的资产负债表。

一个资产负债表的审计费用要450美元,一开始看起来似乎是高了点,但是最终看来,这项审计费用并不高。因为,这是大草原自来水公司第一次资产负债表审计。

第一次审计经营了这么长时间的公司几乎总是比今后对该公司的年度审计需要更多的时间。对计价和收入这些新的问题,必须在首次审计时予以解决;应当找出证明固定资产账户增加的原始记录和文件;必须消除固定资产、折旧准备和盈余等账户中的累计误差;等等。

此次审计涵盖1929年11月和12月这两个月,但是稳定币值会计处理没有包括这两个月。然而,作为对与审计相关的额外工作的粗略的补偿,也为了其自身的目的,稳定币值会计处理必须调整一个会计年度的报废准备,使其适应与账户记录不同的会计年度,并且由于会计年度的不同,它必须编制它自己的基于面值的会计报表。

于是,审计和稳定币值会计涉及的期间被认为大致是相同的,各自涵盖的期间几乎是完全相同的。审计和稳定币值会计都正在被首次执行,也都面临着新的问题。

在这个案例中,稳定币值会计处理的成本大约为220美元,与其涵盖的会计期间大致相同的审计成本为450美元,稳定币值会计工作需要的成本比审计工作成本的 1/2 还要少。当然,这个公司以后的每一次年度审计和年度稳定币值会计工作的成本都将远低于第一次的成本。

既然稳定币值会计处理的成本和审计成本之间的关系已经被估计出来,那么稳定币值会计工作的成本与簿记工作成本之间的关系能否被估计出来呢?

为了做到这一点,为了今后的稳定币值会计工作,事先所做的簿记工作的成本必须被预先估计出来。实际上,可能并没有一个相对正确的估计。因为簿记员的一些时间花在了稳定币值会计程序随后并不关注的工作上。同时,在稳定币值会计处理的过程中,一些时间也被用在了簿记员并不关注的工作上。考虑这些因素之后,为准备和编制随后将被稳定币值会计处理的分录所需要的时间据估计已经花费了公司 1 100 美元,这个金额大概相当于以 1929 年 10 月 31 日为会计年度结束日的簿记员全年薪酬的 3/4。

有人可能会提出反对意见,认为这里的稳定币值会计程序所花费的成本是以笔者实际花费在这上面的时间为基础的,而其他人将不得不花费更多的时间。笔者的答复是,这种反对是不能成立的。因为在实际案例中,正如执行审计或簿记工作的成本不再考虑审计人员或簿记人员学习审计或簿记知识所必须花费的时间和金钱一样,应用稳定币值会计的成本不再考虑他学习稳定币值会计相关知识所需要的时间。

如果稳定币值会计工作一直由公司的雇员来完成的话,其成本是相当少的。原因是这仅仅需要花费财务主管 3 天的时间和簿记员 6 天的时间就已经足够了,也不需要付给他们太多的薪酬。当然,财务主管必须已经提前掌握了稳定币值会计的知识。

因为财务主管 1 周的薪酬是 75 美元,簿记员 1 周的薪酬是 30 美元,财务主管 3 天的薪酬和簿记员 6 天的薪酬将开支公司不超过 75 美元的费用。事实上,如果簿记员非常熟悉这项工作的话,他单独执行一整套稳定币值会计程序所需的时间不应超过 2 周,这 2 周的薪酬费用也将不超过 75

美元。

三、结论

在决定稳定币值会计是否在任何特定案例中都切实可行时，一个人应该时刻铭记两条重要的原则。

第一条原则是，会计的最终目标是提供相关、准确和完整的信息，尤其是资产负债表和损益表中的信息，因为成功和聪明的公司管理层必须依靠此类信息进行经济决策。

第二条原则是，这个最终目标需要 3 个不可或缺的、连续的步骤去完成，它们依次是簿记、审计和稳定币值会计。簿记以原始金额记录真实的交易，然后对它们进行汇总并编制形成适当的初步表格以指导公司的经营活动；审计工作是复核并更正簿记中的错误；稳定币值会计则是将审计过的簿记数字进行稳定币值处理，使它们更加相关、准确和完整。

稳定币值会计通过重新表述，使商业活动正常目标导向下的经济决策很容易被理解，并使这些信息更加相关；稳定币值会计使用相同价值的 1 美元进行重述，使信息更加准确。同时，稳定币值会计把所有因货币价值变化而造成的已实现的和未实现的利得和损失都包括进来，使这些信息更加完整。

第二条原则有两个必然的结果。第一个必然的结果是所有的簿记和审计仅仅是整个稳定币值会计程序中所必需的初级部分，而且这个程序应该是持续的、完整的，并随着稳定过程达到最优；第二个必然的结果是稳定币值会计是这种持续的、综合程序的最后一部分。正是这一部分的完成，赋予了簿记和审计原本不能可靠拥有的价值——帮助公司管理层进行有利可图的、合理的经济决策是必不可少的。

通常，这个结果是由两个或两个以上的因素的结合导致的，缺少其中任何一个因素都不会有这个结果。如果这是事实，最终结果的价值则不能准确分配到每一个有贡献的因素上。剪刀所具有的功能就是一个古老的例子,尽管其中一个似乎发挥更积极的作用,但这 2 个刀片对裁剪来说都是必不可少的。因此,当簿记、审计和稳定币值会计这 3 个因素被联合起来帮助公司管理层进行经济决策时,它们的联合价值不可能按照一定的逻辑分配给某一个因素。

但是,如果任何一个必须与其他因素结合起来才能达到某一特定目标的因素缺少时,那么完整组合的净值可以适当地分配给该缺少的因素。

例如,假定 3 件有价值的资产组合起来的价值是 5 000 美元,这个价值远高于未经组合时这 3 件资产各自的价值之和,每件资产的价值仅仅是其成本。接下来,假定前 2 件资产已购买,其买价分别是 1 100 美元和 450 美元。最后,假定获得第三件资产需要的代价是 220 美元。

那么,如果购买了第三件资产,这 3 件资产的总成本将是 1 770 美元,随即该组合的价值将是 5 000 美元。但是如果不购买第三件资产,前 2 件资产的价值将只是前 2 件资产的取得成本之和,即 1 550 美元。因此,为了获得 3 230 美元的利润,必须取得第三件资产。只要第三件资产不存在,则它将分得整个组合的净值,即 3 230 美元。此外,220 美元当然只是第三件资产本身的价值。

同样地,如果簿记、审计和稳定币值会计必须按此顺序组合起来以实现会计的最大功效,而且,如果簿记和审计已经完成,但是稳定币值会计工作还没做,那么,除了稳定币值会计自身的价值,所缺失的稳定币值会计这一因素则可适当地分配到整个组合的净值。因此,只要稳定币值会计没有实施,它的价值就是整个组合的最后的净值,在目前的实务中,稳定币值会计常常没有实施。

这种观点似乎给了前两个必需的基本步骤——簿记和审计——很少的贡献价值,但是在目前的状况下,这确实是基于事实的判断。

在大草原自来水公司这个案例中,簿记和审计工作已经完成,但缺少稳定币值会计。因此,稳定币值会计的价值可以合理地假定为达到会计的最终目标的价值超过仅有簿记和审计的价值的差额。显然,在这个案例中,这个金额目前很难得到大致准确的计量,但它一定很大,因为它代表的是指引公司走向成功方向的会计信息和导致公司走向失败方向的会计信息之间的差异。

更具体地说,非稳定币值会计下已审计的数据表明公司无论是在年初还是在年末都拥有良好的盈余。那些数字显示当期已实现的净利润是令人非常满意的。这些数字意味着单位水费是比较高的,费用和损失不超支,现金股利是相当高的。

然而,稳定币值会计下的数字表明了什么呢?它们表明年初和年末看似相当大的盈余,实际上是亏损。它们也表明当期已实现的净利润不到账面净利润的1/3。因此,它们表明,向消费者收取的单位水费太低或者费用和损失太高,或者两者兼而有之。同时,也表明这一年支付的现金股利代表了以平均股本为基础的回报率明显低于非稳定币值会计下的回报率。

换句话说,非稳定币值会计下的账面数字表明的是当前政策的延续和维持现状的情况,但是,经稳定币值会计处理后的数字却能反映出即时和剧烈的变化。究竟哪种会计信息对企业管理更加重要呢?

在这个案例中,稳定币值会计的价值是非常大的。但是,所需要的成本并没有那么大。因为整个稳定币值会计程序的成本只相当于簿记和审计成本之和的1/7。因此,簿记和审计的成本大约为该完整程序成本的7/8之多。所以在这个案例中,稳定币值会计被证明是非常实用的。

簿记和审计是必需的初始步骤。但是,如果仅仅只有它们自身,它们提供的却是误导性的信息。因此,当审计完成时就停止工作,不仅浪费了已完成的潜在的良好工作,实际上更是引入了危险。这就如一个游泳者横跨一条大河时,游到7/8时停止,或者一个外科医生已经成功地做了手术的7/8时就停止。

当然,前面的讨论并不意味着簿记和审计仅仅只有一点点价值。在它们合适的位置上,它们具有决定性的价值。然而,它们本身并不天然地适合于对企业管理层的经济业务提供决策有用的信息。因此,当它们被用于这一目的时,在这些工作中,它们不仅不会有任何价值,而且很可能就是有害的,就如同本案例中所述及的事实。事实上,只有当公司成立时一般物价水平一直只有极其微小的变动。例如,在大多数的案例中,一个公司是刚刚成立不久的新公司。此时,簿记和审计可以提供成功企业管理所需要的独立的重要数据,而没有潜在的风险。

第五章　毛纺厂的稳定币值会计示例

在前一章中,我们已经注意到当稳定币值会计被应用于小型公共事业单位的账户时,它是实用的。这些账户对大多数企业而言都是比较典型的账户。而我们所选择的测试期间是最近几年中能够找到的最不利的会计期间。

在本章中,稳定币值会计将应用于另一类具有代表性的企业——毛纺厂。这次测试所选择的期间考虑的是一般物价水平下的变化量,因此更接近正常水平。然而,此期间的一般物价指数变动要比平时少很多。因为截至1929年7月31日的一个会计年度里,7月31日的一般物价指数(181.50)只比年初的一般物价指数(176)高3%左右。

本次测试之所以选择这个案例,是因为它将使稳定币值会计面临另外两个困难。第一个困难是稳定币值会计的应用造成了收益的极大减少,这将在下文予以描述;第二个困难是它导致了稳定币值会计应用的成本大大增加。总而言之,这个案例将从反面说明它们极大地侵害了稳定币值会计的净值。

第一个困难的产生是基于这样的事实:这个案例研究的时间很短,以至于在考察周期中,一般物价水平几乎没有机会发生较大变动。产生的结果便是,年初资本资产稳定币值金额与非稳定币值金额并没有多大的差异,而且这种状况同样存在于年末。相似的情况在股本的稳定币值和非稳定币值金额上同样存在。

第二个困难的产生是因为存货非常复杂,以至于稳定币值会计应用的成本非常高。

第一节 账 面 金 额

命名本案例中的公司为"威廉姆斯毛纺厂",这是一家虚构的企业。它位于北部地区,专门生产毛纺布料。1926年8月1日它收购了一家破产公司的厂房,购买该厂房的价格是经一家著名的评估公司评估的公允价格,该评估公司在本文中称为"美国标准评估有限公司"。为了筹集收购这家公司厂房和购买新设备所需的资金,该公司先以面值发行了8%的累积优先股,以每股50美元发行了2 000股无面值普通股,然后向银行借款。随后以全部不动产作为第一抵押物取得银行借款。

为了简明起见,公司本身并没有显示详细的账面金额。但是,大部分的资料可以从稳定币值的明细表中得到。该公司经过注册会计师审计的年末资产负债表见126页、127页、128页、129页和130页表所示。

第二节 稳定币值金额

本案例所采用的稳定币值金额表格在实质和形式上均与前述章节大致相同。因此,这里仅仅列出那些与前面不相同的内容。包括存货、递延费用和销售收入净额的稳定币值金额表格。

一、存货的稳定币值会计处理

期初和期末存货稳定币值的计算步骤在第128页和第130页进行示例说明。

这种计算稳定币值下存货金额的方法基于以下三个假设,这些假设看起来都是合理的。

第一个假设是存货中包含的人工成本和间接费用的非稳定币值与基于成本与市价孰低确定的稳定币值基本是一样的。原因在于:其一,人工

威廉姆斯毛纺厂资产负债表
1929 年 7 月 31 日

资　产		负　债*	
固定资产：		股本：	
		优先股，累积 8%：	
土地，厂房，机器，设备，家具和固定装置，经美国标准评估有限公司以 1926 年 8 月 1 日的重置成本估价，加上后续附加成本	$ 1 016 754.99	批准可发行的股票：2 500 股，每股 $ 100	$ 250 000.00
		发行在外的股票：1 000 股	$ 100 000.00
		普通股，无面值：	
减：折旧准备，包括以美国标准评估有限公司评估的 1926 年 8 月 1 日的重置成本为基础的累计折旧	$ 487 775.82	批准可发行的股票：5 000 股	
		发行在外的股票：2 000 股	$ 100 000.00
		股本小计	$ 200 000.00
		6% 的不动产抵押借款(到期日 1939 年 3 月 15 日)	$ 350 000.00
		流动负债：	
固定资产小计	$ 528 979.17	应付银行票据	$ 120 000.00
流动资产：		应付账款	$ 181 988.78
存货(以成本和市价孰低计量)		应付工资，应交税金等	$ 19 330.00

原材料及辅料	$100 973.23	流动负债小计	$321 318.78
产成品	$121 347.32	盈余:	
在产品	$90 319.37	期初余额(1928年7月31日)	$100 739.16
存货小计	$312 639.92	折旧调整	$1 010.46
应收账款(减坏账准备)	$15 191.24	可供分配盈余小计	$101 749.62
银行存款和现金	$16 483.20	减:	
流动资产小计	$344 314.36	1929年的净损失	$82 746.41
经营性递延费用:		已分配现金股利	
预付保险费、预交税金等	$3 028.46	优先股股利	$8 000.00
		普通股股利	$6 000.00
			$14 000.00
			$96 746.41
		期末盈余小计	$5 003.21
资产合计	$876 321.99	负债合计	$876 321.99

＊译者注: 此处的负债是一个广义的概念, 包括狭义的负债和所有者权益。下同, 不再赘述。

我们检查了威廉姆斯毛纺厂截至1929年7月31日的会计账簿和记录, 我们认为, 上述资产负债表和与之相关的损益表已经恰当编制, 正确地反映了该公司1929年7月31日的财务状况和1929年度的经营成果。特此证明。

注册会计师: 马歇尔和米勒
纽约州纽约市华尔街1000号
1929年9月22日

第五章　毛纺厂的稳定币值会计示例

存货按基年的稳定过程
原材料和辅料按成本与市价孰低计量的稳定过程
稳定币值合计和非稳定币值合计的比率计算
1928年7月31日

在产品	数量(bs)	采购日期	成本			市价		成本与市价孰低			
			非稳定币值单价	物价指数	稳定币值单价	当日单价	基年稳定币值(物价指数176)	非稳定币值		稳定币值	
								单价	金额	单价	金额
图案 CON:											
材料 C	300	1928年6月	$0.895	176	$0.509	$0.932	$0.530	$0.895	$268.50	$0.509	$152.70
材料 O	1 421	1927年8月	$0.335	171	$0.196	$0.359	$0.204	$0.335	$476.04	$0.196	$278.52
材料 N	3 123	1927年4月	$0.774	169	$0.458	$0.835	$0.474	$0.774	$2 417.20	$0.458	$1 430.33
图案 BCG:											
材料 B	314	1927年5月	$0.340	177	$0.192	$0.335	$0.190	$0.335	$105.19	$0.190	$59.66
材料 C	981	1927年3月	$0.895	170	$0.526	$0.932	$0.530	$0.895	$878.00	$0.526	$516.01
材料 G	2 416	1927年4月	$0.388	169	$0.230	$0.418	$0.238	$0.388	$937.41	$0.230	$555.68
材料 Q	2 400	1927年5月	$0.524	170	$0.308	$0.591	$0.336	$0.524	$1 257.60	$0.308	$739.80
图案 ADT:											

项目	数量	日期							金额		稳定币值
材料 A	900	1927年8月	$0.849		$0.496	$0.894	$0.508	$0.849	$764.10	$0.496	$446.40
材料 D	1 315	1927年3月	$0.564		$0.332	$0.630	$0.358	$0.564	$741.66	$0.332	$436.58
材料 T	561	1928年2月	$0.443		$0.256	$0.562	$0.319	$0.443	$248.52	$0.256	$143.62
图案 AE:											
材料 A	964	1926年10月	$0.664		$0.388	$0.894	$0.508	$0.664	$640.10	$0.388	$374.03
	1 010	1927年8月	$0.849		$0.496	$0.894	$0.508	$0.849	$857.49	$0.496	$500.96
材料 E	2 204	1927年4月	$0.567		$0.336	$0.628	$0.357	$0.567	$1 249.67	$0.336	$740.54
图案 FKN:											
材料 F	1 218	1927年7月	$0.356		$0.209	$0.547	$0.311	$0.356	$433.61	$0.209	$254.56
材料 K	1 044	1927年8月	$0.510		$0.298	$0.535	$0.304	$0.510	$532.44	$0.298	$311.11
材料 N	1 530	1927年7月	$0.805		$0.474	$0.835	$0.474	$0.805	$1 231.65	$0.474	$725.22
图案 KNZ:											
材料 K	881	1927年8月	$0.510		$0.298	$0.535	$0.304	$0.510	$449.31	$0.298	$262.54
材料 N	1 221	1927年7月	$0.805		$0.474	$0.835	$0.474	$0.805	$982.91	$0.474	$578.75
材料 Z	750	1926年11月	$0.449		$0.261	$0.434	$0.247	$0.434	$325.50	$0.247	$185.25
合计									$14 796.90		$8 691.66
稳定币值合计/非稳定币值合计											0.587 40

存货按当前日期的稳定过程

原材料和辅料按成本与市价孰低计量的稳定过程

稳定币值比率的计算

1928年7月31日和1929年7月31日

存货日期	基年比率	当日等值比率	
		（物价指数：176）	（物价指数：181.5）
1928年7月31日	0.587 40	1.033 82	1.066 13
1929年7月31日	0.580 53		1.053 67

存货按稳定币值的计算过程

存货	非稳定币值	一般物价水平下的稳定过程			
		1928年7月31日		1929年7月31日	
		稳定币值比率	金额	稳定币值比率	金额
原材料和辅料	$73 753.83	1.033 82	$76 248.18	1.066 13	$78 631.17
产成品：					
原材料和辅料	$51 324.13	1.033 82	$53 059.91	1.066 13	$54 718.19
人工成本和间接费用	$43 053.76		$43 053.76	1.031 25*	$44 399.19
小计	$94 377.89		$96 113.67		$99 117.38
在产品：					
原材料和辅料	$36 413.86	1.033 82	$37 645.38	1.066 13	$38 821.91
人工成本和间接费用	$13 999.86		$13 999.86	1.031 25*	$14 437.36
小计	$50 413.72		$51 645.24		$53 259.27
合计	$218 545.44		$224 007.09		$231 007.82
原材料和辅料	$100 973.23			1.053 67	$106 392.46
产成品：					
原材料和辅料	$65 553.22			1.053 67	$69 071.46
人工成本和间接费用	$55 794.10				$55 794.10
小计	$121 347.32				$124 865.56
在产品：					
原材料和辅料	$63 481.38			1.053 67	$66 888.43
人工成本和间接费用	$26 837.99				$26 837.99
小计	$90 319.37				$93 726.42
合计	$312 639.92				$324 984.44

注：* 1.031 25＝181.5/176。

成本和间接费用的一般物价水平通常变化缓慢；其二，这些成本可能是最近刚刚发生的。

例如，如果在 1934 年 11 月(此时斯奈德一般物价指数为 140)直接人工成本是每小时 80 美分，它的稳定等值在 1934 年 12 月 31 日(一般物价指数大约为 140.5)应该是：80 美分×140.5÷140，或者 80.3 美分。如果这项人工成本的价格没有改变，那么 80 美分依然是 1934 年 12 月 31 日的市场价格。接着，基于稳定币值基础的成本与市价孰低法得出的应该是 80.3 美分和 80 美分的较低者，而基于非稳定币值基础得出的应该是 80 美分和 80 美分的较低者。因此，存货中每小时直接人工成本的稳定币值和非稳定币值在成本与市价孰低法下都应该是 80 美分。结果表明，非稳定币值下的成本数据 80 美分可以作为基于成本与市价孰低得出的稳定币值下成本数据的近似值，不会影响其准确性。

为了用事实证明第一个假设的正确性，我们做了四项测试。其中两项测试是关于直接人工成本的，另外两项是关于间接费用的。对 1928 年 7 月 31 日存货所包含的直接人工成本和间接费用各做了一项测试，同样对 1929 年 7 月 31 日存货的相应数据各做了一项测试。这四项测试得出的四个结果反映在下表中的第一行。

稳定币值会计

比　　率	7月31日直接人工成本测试		7月31日间接费用测试	
	1928 年	1929 年	1928 年	1929 年
稳定币值的成本与市价孰低/非稳定币值的成本	0.984 67	0.957 62	1.004 43	1.010 48
非稳定币值的成本与市价孰低/非稳定币值的成本	0.984 51	0.957 59	0.996 79	0.996 76

上表第二行 4 个比率中有 3 个比率平均仅有 1% 的差异。另外一个比率，即 1929 年 7 月 31 日稳定币值的成本与市价孰低与非稳定币值的成本之比有略超过 4% 的差异。

上表第三行,非稳定币值的成本与市价孰低与非稳定币值的成本之比显示出同样的信息,两者之间的关系依然很紧密。这些比率表明对这家公司存货中的人工成本和间接费用进行估计时,基于成本的估计大约等同于基于成本与市价孰低的估计。此外,如果这些比率是具有代表性的,则表明仅仅以历史成本计量存货中所包含的人工成本和间接费用的传统会计处理方法是正确的,甚至将存货作为一个整体按成本与市价孰低计量,这个结论也成立。

直接人工成本的测试中,在这两个不同的日期,成本计算单上两个重要完工产品的直接人工成本同时采用成本与市价孰低法下的稳定币值和非稳定币值计量。然后就可以计算出上述表中关于直接人工成本的比率。间接费用的测试中,间接费用取值的基本资料来源于 1928 年 7 月和 1929 年 7 月最大、最具代表性部门的间接费用。

虽然我们使用了测试方法,但是基于成本与市价孰低基础对存货中直接人工成本与间接费用的估计,特别是间接费用的估计仍然需要做大量的工作。这不仅适用于一般会计,也适用于稳定币值会计。很显然,这解释了无论存货中的原材料是如何计量的,半成品和产成品中的人工成本和间接费用基本都是按成本计量的。

上表中计算存货稳定币值的第二个假设是基于预先选择原材料和辅料这类存货中有代表性的项目。随之提出的假设是,成本与市价孰低法下,所选取测试样本的稳定币值与非稳定币值合计之比将与原材料和辅料总体的相应比值一样。这种假设在统计中较为常见。

第三个假设是稳定币值的比率是基于生产过程中的原材料和辅料计算出来的,由于考虑了完全持有的平均时间长度,因而它能很好地体现所有原材料和辅料的典型特征。那些处于生产过程中的原材料和辅料的持有时间通常比那些还没有投入生产的原材料和辅料长。而那些处于生产过程中的原材料和辅料与已完工产品所包含的原材料和辅料不在手头上的时间通常一样长。

二、经营性递延费用和销售收入净额的稳定币值会计处理

关于经营性递延费用的稳定币值会计处理，可以用下列经营性递延费用稳定过程表加以阐明，在这里无须做解释。

经营性递延费用按基年的稳定过程

1928 年 7 月 31 日和 1929 年 7 月 31 日

项目	起始月份	非稳定币值	物价指数	稳定币值
1928 年 7 月 31 日				
预付保险费：				
H. F. I. Co.	1926 年 8 月	$412.16	171	$241.03
M. U. F. A.	1926 年 9 月	$412.16	172	$239.63
A. C. I. Co.	1926 年 8 月	$206.08	171	$120.51
W. C. I. Co.	1927 年 9 月	$28.47	173	$16.46
F. T. A. S.	1928 年 1 月	$76.49	173	$44.21
小计		$1 135.36		$661.84
预交税金	1928 年 2 月	$1 075.98	173	$621.95
合计		$2 211.34		$1 283.79
1928 年 7 月 31 日				
预付保险费：				
H. F. I. Co.	1929 年 7 月	$1 220.12	181	$674.10

(续表)

项目	起始月份	非稳定币值	物价指数	稳定币值
1928 年 7 月 31 日				
W. C. I. Co.	1928 年 9 月	$46.20	178	$25.96
F. T. A. S.	1929 年 2 月	$76.49	179	$42.73
小计		$1 342.81		$742.79
预交税金	1929 年 6 月	$1 485.65	179	$829.97
预付工资	1929 年 7 月	$200.00	181	$110.50
合计		$3 028.46		$1 683.26

经营性递延费用按当前日期的稳定过程

1928 年 7 月 31 日和 1929 年 7 月 31 日

日　　期	基年金额	当日等值金额	
		1928 年 7 月 31 日 (物价指数：176)	1929 年 7 月 31 日 (物价指数：181.5)
1928 年 7 月 31 日	$1 283.79	$2 259.47	$2 330.08
1929 年 7 月 31 日	$1 683.26		$3 055.12

先将销售收入净额按月划分,然后用当月一般物价指数进行调整,销售收入净额就转换成了年等值金额。这种做法能快速且以较低的成本得出大致正确的结果。然而,如果希望能得到更精确的结果,稳定币值的销售收入净额应该这样计算:在收入发生时按照当月的一般物价指数进行调整,得到稳定币值的销售收入总额。销售退回与销售折让,首先应该根据销售发生时而不是退回和折让发生时的情况进行重分类和汇总,然后按照销售发生时的物价指数进行稳定币值会计处理。最后,

将计算出的每月销售退回与销售折让的稳定币值从相应月份的销售收入总额中扣除。

销售收入净额按基年的稳定过程

1929 年 7 月 31 日

日　　期	非稳定币值	物价指数	稳定币值
1928 年 8 月	$8 918.37	176	$5 067.26
1928 年 9 月	$9 314.60	178	$5 232.92
1928 年 10 月	$7 846.64	177	$4 433.13
1928 年 11 月	$7 560.03	178	$4 247.21
1928 年 12 月	$8 010.34	178	$4 500.19
1929 年 1 月	$6 713.55	179	$3 750.59
1929 年 2 月	$5 612.22	179	$3 135.32
1929 年 3 月	$7 101.87	180	$3 945.48
1929 年 4 月	$10 689.98	179	$5 972.06
1929 年 5 月	$12 946.78	179	$7 232.84
1929 年 6 月	$16 314.68	179	$9 114.30
1929 年 7 月	$10 409.76	181	$5 751.25
合计	$111 438.82		$62 382.55

销售收入净额按当前日期的稳定过程

1929 年 7 月 31 日

	基年金额	1929 年 7 月 31 日当期等值金额（物价指数：181.5）
合计	$62 382.55	$113 224.33

三、稳定币值会计成果展示

威廉姆斯毛纺厂稳定币值和非稳定币值下的资产负债表
1928年7月31日和1929年7月31日

资　产	1928年 非稳定币值	1928年7月31日的一般物价水平稳定币值	1929年 非稳定币值	1929年7月31日的一般物价水平稳定币值
固定资产：				
土地、建筑物、机器、设备、家具和固定装置	$1 021 981.29	$1 051 766.36	$1 016 754.99	$1 079 029.07
减：折旧准备	$450 504.63	$463 683.97	$487 775.82	$517 723.28
固定资产净值		$571 476.66	$588 082.39		$561 305.79
流动资产：				
存货（按成本与市价孰低计量）：				
原材料和辅料	$73 753.83	$76 248.18	$100 973.23	$106 392.46
产成品	$94 377.89	$96 113.67	$121 347.32	$124 865.56
在产品	$50 413.72	$51 645.24	$90 319.37	$93 726.42
存货小计	$218 545.44	$224 007.09	$312 639.92	$324 984.44
应收票据	$3 750.00	$3 750.00		
应收账款（减坏账准备）	$11 971.67	$11 971.67	$15 191.24	$15 191.24

项目								
银行存款和现金	$26 404.07		$26 404.07		$16 483.20		$16 483.20	
流动资产小计		$260 671.18		$266 132.83		$344 314.36		$356 658.88
经营性递延费用		$2 211.34		$2 259.47		$3 028.46		$3 055.12
资产合计		$834 359.18		$856 474.69		$876 321.99		$921 019.79
负 债								
股本:								
8%的累积优先股	$100 000.00		$102 923.97		$100 000.00		$106 140.35	
无面值普通股	$100 000.00		$102 867.14		$100 000.00		$106 081.74	
股本小计		$200 000.00		$205 791.11		$200 000.00		$212 222.09
6%的不动产抵押借款（到期日1939年3月15日）		$350 000.00		$350 000.00		$350 000.00		$350 000.00
流动负债:								
应付银行票据	$125 000.00		$125 000.00		$120 000.00		$120 000.00	
应付账款	$38 724.42		$38 724.42		$181 988.78		$181 988.78	
应付工资,应交税金等	$19 895.60		$19 895.60		$19 330.00		$19 330.00	
流动负债小计		$183 620.02		$183 620.02		$321 318.78		$321 318.78
盈余:								
已实现的盈余	$100 739.16		$111 177.13		$5 003.21		$32 462.28	
未实现的盈余			$5 886.43				$5 016.64	
盈余小计		$100 739.16		$117 063.56		$5 003.21		$37 478.92
负债合计		$834 359.18		$856 474.69		$876 321.99		$921 019.79

威廉姆斯毛纺厂稳定币值和非稳定币值下的比较资产负债表
1928年7月31日和1929年7月31日

资产	财务状况				财务状况的变化				
	非稳定币值		1928年7月31日的一般物价水平稳定币值	1929年	增加或减少的金额			增加或减少的百分比	
	1928年	1929年	1928年	1929年	非稳定币值	稳定币值		非稳定币值	稳定币值
固定资产:									
土地、建筑物、机器、设备、家具和固定装置	$1 021 981.29	$1 016 754.99	$1 084 634.08	$1 079 029.07	($5 226.30)	($5 605.01)		(0.5)	(0.5)
减：折旧准备	$450 504.63	$487 775.82	$478 174.11	$517 723.28	$37 271.19	$39 549.17		8.3	8.3
固定资产净值	$571 476.66	$528 979.17	$606 459.97	$561 305.79	($42 497.49)	($45 154.18)		(7.4)	(7.4)
流动资产:									
存货（按成本与市价孰低计量）：									
原材料和辅料	$73 753.83	$100 973.23	$78 631.17	$106 392.46	$27 219.40	$27 761.29		36.9	35.3
产成品	$94 377.89	$121 347.32	$99 117.38	$124 865.56	$26 969.43	$25 748.18		28.6	26.0
在产品	$50 413.72	$90 319.37	$53 259.27	$93 726.42	$39 905.65	$40 467.15		79.2	76.0
存货小计	$218 545.44	$312 639.92	$231 007.82	$324 984.44	$94 094.48	$93 976.62		43.1	40.7
应收票据	$3 750.00		$3 867.18		($3 750.00)	($3 867.18)		(100.0)	(100.0)
应收账款（减坏账准备）	$11 971.67	$15 191.24	$12 345.79	$15 191.24	$3 219.57	$2 845.45		26.9	23.0

项目							
银行存款和现金	$26 404.07	$16 483.20	$27 229.20	$16 483.20	($10 746.00)	(37.6)	(39.5)
流动资产小计	$260 671.18	$344 314.36	$274 449.99	$356 658.88	($9 920.87)		
经营性递延费用	$2 211.34	$3 028.46	$2 330.08	$3 055.12	$817.12		
资产合计	$834 359.18	$876 321.99	$883 240.04	$921 019.79	$41 962.81		
负债							
股本：							
8%的累积优先股	$100 000.00	$100 000.00	$106 140.35	$106 140.35			
无面值普通股	$100 000.00	$100 000.00	$106 081.74	$106 081.74			
股本小计	$200 000.00	$200 000.00	$212 222.09	$212 222.09			
6%的不动产抵押贷款（到期日1939年3月15日）	$350 000.00	$350 000.00	$360 937.51	$350 000.00	($10 937.51)	(3.0)	
流动负债：							
应付银行票据	$125 000.00	$120 000.00	$128 906.25	$120 000.00	($5 000.00)	(4.0)	(6.9)
应付账款	$38 724.42	$181 988.78	$39 934.56	$181 988.78	$143 264.36	370.0	355.7
应付工资、应交税金等	$19 895.60	$19 330.00	$20 517.34	$19 330.00	($565.60)	(2.8)	(5.8)
流动负债小计	$183 620.02	$321 318.78	$189 358.15	$321 318.78	$131 960.63	75.0	69.7
盈余							
已实现的盈余	$100 739.16	$5 003.21	$114 651.89	$32 462.28	($82 189.61)	(95.0)	(71.7)
未实现的盈余			$6 070.40	$5 016.64	($1 053.76)		(17.4)
盈余小计	$100 739.16	$5 003.21	$120 722.29	$37 478.92	($83 243.37)	(95.0)	(69.0)
负债合计	$834 359.18	$876 321.99	$883 240.04	$921 019.79	$37 779.75	5.3	4.3

注：（　）表示负数。

威廉姆斯毛纺厂稳定币值和非稳定币值下的盈余表

截至 1929 年 7 月 31 日的会计年度

项 目	非稳定币值		稳定币值	
	已实现的盈余			
1928 年 7 月 31 日余额		$ 100 739.16		$ 114 651.89
加：折旧调整		$ 1 010.46		$ 1 072.50
1928 年 7 月 31 日调整后余额		$ 101 749.62		$ 115 724.39
减：				
当年已实现的净亏损	$ 82 746.41		$ 69 011.96	
已分配的现金股利：				
优先股	$ 8 000.00		$ 8 157.70	
普通股	$ 6 000.00	$ 96 746.41	$ 6 092.45	$ 83 262.11
1929 年 7 月 31 日余额		$ 5 003.21		$ 32 462.28
	未实现的盈余			
1928 年 7 月 31 日余额				$ 6 070.40
减：当年未实现的净损失				$ 1 053.76
1929 年 7 月 31 日余额				$ 5 016.64

威廉姆斯毛纺厂稳定币值和非稳定币值下的损益表

截至 1929 年 7 月 31 日的会计年度

已实现的损益	非稳定币值	稳定币值
营业收入净额	$ 111 438.82	$ 113 224.33
减：营业成本	$ 191 641.13	$ 196 257.52
经营净损失	$ 80 202.31	$ 83 033.19
非常收入和非常费用：		
罢工损失	$ 2 454.79	$ 2 499.36
资本资产处置损失	$ 2 827.95	$ 3 084.72
小计	$ 5 282.74	$ 5 584.08

(续表)

已实现的损益	非稳定币值		稳定币值	
减：诉讼损失	$2 738.64	$2 544.10	$2 752.63	$2 831.45
经营活动净损失		$82 746.41		$85 864.64
货币价值变动导致的收益和损失：				
收益：				
应付抵押借款			$14 279.88	
应付票据			$2 011.44	
应付账款			$641.37	
应付工资、应交税金等			$492.77	$17 425.46
减损失：				
应收票据			$58.13	
应收账款（减坏账准备）			$352.33	
现金			$162.32	$572.78
货币价值变动导致的净收益				$16 852.68
本年已实现的净损失		$82 746.41		$69 011.96
未实现的损益				
货币价值变动导致的收益和损失：				
损失：				
应收票据			$5.83	
应收账款（减坏账准备）			$92.68	
现金			$70.93	
应付抵押借款			$3 342.38	$3 511.82
减收益：				
应付票据			$1 119.25	
应付账款			$1 205.03	
应付工资、应交税金等			$133.78	$2 458.06
本年未实现的净损失				$1 053.76
本年最终净损失		$82 746.41		$70 065.72

威廉姆斯毛纺厂稳定币值和非稳定币值下的财务比率与经营比率

1928年7月31日和1929年7月31日

比　率	1928年		1929年	
	非稳定币值	稳定币值	非稳定币值	稳定币值
财务比率：				
流动资产/流动负债	1.42	1.45	1.07	1.11
速动资产/流动负债	0.23	0.23	0.10	0.10
流动资产/净资本资产	0.46	0.45	0.65	0.64
净资产/外部负债	0.56	0.61	0.31	0.37
产成品/应收账款净额	7.88	8.03	7.99	8.22
现金/总资产	0.032	0.031	0.019	0.018
优先股股利/平均优先股数			0.080	0.077
普通股股利/平均普通股数			0.060	0.057
普通股股利/平均普通股权益			0.039	0.033
优先股每股账面价值	$100.00	$102.92	$100.00	$106.14
普通股每股账面价值	$100.37	$109.97	$52.50	$71.78
经营比率：				
已实现净损失/平均净资产			0.33	0.24
最终净损失/平均净资产			0.33	0.24
经营净损失/销售收入净额			0.72	0.73
已实现净损失/销售收入净额			0.74	0.61
经营净损失/平均总资产			0.094	0.092
已实现净损失/平均总资产			0.097	0.076
最终净损失/平均总资产			0.097	0.076
销售收入净额/平均总资产			0.13	0.13
销售收入净额/平均应收账款净额			8.21	8.22
销售收入净额/平均净资产			0.44	0.39
销售收入净额/平均净资本资产			0.20	0.19

威廉姆斯毛纺厂稳定币值和非稳定币值下的资金表

截至 1929 年 7 月 31 日的会计年度

项　　目	非稳定币值		稳定币值	
已使用资金:				
最终净损失:				
已实现的净损失		$ 82 746.41		$ 69 011.96
减: 未支付现金的费用和损失				
折旧费用	$ 40 184.93		$ 42 642.68	
资本资产的处置损失	$ 2 827.95	$ 43 012.88	$ 3 084.72	$ 45 727.40
余额		$ 39 733.53		$ 23 284.56
未实现的净损失				$ 1 053.76
导致现金减少的损失		$ 39 733.53		$ 24 338.32
抵押借款的减少				$ 10 937.51
股利支付:				
优先股	$ 8 000.00		$ 8 157.70	
普通股	$ 6 000.00	$ 14 000.00	$ 6 092.45	$ 14 250.15
资本资产的增加		$ 1 089.93		$ 1 107.92
使用的资金合计		$ 54 823.46		$ 50 633.90
减: 获得的资金:				
固定资产的出售		$ 1 585.00		$ 1 607.20
余额: 净流动资产和递延费用的减少				
应收票据	$ 3 750.00		$ 3 867.18	
现金	$ 9 920.87		$ 10 746.00	
应收账款	$ 143 264.35		$ 142 054.22	
合计	$ 156 935.23		$ 156 667.40	
减:				

(续表)

项　　目	非稳定币值	稳定币值
存货：		
原材料和辅料	$27 219.40	$27 761.29
产成品	$26 969.43	$25 748.18
在产品	$39 905.65	$40 467.15
应收账款(减坏账准备)	$3 219.57	$2 845.45
递延费用	$817.12	$725.04
应付票据	$5 000.00	$8 906.25
应付职工薪酬,应交税费等	$565.60	$1 187.34
合计	$103 696.77	$107 640.70
资金总的减少	$53 238.46	$49 026.70

从上述资产负债表可以看出抵押借款将于 1939 年 3 月 15 日到期。披露这个日期是因为人们于 1929 年 7 月 31 日之后才能看到资产负债表，此时抵押借款的实际到期日为 1939 年 3 月 15 日。但是，在我们所考察期间的起始日，也就是 1928 年 7 月 31 日来看，抵押借款到期日为 1929 年 3 月 15 日。①

第三节　对案例中稳定币值会计的评价

如前面章节所述，本章最后一个内容是试图确认稳定币值会计在本案例中是否可行。

---

① 无论对于将在 1 年之内到期的长期负债是否应该被分类为流动负债的理论态度如何，在当前案例中披露该负债的方法应该与普通的做法一致。参照斯威尼·H·W:《资产负债表中一年内到期的长期负债的会计处理》，《美国会计师》，XVII，10(1932 年 10 月)，第 303～304 页。

一、稳定币值会计信息的价值

正如在公共事业公司案例中非稳定币值的资产负债表存在误差一样，本案例的资产负债表列示项目中也有一个重要的误差项目——盈余。

例如，1928 年 12 月 31 日非稳定币值的资产负债表中列示已实现的盈余为 100 739.16 美元，比稳定币值下低了 10 437.97 美元（接近 10%）。非稳定币值下没有未实现的盈余，而稳定币值的资产负债表中列示未实现的盈余为 5 886.43 美元。稳定币值下的总盈余为 117 063.56 美元，而非稳定币值下的总盈余为 100 739.16 美元，低了 13.90%。

在 1929 年 7 月 31 日，非稳定币值下的盈余误差更为显著。非稳定币值下已实现的盈余为 5 003.21 美元，而在稳定币值下该值为 32 462.28 美元——将近似非稳定币值下的 6.5 倍。稳定币值下未实现的会计盈余不是 0，而是 5 016.64 美元。非稳定币值下总盈余为 5 003.21 美元，而稳定币值下为 37 478.92 美元，大约为非稳定币值的 7.5 倍。相对于稳定币值而言，非稳定币值下已实现的盈余低了 84.60%，未实现的盈余低了 100%，总盈余低了 86.70%。

很明显，任何一个关注公司的人更愿意看到 1928 年 7 月 31 日的盈余是 117 063.56 美元，而不是 100 739.16 美元。同样，他们在接下来的会计年度更愿意看到 37 478.92 美元的总盈余，而不是 5 003.21 美元。

在 1928 年 7 月 31 日和 1929 年 7 月 31 日，非稳定币值的资产负债表中其他误差相对来说不太重要。而且这些误差并不会产生显著不同的结果。首先是因为公司仅仅存在 2 年，所以看不出很大的不同；其次在这 2 年时间里一般物价水平变化很小。这些误差存在于除货币性资产和负债以外的资产负债表其他项目中，有些项目近乎达到 6%。

与盈余误差相比，这些误差相对来说较小。除非必须，我们不应该忽视这些误差。因为忽视这些误差不仅容易使接下来记录的事项产生更大的误差，而且使这些误差持续存在于资产负债表中的大多数会计金额中。

总体看来,1年之中一般物价指数波动了3%多一点。与年初和年末以非稳定币值计量的资产负债表相比,比较资产负债表列示的非稳定币值数据的变化更不精确。例如,非稳定币值下的应收账款净额变化百分比的误差为17%,已实现的盈余误差为32.50%,总盈余误差37.70%。更大的误差还包括:非稳定币值下的应付票据误差为42%,应付工资、应交税金等为51.70%,应付抵押借款和未实现的盈余为100%。

非稳定币值下损益表上列示的当年已实现的损失为82 746.41美元,这比稳定币值下的数值高出了13 734.45美元(几乎高出了20%)。非稳定币值下损益表中最终净损失为82 746.41美元,比稳定币值下高出12 680.69美元(高出18%)。显然,非稳定币值没有包含货币价值变化带来的任何收益或损失。然而,币值变化带来的已实现的盈余为16 852.68美元,未实现的损失为1 053.76美元,净收益为15 798.92美元。

我们注意到,虽然稳定币值下已实现的净损失远低于非稳定币值下的数值,但稳定币值下的经营净损失高于非稳定币值下的数值,这一发现对我们很有启发意义。而且,稳定币值下的经营活动净损失比非稳定币值的多,造成这种情况的主要原因是稳定币值数据包含了一部分货币价值变动导致的收益即16 852.68美元,但非稳定币值会计不包含这类收益(或损失)。

1929年7月31日两个非稳定币值计量的指标有显著误差。第一个是净资产与外部负债的比率,低了16.2%。第二个是普通股每股账面价值,低了19.28美元(或者26.90%)。

非稳定币值下一些重要的经营数据都有很大的误差。非稳定币值下已实现的净损失与销售收入净额之比为0.74,比稳定币值下的0.61高出了21.30%。非稳定币值下已实现的净损失与平均总资产之比,比稳定币值下高出了27.60%;非稳定币值下最终净损失与平均总资产之比,比稳定币值下高出了24.40%。最终,已实现的净损失与平均净资产之比,以及最终净损失与平均净资产之比都为0.33,而相应的稳定币值下该比率为 0.24。因此,非稳定币值下的该比值比稳定币值下高出了 37.50%。

非稳定币值下的资金表中,引起资金减少的净损失比稳定币值下高出 15 395.21 美元(或者 63.30%),引起资金减少的已实现的净损失为 16 448.97美元,比稳定币值下高出 70.60%。

无知是快乐的。那些查阅并相信非稳定币值数据的人是快乐的。但是,一旦人们带着怀疑的眼光去看,他们将不敢再相信非稳定币值会计,尽管它们大体上是真实的。这就是稳定币值会计可能产生的怀疑心态。正如本章案例所表现出的不利影响一样,大多数非稳定币值下的账面金额都被人们认为是错误的。

二、稳定币值会计信息的成本

下表列示了提供稳定币值会计信息所需要的时间。

采用稳定币值处理的会计数据	会计师花费的小时数	
	高级会计师	初级会计师
固定资产	2.5	8.5
存货	2	6.5
货币性资产和负债	1	1
经营性递延费用	0.5	1
股本、直接影响盈余的交易、非常收入和非常费用	1.5	3.5
货币价值变动导致的未实现的盈余	3.5	8
货币价值变动导致的已实现的利润和损失	2.5	8
销售收入净额	0.5	0.5
营业成本	0.5	
最终成果展示	6	5.5
合计	20.5	42.5

高级会计师每天的薪酬是 40 美元,初级会计师每天的薪酬是 20 美元,加上平均每天 10 美元的差旅费用,运用稳定币值会计最终大约要耗费案例企业 330 美元。

威廉姆斯羊毛厂通常在每个会计年度末聘请注册会计师对其资产负

债表进行审计。1928 年 7 月 31 日的审计费用为 532.50 美元,1929 年 7 月 31 日的审计费用为 568.94 美元。

但是,稳定币值计量的成本不能与任一期间的审计费用相比较,主要原因在于稳定币值计量关注的是构建年初和年末的稳定币值资产负债表,而审计更关注构建某一日期的资产负债表。稳定币值会计和审计都提供比较资产负债表和比较损益表。经审计的损益表包含更多详细的营业费用信息,而稳定币值报表包含的是经审计的报表所没有的,即因货币价值变动所引起的已实现的损益和未实现的损益。稳定币值会计还提供了各种比率和资金状况,这些都是审计所没有提供的。

审计成本和稳定币值会计成本的对比如下:1928 年的审计费用 (532.50 美元)的 2/3,即 355 美元,可以作为确认企业 1928 年 7 月 31 日财务状况的成本。1929 年的审计费用 568.94 美元,可视为确认企业 1929 年 7 月 31 日财务状况以及当年经营成果的成本。最后,总计费用为 923.94 美元,大约就是审计稳定币值会计信息的成本。在这样一个基础上,稳定币值会计的成本仅为普通审计成本的 36%,这一基础忽略了稳定币值会计提供的额外信息。

在自来水公司案例中,编制稳定币值会计信息的簿记成本只能靠猜测。由于该企业刚成立不久,所以尽可能作乐观的猜测,即它只是普通簿记员薪酬的 50%,为 1 300 美元。

财务主管、簿记员甚至是文员都可以以不到 200 美元的成本从事稳定币值会计工作,当然,这个估计的前提是每个人都已经掌握了充分的稳定币值会计知识。

三、小结

簿记、审计、稳定币值会计是实现会计最终目标 3 个必不可少的连续步骤。稳定币值会计被认为是实现这一目标最重要的保障,如果没有稳定币值会计,该会计的最终目标不可能实现。

在本案例中,我们不知道稳定币值会计信息的货币价值,即完全的稳定币值会计信息比经审计的账面金额信息的价值高出多少,但它应该是相当大的。原因是稳定币值会计金额从一个不同的角度为我们展示了企业的财务状况和经营成果。这个角度提供的信息不会比经审计的账面价值信息更加悲观。稳定币值会计金额反映了实际情况,虽然也不容乐观,但不会像非稳定币值会计金额那样表现得令人沮丧。

比如,因为非稳定币值会计金额忽视了货币价值变动带来的收益,所以它反映的最终净损失比实际的要多。同样,非稳定币值下已实现的净损失比稳定币值下高出了13 734.45美元,大约为20%。还有,很多情况下非稳定币值下的当期经营比率,如净损失与平均净资产、销售收入净额、平均总资产的比也比实际值高出许多。比如,非稳定币值下已实现的净损失、最终净损失与平均净资产之比都比稳定币值下高出了37.5%。

最后,非稳定币值下1928年和1929年的盈余都太低,特别是1929年,低了27 459.07美元,大约为84.60%。未实现的盈余低了5 016.64美元,为100%。总盈余低了32 475.71美元,大约为86.70%。

相比较而言,非稳定币值会计的误差较大,更糟糕的是它们影响了最重要的账面金额,即描述盈余和收益的金额。

威廉姆斯毛纺厂的管理层将使用审计报告来了解公司财务状况,判断所采用的政策和方法的有效性。如果他们知道1929年7月31日的净损失比账面上的金额要小得多,盈余也比账面显示的大得多的话,随后的计划和活动肯定会改变。

尽管在案例中稳定币值会计提供了更多的信息。但是成本相对较低,可能只是330美元或者稍高于所估计的簿记和审计成本(2 223.94美元)的1/7。因此,在公共事业公司,簿记和审计成本大约占实现会计目标总成本的7/8。

所以,鉴于稳定币值会计带来较高的信息价值以及较低的实现成本,稳定币值会计是切实可行的。

第六章　代理公司的稳定币值会计示例

前述两个案例显示,在较为不利的条件下,稳定币值会计也被证明是切实可行的。本章将展示在物价波动具有代表性的当前(或不久的将来)稳定币值会计运用的情况。

在自来水公司案例中,一般物价水平在年初和年末保持不变;在毛纺厂案例中,年末的物价水平比年初稍高一点。但是,在本案例中,测试期间内稳定币值会计的一般物价水平有明显的下降。

而且,为了提供更广泛的稳定币值会计计量测试,本案例的考察期间为2年,1931年9月30日为测试期间的截止日。

在第一年年初,即1929年9月30日的一般物价指数为182。第一年年末,也就是1930年9月30日,一般物价指数为165,比年初降低了大约9%。在第二年年末,即1931年9月30日,一般物价指数为145.5,比第一年年末低了12%。

本案例中稳定币值会计提供的服务净值比前面两个案例都大得多,这当然是可以预期到的。因为本次测试的2年期间内一般物价水平变动大得多。但是,在第三个测试中,稳定币值会计的价值不应当被视为在非常有利的情况下的结果。因为,尽管一般物价水平的更大变化会引起这种价值的增加,但是,三种情况下都避免这种情况产生。

第一,该企业存在的期限较短;第二,以历史成本计量的实物资产,特别是固定资产,只占了总资产很小的一部分;第三,在这个测试中,2年内的物价变动并没有其后的(比如 1932 年 5 月 31 日)或是早前的(比如 1921 年 12 月 31 日)物价变动大。

第一节 账 面 金 额

构成本章案例资料的企业在此被称为"米尔代理有限公司"。它位于伊利诺伊州的芝加哥,主要代理纺织品,特别是棉纺品。于 1926 年 11 月平价发行股票成立,筹集资金 1 250 000 美元,但直至 1927 年 1 月才正式营业。

因为可以从那些陷入财务危机的债务者手中取得拖欠的商品,所以这个公司一直持有存货。由于这些存货的价值只能通过出售获利来实现,公司以估计的市价对这些存货进行计量。

1929 年 9 月 30 日和 1930 年 9 月 30 日存货的市价和同样以市价计量的有价证券的价值均超过了其成本,超过的部分被归类于评估增值。但是在 1931 年 9 月 30 日,存货和有价证券的成本高于其市场价值,这种减值又抵销了评估增值。为了使本例中稳定币值会计计量和非稳定币值会计计量的盈余账户基本类型可比,在本案例最终的非稳定币值会计报表中,这些由于按照市价估值而引起的账面盈余被划分为未实现的盈余。

在 1931 年 9 月 30 日,由于购入库存股也形成了资本公积,所以就增加了资本公积账户余额。①

第 152 页和第 153 页提到了 1931 年 9 月 30 日经审计的资产负债表。大家都认可审计人员的资质,这种资质涉及公司可能因股本回购而缺少适量盈余,要求公司维持一定的初始投入股本,以保护债权人的利益。

但是这种资质对稳定币值会计几乎没有什么影响。对于账面金额来说,无论是不是合理的,对它们进行稳定币值会计处理的形式与审计的形式一样。

---

① 这种处理方法与纽约证券交易所随后发布的建议完全一致。参照斯威尼·H·W:《编制告诉股东真相的报告》,福布斯,XXIX,7(1932 年 4 月 1 日),第 20 页。

如果这种资质是重要的,那么只需要在稳定币值会计的资产负债表里提到。

然而在这个案例中,胜任能力并不重要。因为它并不涉及非稳定币值会计金额中的任何实质性差错。它仅仅涉及在类似的情况下大多数企业都不辞辛劳地去制作的账面记录。

米尔代理有限公司资产负债表
1931 年 9 月 30 日

资　产		负　债	
流动资产:		流动负债:	
现金	$676 241.71	应付银行票据	$50 000.00
有价证券(市价估值)	$7 600.00	应付账款:	
应收票据	$10 500.00	往来客户	$103 251.32
应收账款:		其他	$9 248.14
往来客户净额	$604 118.27	应付账款小计	$112 499.46
员工和其他	$5 126.77	纳税准备	$13 481.07
预收账款	$46 234.18	应付政府票据	$70 000.00
应收账款小计	$655 479.22	负债小计	$245 980.53
存货(完工产品,市价估值)	$36 647.28	股本:	
流动资产小计	$1 386 468.21	批准可发行的股票:12 500股,每股$100)	$1 250 000.00
递延费用	$7 334.45	发行在外的股票:12 500股	$1 250 000.00
固定资产:		减:库存股1 000股	$100 000.00
汽车(净值)	$2 632.04	实际在外流通的股票:11 500股	$1 150 000.00
家具和固定装置(净值)	$12 172.36	资本公积:	
固定资产小计	$14 804.40	购买库存股的收益	$50 000.00
		盈余公积(赤字):	

(续表)

资　产		负　债	
		余额（1930 年 9 月 30 日）	$ 73 924.42
		减：本年净损失（1930 年 9 月 30 日）	$ 84 818.25
		有价证券和存货减值	$ 26 479.64
			$ 111 297.89
		余额（1931 年 9 月 30 日）	($ 37 373.47)
			$ 12 626.53
			$ 1 162 626.53
资产合计	$ 1 408 607.06	负债和净资产合计	$ 1 408 607.06

注：（　）表示负数。

米尔代理有限公司董事会全体成员：

　　我们已经检查了米尔代理有限公司截至 1931 年 9 月 30 日的账目和账户，我们认为，以上资产负债表和相关损益表编制正确，且年度内的盈余与股本回购不存在相关性。公允地反映了公司在 1931 年 9 月 30 日的财务状况和这一年的经营成果。

注册会计师：斯旺森和彼得森

伊利诺伊州芝加哥市州街 1 号

1931 年 11 月 5 日

第二节　稳定币值金额

　　本案例中最终以稳定币值呈报的报表所采用的形式，基本上与前面章节的例子所采用的类似。因此，只有那些与先前所呈报的报表在内容与结构上不同的报表需要以稳定币值呈报。

　　当在很长一段时间，而不是一两天内呈报账簿金额时，每张以稳定币值计量的报表都应当单独呈报。这意味着，不仅当期报表不用再放入同一报表作为基期报表，而且基期报表也不用再放入同一报表作为另一基期报表。遵循这些建议能使所有的基期报表和当期报表保持有序性，以便以后快速使用。

本案例中,在准备实际的稳定币值计量工作文件时,这些建议也是适用的。但是,为了使呈报的报表更加简洁,一系列的报表就不再随后列示了。

而且,实际中,当期报表右边应当包含附加的空白列,这些空白列将为以后期间呈报当期数据提供空间。

一、稳定过程的明细表

流动资产和流动负债按基年的稳定过程

1929 年 9 月 30 日

项　　目	当期金额	基年等值金额 (物价指数:182)
流动资产:		
现金	$517 823.04	$284 518.15
有价证券	$13 425.00	$7 376.38
应收票据	$16 819.52	$9 241.49
应收往来客户款	$1 703 525.09	$936 003.35
应收员工和其他款	$5 917.40	$3 851.32
预付账款	$67 417.61	$37 042.64
存货	$54 315.62	$29 843.76
流动资产合计	$2 379 244.28	$1 307 277.08
流动负债:		
坏账准备	$21 784.59	$11 969.55
应付票据	$275 000.00	$151 098.90
应付往来客户款	$688 656.75	$378 382.83
其他应付款	$27 417.71	$15 064.68
纳税准备	$31 363.12	$17 232.48
流动负债合计	$1 044 222.17	$573 748.44
净流动资产	$1 335 022.11	$733 528.64

流动资产和流动负债按基年的稳定过程

1930 年 9 月 30 日

项　　目	当期金额	基年等值金额 （物价指数：165）
流动资产：		
现金	$ 776 457.20	$ 470 580.12
有价证券	$ 15 550.00	$ 9 424.24
应收往来客户款	$ 848 056.78	$ 513 973.81
应收员工和其他款	$ 3 471.17	$ 2 103.74
预付账款	$ 59 610.52	$ 36 127.59
存货	$ 7 338.00	$ 4 447.27
流动资产合计	$ 1 710 483.67	$ 1 036 656.77
流动负债：		
坏账准备	$ 24 942.19	$ 15 116.48
应付票据	$ 150 000.00	$ 90 909.09
应付往来客户款	$ 186 233.34	$ 112 868.69
其他应付款	$ 20 665.32	$ 12 524.44
纳税准备	$ 22 717.81	$ 13 768.37
流动负债合计	$ 404 558.66	$ 245 187.07
净流动资产	$ 1 305 925.01	$ 791 469.70

流动资产和流动负债按基年的稳定过程

1931 年 9 月 30 日

项　　目	当期金额	基年等值金额 （物价指数：145.5）
流动资产：		
现金	$676 241.71	$464 770.93
有价证券	$7 600.00	$5 223.37
应收票据	$10 500.00	$7 216.49
应收往来客户款	$638 800.41	$439 038.08
应收员工和其他款	$5 126.77	$3 523.66
预付账款	$46 234.18	$31 776.07
存货	$36 647.28	$25 187.13
流动资产合计	$1 421 150.35	$976 765.62
流动负债：		
坏账准备	$34 682.14	$23 836.52
应付票据	$50 000.00	$34 364.26
应付往来客户款	$103 251.32	$70 963.11
其他应付款	$9 248.14	$6 356.11
纳税准备	$13 481.07	$9 265.34
应付政府票据	$70 000.00	$48 109.97
流动负债合计	$280 662.67	$192 895.31
净流动资产	$1 140 487.68	$783 840.31

流动资产和流动负债按当前日期的稳定过程

1929 年 9 月 30 日

项 目	基年金额	当日等值金额		
		1929 年 9 月 30 日(物价指数:182)	1930 年 9 月 30 日(物价指数:165)	1931 年 9 月 30 日(物价指数:145.5)
流动资产:				
现金	$284 518.15	$517 823.04	$469 454.95	$413 973.91
有价证券	$7 376.38	$13 425.00	$12 171.03	$10 732.63
应收票据	$9 241.49	$16 819.52	$15 248.46	$13 446.37
应收往来客户款	$936 003.35	$1 703 526.09	$1 544 405.53	$1 361 884.87
应收员工和其他款	$3 251.32	$5 917.40	$5 364.68	$4 730.67
预付账款	$37 042.64	$67 417.61	$61 120.36	$53 897.04
存货	$29 843.75	$54 315.62	$49 242.19	$43 422.66
流动资产合计	$1 307 277.08	$2 379 244.28	$2 157 007.20	$1 902 088.15
流动负债:				
坏账准备	$11 969.55	$21 784.59	$19 749.76	$17 415.70
应付票据	$151 098.90	$275 000.00	$249 313.19	$219 848.90
应付往来客户款	$378 382.83	$688 655.75	$624 331.67	$550 547.02
其他应付款	$15 064.68	$27 417.71	$24 856.72	$21 919.11
纳税准备	$17 232.48	$31 363.12	$28 433.59	$25 073.26
流动负债合计	$573 748.44	$1 044 222.17	$946 684.93	$834 803.99
净流动资产	$733 528.64	$1 335 022.11	$1 210 322.27	$1 067 284.16

流动资产和流动负债按当前日期的稳定过程

1930 年 9 月 30 日

项 目	基年金额	当日等值金额	
		1930 年 9 月 30 日（物价指数：165）	1931 年 9 月 30 日（物价指数：145.5）
流动资产：			
现金	$ 470 580.12	$ 776 457.20	$ 684 694.07
有价证券	$ 9 424.24	$ 15 550.00	$ 13 712.27
应收往来客户款	$ 513 973.81	$ 848 056.78	$ 747 831.89
应收员工和其他款	$ 2 103.74	$ 3 471.17	$ 3 060.94
预付账款	$ 36 127.59	$ 59 610.52	$ 52 565.64
存货	$ 4 447.27	$ 7 338.00	$ 6 470.78
流动资产合计	$ 1 036 666.77	$ 1 710 483.67	$ 1 508 335.59
流动负债：			
坏账准备	$ 15 116.48	$ 24 942.19	$ 21 994.48
应付票据	$ 90 909.09	$ 150 000.00	$ 132 272.73
应付往来客户款	$ 112 868.69	$ 186 233.34	$ 164 223.94
其他应付款	$ 12 524.44	$ 20 665.32	$ 18 223.06
纳税准备	$ 13 768.37	$ 22 717.81	$ 20 032.98
流动负债合计	$ 245 187.07	$ 404 558.66	$ 356 747.19
净流动资产	$ 791 469.70	$ 1 305 925.01	$ 1 151 588.40

流动资产和流动负债按当前日期的稳定过程

1931 年 9 月 30 日

项　　目	基年金额	当日等值金额（物价指数：145.5）
流动资产：		
现金	$464 770.93	$676 241.71
有价证券	$5 223.37	$7 600.00
应收票据	$7 216.49	$10 500.00
应收往来客户款	$439 038.08	$638 800.41
员工和其他应收款	$3 523.55	$5 126.77
预付账款	$31 776.07	$46 234.18
存货	$25 187.13	$36 647.88
流动资产合计	$976 735.62	$1 421 150.35
流动负债：		
坏账准备	$23 836.52	$34 682.14
应付银行票据	$34 364.26	$50 000.00
应付往来客户款	$70 963.11	$103 251.32
其他应付款	$6 356.11	$9 248.14
纳税准备	$9 265.34	$13 481.07
应付政府票据	$48 109.97	$70 000.00
流动负债合计	$192 895.31	$280 662.67
净流动资产	$783 840.31	$1 140 487.68

递延费用按当前日期的稳定过程

1929 年 9 月 30 日、1930 年 9 月 30 日和 1931 年 9 月 30 日

日 期	基年金额	当日等值金额		
		1929 年 9 月 30 日（物价指数：182）	1930 年 9 月 30 日（物价指数：165）	1931 年 9 月 30 日（物价指数：145.5）
1929 年 9 月 30 日	$ 2 497.19	$ 4 544.89	$ 4 120.36	$ 3 633.41
1930 年 9 月 30 日	$ 2 524.42		$ 4 165.29	$ 3 673.03
1931 年 9 月 30 日	$ 4 945.59			$ 7 195.83

固定资产按当前日期的稳定过程

1929 年 9 月 30 日

项 目	基年金额	当日等值金额		
		1929 年 9 月 30 日（物价指数：182）	1930 年 9 月 30 日（物价指数：165）	1931 年 9 月 30 日（物价指数：145.5）
家具和固定装置	$ 12 187.28	$ 22 180.85	$ 20 109.01	$ 17 732.49
减：家具和固定装置的折旧准备	$ 3 274.53	$ 5 959.64	$ 5 402.97	$ 4 764.44
净值	$ 8 912.75	$ 16 221.21	$ 14 706.04	$ 12 968.05

固定资产按当前日期的稳定过程

1930 年 9 月 30 日

项 目	基年金额	当日等值金额	
		1930 年 9 月 30 日（物价指数：165）	1931 年 9 月 30 日（物价指数：145.5）
家具和固定装置	$ 12 980.80	$ 21 418.32	$ 18 887.06
减：家具和固定装置的折旧准备	$ 4 572.57	$ 7 544.74	$ 6 653.09
净值	$ 8 408.23	$ 13 873.58	$ 12 233.97

固定资产按当前日期的稳定过程

1931 年 9 月 30 日

项　　目	基年金额	当日等值金额（物价指数：145.5）
汽车	$ 2 018.40	$ 2 936.77
减：汽车的折旧准备	$ 403.68	$ 587.35
净值	$ 1 614.72	$ 2 349.42
家具和固定装置	$ 12 980.80	$ 18 887.06
减：家具和固定装置的折旧准备	$ 5 870.61	$ 8 541.74
净值	$ 7 110.19	$ 10 345.32
合计	$ 8 724.91	$ 12 694.74

批准发行的股票按基年的稳定过程

截至 1931 年 9 月 30 日

日　　期	说明	非稳定币值	物价指数	稳定币值
1926 年 11 月	12 500 股	$ 1 250 000.00	172	$ 726 744.19

批准发行的股票按当前日期的稳定过程

截至 1931 年 9 月 30 日

日　　期	基年金额	当日等值金额		
		1929 年 9 月 30 日（物价指数：182）	1930 年 9 月 30 日（物价指数：165）	1931 年 9 月 30 日（物价指数：145.5）
1929 年 9 月 30 日	$ 726 744.19	$ 1 322 674.43	$ 1 199 127.91	$ 1 057 412.80
1930 年 9 月 30 日	$ 726 744.19		$ 1 199 127.91	$ 1 057 412.80
1931 年 9 月 30 日	$ 726 744.19			$ 1 057 412.80

库存股按基年的稳定过程

截至 1931 年 9 月 30 日

日 期	说 明	非稳定币值	物价指数	稳定币值
1930 年 10 月	回购于 1926 年 11 月发行的 250 股	$ 25 000.00	172	$ 14 534.88
1930 年 11 月	回购于 1926 年 11 月发行的 300 股	$ 30 000.00	172	$ 17 441.86
1931 年 1 月	回购于 1926 年 11 月发行的 350 股	$ 35 000.00	172	$ 20 348.84
1931 年 2 月	回购于 1926 年 11 月发行的 100 股	$ 10 000.00	172	$ 5 813.95
	合计回购 1 000 股	$ 100 000.00		$ 58 139.53

库存股按当前日期的稳定过程

截至 1931 年 9 月 30 日

说 明	基年金额	当日等值金额(1931 年 9 月 30 日物价指数：145.5)
回购 1 000 股	$ 58 139.53	$ 84 593.02

购买库存股所获收益按基年的稳定过程

截至 1931 年 9 月 30 日

说 明	非稳定币值	物价指数	稳定币值
回购 250 股：			
1926 年 11 月发行时的面值	$ 25 000.00	172	$ 14 534.88
减：1930 年 10 月回购成本	$ 15 000.00	163	$ 9 202.45
收益	$ 10 000.00		$ 5 332.43

(续表)

说　明	非稳定币值	物价指数	稳定币值
回购 300 股：			
1926 年 11 月发行时的面值	$ 30 000.00	172	$ 17 441.86
减：1930 年 10 月回购成本	$ 15 000.00	161	$ 9 316.77
收益	$ 15 000.00		$ 8 125.09
回购 350 股：			
1926 年 11 月发行时的面值	$ 35 000.00	172	$ 20 348.84
减：1930 年 10 月回购成本	$ 15 000.00	157	$ 9 554.14
收益	$ 20 000.00		$ 10 794.70
回购 100 股：			
1926 年 11 月发行时的面值	$ 10 000.00	172	$ 5 813.95
减：1930 年 10 月回购成本	$ 5 000.00	157	$ 3 184.71
收益	$ 5 000.00		$ 2 629.24
总收益	$ 50 000.00		$ 26 881.46

购买库存股所获收益按当前日期的稳定过程

截至 1931 年 9 月 30 日

说　明	基年金额	当日等值金额(1931 年 9 月 30 日 物价指数：145.5)
回购 1 000 股所获收益	$ 26 881.46	$ 39 112.52

评估增值产生的未实现的收益按基年的稳定过程

1931年9月30日

资产	取得日期	成本			市价		评估增值产生的未实现收益	
		非稳定币值	物价指数	稳定币值	当期值	基年稳定币值(物价指数：145.5)	非稳定币值	稳定币值
有价证券								
优先股 C	1929年10月	$10 475.00	181	$5 787.29	$4 250.00	$2 920.96	$6 225.00	$2 866.33
抵押债券 B	1928年6月	$4 813.85	176	$2 735.14	$3 350.00	$2 302.41	$1 463.85	$432.73
小计		$15 288.85		$8 522.43	$7 600.00	$5 223.37	$7 688.85	$3 299.06
存货								
灰色商品：								
经缎 L	1929年8月	$446.50	182	$245.33				
M	1930年1月	$565.56	174	$325.03				
S	1929年6月	$584.16	179	$326.35				
U	1930年11月	$2 021.45	161	$1 255.56				
	1931年5月	$1 632.10	153	$1 066.73				
人造丝花色织物								
21c	1929年9月	$404.87	183	$221.24				

纤烷丝花色织物	1927年6月	$517.10	171	$302.40	
7n	1930年12月	$2 612.42	158	$1 653.43	
9a	1930年10月	$3 246.41	163	$1 991.66	
华丽的图案6x	1931年6月	$1 247.66	150	$831.77	
牛仔裤4A14	1929年8月	$356.21	182	$195.72	
彩色商品					
费城B	1931年1月	$2 885.64	157	$1 837.99	
L	1930年7月	$342.68	167	$205.20	
流苏边产品Z	1930年11月	$2 110.20	161	$1 310.68	
珍珠美人A	1930年10月	$3 884.61	163	$2 383.20	
珊瑚美人C	1931年7月	$2 465.23	149	$1 654.52	
玫瑰美人K	1929年3月	$451.44	180	$250.80	
小计		$25 774.24		$16 057.61	
其他商品		$29 663.83		$18 480.86	
小计		$55 438.07		$34 538.47	$25 187.13	($18 790.79)	($9 351.34)
合计				$36 647.28		($26 479.64)	($12 650.40)

注：( )表示负数。

第六章 代理公司的稳定币值会计示例

评估增值产生的未实现的收益按当前日期的稳定过程

1929 年 9 月 30 日

资产	基年金额	当日等值金额		
		1929 年 9 月 30 日 （物价指数：182）	1930 年 9 月 30 日 （物价指数：165）	1931 年 9 月 30 日 （物价指数：145.5）
有价证券	$2 492.41	$4 536.19	$4 112.48	$3 626.46
存货	$1 810.24	$3 294.64	$2 986.90	$2 633.90
合计	$4 302.65	$7 830.83	$7 099.38	$6 260.36

评估增值产生的未实现的收益按当前日期的稳定过程

1930 年 9 月 30 日

资产	基年金额	当日等值金额	
		1930 年 9 月 30 日 （物价指数 165）	1931 年 9 月 30 日 （物价指数 145.5）
有价证券	$901.81	$1 487.99	$1 312.13
存货	$571.58	$943.11	$831.65
合计	$1 473.39	$2 431.10	$2 143.78

评估增值产生的未实现的收益按当前日期的稳定过程

1931 年 9 月 30 日

资产	基年金额	当日等值金额 （物价指数 145.5）
有价证券	($3 299.06)	($4 800.13)
存货	($9 351.34)	($13 606.20)
合计	($12 650.40)	($18 406.33)

注：( )表示负数。

未实现的盈余按当前日期的稳定过程概览

1929 年 9 月 30 日

项目	当前日期		
	1929 年 9 月 30 日	1930 年 9 月 30 日	1931 年 9 月 30 日
评估增值	$7 830.83	$7 099.38	$6 260.36

(续表)

项 目	当前日期		
	1929年9月30日	1930年9月30日	1931年9月30日
货币价值变动	$8 805.87	$7 983.37	$7 039.86
合计	$16 636.70	$15 082.75	$13 300.22

未实现的盈余按当前日期的稳定过程概览

1930年9月30日

项 目	当前日期	
	1930年9月30日	1931年9月30日
评估增值	$2 431.10	$2 143.78
货币价值变动	$12 843.86	$11 325.96
合计	$15 274.96	$13 469.74

未实现的盈余按当前日期的稳定过程概览

1931年9月30日

项 目	金额
评估增值	($18 406.33)
货币价值变动	$20 527.62
合计	$2 121.29

注:( )表示负数。

稳定币值和非稳定币值的未实现的损益的计算过程

截至1931年9月30日的会计年度

未实现的盈余的类别	1930年9月30日余额	1931年9月30日余额	未实现的损益
非稳定币值:			
评估增值:			
有价证券	$261.15	($7 688.85)	($7 950.00)

(续表)

未实现的盈余的类别	1930年9月30日余额	1931年9月30日余额	未实现的损益
存货	$490.66	($18 790.79)	($19 281.45)
小计	$751.81	($26 479.64)	($27 231.45)
根据1931年9月30日的一般物价水平的稳定币值			
评估增值:			
有价证券	$1 312.13	($4 800.13)	($6 112.66)
存货	$831.65	($13 606.20)	($14 437.85)
小计	$2 143.78	($18 406.33)	($20 550.11)
货币价值变动导致的盈余:			
现金	$7 023.07	$9 730.66	$2 707.59
应收票据		$166.93	$166.93
应收账款净额	$8 775.01	$13 553.09	$4 778.08
应付银行票据	($2 615.17)	($643.07)	$1 972.10
应付账款	($1 856.95)	($1 340.39)	$516.56
应付政府票据		($939.60)	($939.60)
小计	$11 325.96	$20 527.62	$9 201.66
合计	$13 469.74	$2 121.29	($11 348.45)

注:( )表示负数。

1929年9月30日稳定币值的已实现的盈余转换为
1930年9月30日一般物价水平的金额

1929年9月30日稳定币值的财务状况	根据1930年9月30日一般物价水平调整后的稳定币值金额
净流动资产	$1 210 322.27
递延费用	$4 120.36
固定资产	$14 706.04

(续表)

	1929年9月30日稳定币值的财务状况	根据1930年9月30日一般物价水平调整后的稳定币值金额
总净值		$1 299 148.67
减:发行在外的股票		$1 199 127.91
总盈余		$30 020.76
减:未实现的盈余		
有价证券和存货	$7 099.38	
货币价值变动	$7 983.37	$15 082.75
已实现的盈余		$14 938.01
证据		
1929年9月30日经当日一般物价水平调整的已实现的盈余		$16 477.08
1930年9月30日一般物价水平指数/1929年9月30日一般物价水平指数		$165/182
1929年9月30日已实现的盈余转换为1930年9月30日一般物价水平的金额		$14 938.01

  上述表格中的有价证券和存货与流动资产和流动负债一起用稳定币值进行调整。因为它们以市价计量,在资产负债表日已经按照一般物价水平调整了,这一点与货币性资产和货币性负债项目相同。

  对减值准备进行的稳定币值会计处理过程中,有一小部分累计折旧被错误地记录在准备中,但公司和审计人员都没有提出更正,因为他们认为差错金额较小,无须关注。

  在这种情况下,稳定币值会计假设审计人员已经对账户分录作出了正确的调整,并据此作出其他调整。除非账户记录的金额有重大差错,否则稳定币值会计没有必要过于关注已审计金额的准确性。当然,对于审计工作而言,不论更正那些已审金额需要花多少时间,对于审计来说都是要计费的,但对于稳定币值就不是这样。

  对存货中各项目的评估价值以总额计算。而有价证券各项目的评估价值要分项计算。因为对于企业管理而言,有价证券信息可能比存货信息更有用。

二、稳定币值会计成果展示

米尔代理有限公司稳定币值和非稳定币值的资产负债表
1929年9月30日,1930年9月30日和1931年9月30日

资　产	1929年 非稳定币值	1929年 根据1929年9月30日物价水平调整的稳定币值	1930年 非稳定币值	1930年 根据1930年9月30日物价水平调整的稳定币值	1931年 非稳定币值	1931年 根据1931年9月30日物价水平调整的稳定币值
流动资产：						
现金	$517 823.04	$517 823.04	$776 457.20	$776 457.20	$676 241.71	$676 241.71
有价证券（以市价计量）	$13 425.00	$13 425.00	$15 550.00	$15 550.00	$7 600.00	$7 600.00
应收票据	$16 819.52	$16 819.52			$10 500.00	$10 500.00
应收账款：						
往来客户净额	$1 681 741.50	$1 681 741.50	$823 114.59	$823 114.59	$604 118.27	$604 118.27
员工和其他	$5 917.40	$5 917.40	$3 471.17	$3 471.17	$5 126.77	$5 126.77
预付账款	$67 417.61	$67 417.61	$59 610.52	$59 610.52	$46 234.18	$46 234.18
存货（以市价计量的产成品）	$54 315.62	$54 315.62	$7 338.00	$7 338.00	$36 647.28	$36 647.28
流动资产合计	$2 357 459.69	$2 357 459.69	$1 685 541.48	$1 685 541.48	$1 386 468.21	$1 386 468.21
递延费用	$4 461.30	$4 544.89	$4 360.90	$4 165.29	$7 334.45	$7 195.83
固定资产：						
汽车净值					$2 632.04	$2 349.42

项目	(1)	(2)	(3)	(4)	(5)	(6)
家具和固定装置净值	$15 172.02	$16 221.21	$14 390.32	$13 873.58	$12 172.36	$10 345.32
非流动资产合计	$15 172.02	$16 221.21	$14 390.32	$13 873.58	$14 804.40	$12 694.74
资产合计	$2 377 093.01	$2 378 225.79	$1 704 292.70	$1 703 580.35	$1 408 607.06	$1 406 358.78
负债						
流动负债:						
应付银行票据	$275 000.00	$275 000.00	$150 000.00	$150 000.00	$50 000.00	$50 000.00
应付账款:						
往来客户	$688 656.75	$688 656.75	$186 233.34	$186 233.34	$103 251.32	$103 251.32
其他	$27 417.71	$27 417.71	$20 665.32	$20 665.32	$9 248.14	$9 248.14
纳税准备	$31 363.12	$31 363.12	$22 717.81	$22 717.81	$13 481.07	$13 481.07
应付政府票据					$70 000.00	$70 000.00
流动负债合计	$1 022 437.58	$1 022 437.58	$379 616.47	$379 616.47	$245 980.53	$245 980.53
净资产						
股本:						
发行在外的股票	$1 250 000.00	$1 322 674.43	$1 250 000.00	$1 199 127.91	$1 250 000.00	$1 057 412.80
减: 实际在外流通的库存股					$100 000.00	$84 593.02
	$1 250 000.00	$1 322 674.43	$1 250 000.00	$1 199 127.91	$1 150 000.00	$972 819.78
资本公积					$50 000.00	$39 112.52
赚得的盈余:						
已实现的盈余	$95 789.27	$16 477.08	$73 924.42	($109 561.01)	$10 893.83	$146 324.66
未实现的盈余	$8 866.16	$16 636.70	$751.81	($15 274.96)	$26 479.64	$2 121.29
赚得的盈余合计	$104 655.43	$33 113.78	$74 676.23	($124 835.97)	$37 373.47	$148 445.95
净资产合计	$1 354 655.43	$1 355 788.22	$1 324 676.23	$1 323 963.88	$1 162 626.53	$1 160 378.25

注: ( ) 表示负数。

第六章　代理公司的稳定币值会计示例

米尔代理有限公司稳定币值和非稳定币值的比较资产负债表
1929年9月30日和1931年9月30日

资产	财务状况 非稳定币值 1929年	财务状况 非稳定币值 1931年	财务状况 1929年	根据1931年9月30日的一般物价水平调整的稳定币值 1931年	增减额 非稳定币值	增减额 稳定币值	财务状况变化 增减百分比 非稳定币值	财务状况变化 增减百分比 稳定币值
流动资产:								
现金	$517 823.04	$676 241.71	$413 973.91	$676 241.71	$158 418.67	$262 276.80	30.6	63.4
有价证券(以市价计量)	$13 425.00	$7 600.00	$10 732.63	$7 600.00	($5 825.00)	($3 132.63)	(43.4)	(29.2)
应收票据	$16 819.52	$10 500.00	$13 446.37	$10 500.00	($6 319.52)	($2 946.37)	(37.6)	(21.9)
应收账款								
往来客户净额	$1 681 741.50	$604 118.27	$1 344 469.17	$604 118.27	($1 077 623.23)	($740 350.90)	(64.1)	(55.1)
员工和其他	$5 917.40	$5 126.77	$4 730.67	$5 126.77	($790.63)	$396.10	(13.4)	8.4
预付账款	$67 417.61	$46 234.18	$53 897.04	$46 234.18	($21 183.43)	($7 662.86)	(31.4)	(14.2)
存货(以市价计量的产成品)	$54 315.62	$36 647.28	$43 422.66	$36 647.28	($17 668.34)	($6 775.38)	(32.5)	(15.6)
流动资产合计	$2 357 459.69	$1 386 468.21	$1 884 672.45	$1 386 468.21	($970 991.48)	($498 204.24)	(41.2)	(26.4)
递延费用	$4 461.30	$7 334.45	$3 633.41	$7 195.83	$2 873.15	$3 562.42	64.4	98.0
固定资产:								
汽车净值		$2 632.04		$2 349.42	$2 632.04	$2 349.42	无法计算	无法计算
家具和固定装置净值	$15 172.02	$12 172.36	$12 986.05	$10 345.32	($2 999.66)	($2 622.73)	(19.8)	(20.2)
非流动资产合计	$15 172.02	$14 804.40	$12 986.05	$12 694.74	($367.62)	($273.31)	(2.4)	(2.1)

项目									
资产合计	$2 377 093.01	$1 408 607.06	$1 901 273.91	$1 406 358.78	($968 485.95)	($494 915.13)	(40.7)	(26.0)
负 债:								
流动负债:								
应付银行票据	$275 000.00	$50 000.00	$219 848.90	$50 000.00	($225 000.00)	($169 848.90)	(81.8)	(77.3)
应付账款:								
任来客户	$688 656.75	$103 251.32	$550 547.02	$103 251.32	($585 405.43)	($447 295.70)	(85.0)	(81.2)
其他	$27 427.71	$9 248.14	$21 919.77	$9 248.14	($18 169.57)	($12 670.97)	(66.3)	(57.8)
纳税准备	$31 363.12	$13 481.07	$25 073.26	$13 481.07	($17 882.05)	($11 592.19)	(57.0)	(46.2)
应付政府票据		$70 000.00		$70 000.00	$70 000.00	$70 000.00	无法计算	无法计算
流动负债合计	$1 022 437.58	$245 980.53	$817 388.29	$245 980.53	($776 457.05)	($571 407.76)	(75.9)	(69.9)
净 资 产								
股本:								
发行在外的股票	$1 250 000.00	$1 250 000.00	$1 057 412.80	$1 057 412.80				
减:库存股	$100 000.00			$84 593.02	$10 000.00	$84 593.02	无法计算	无法计算
实际在外流通的股票	$1 150 000.00	$1 250 000.00	$1 057 412.80	$972 819.78	($100 000.00)	($84 593.02)	(8.0)	(8.0)
资本公积	$50 000.00			$39 112.52	$50 000.00	$39 112.52	无法计算	无法计算
赚得的盈余:								
已实现的盈余	$95 789.27	($10 893.83)	$13 172.60	$146 324.66	($106 683.10)	$133 152.06	(111.4)	1 010.8
未实现的盈余	$8 866.16	($26 479.64)	$13 300.22	$2 121.29	($35 345.80)	($11 178.93)	(398.7)	(84.1)
赚得的盈余合计	$104 655.43	($37 373.47)	$26 472.82	$148 445.95	($142 028.90)	$121 973.13	(135.7)	460.7
净资产合计	$1 354 655.43	($1 162 626.53)	$1 083 885.62	$1 160 378.25	($192 028.90)	$76 492.63	(14.2)	7.1

注:( )表示负数。

第六章 代理公司的稳定币值会计示例

米尔代理有限公司稳定币值和非稳定币值的盈余表

截至 1930 年 9 月 30 日的会计年度和截至 1931 年 9 月 30 日的会计年度

项 目	1930年		1931年	
	非稳定币值	根据 1930 年 9 月 30 日一般物价水平调整的稳定币值	非稳定币值	根据 1931 年 9 月 30 日一般物价水平调整的稳定币值
已实现的盈余				
年初余额	$ 95 789.27	$ 14 938.01	$ 73 924.42	$ 96 612.86
加：本年已实现的净利润	$ 78 135.15	$ 191 658.69	($ 84 818.25)	$ 49 711.80
合计	$ 173 924.42	$ 206 596.70	($ 10 893.83)	$ 146 324.66
减：已分配的现金股利	$ 100 000.00	$ 97 035.69		
年末余额	$ 73 924.42	$ 109 561.01	($ 10 893.83)	$ 146 324.66
未实现的盈余				
年初余额	$ 8 866.16	$ 15 082.75	$ 751.81	$ 13 469.74
加：当年未实现的净利润	($ 8 114.35)	$ 192.21	($ 27 231.45)	($ 11 348.45)
年末余额	$ 751.85	$ 15 274.96	($ 26 479.64)	$ 2 121.29

注：( ) 表示负数。

米尔代理有限公司稳定币值和非稳定币值的损益表

截至 1930 年 9 月 30 日的会计年度和截至 1931 年 9 月 30 日的会计年度

已实现的损益	1930 年		1931 年	
	非稳定币值	根据 1930 年 9 月 30 日一般物价水平调整的稳定币值	非稳定币值	根据 1931 年 9 月 30 日一般物价水平调整的稳定币值
营业收入净额	$ 6 037 676.83	$ 5 796 611.16	$ 5 396 581.34	$ 5 076 561.94
减:营业成本	$ 5 964 061.52	$ 5 718 232.50	$ 5 481 399.59	$ 5 162 186.02
经营净利润	$ 73 615.31	$ 78 378.66	($ 84 818.25)	($ 85 624.08)
非常净收入	$ 4 519.84	$ 3 924.41		
经营活动净利润	$ 78 135.15	$ 82 303.07	($ 84 518.25)	($ 85 624.08)
货币价值变动导致的收益和损失:				
现金		$ 50 365.00		$ 81 556.31
应收票据		$ 1 400.85		$ 336.82
应收账款净额		$ 122 176.49		$ 86 368.81
应付银行票据		($ 14 942.96)		($ 14 439.55)
应付账款		($ 47 697.54)		($ 16 987.32)
纳税准备		($ 1 946.22)		($ 1 499.19)
货币价值变动导致的净收益		$ 109 355.62		$ 135 335.88
本年已实现的净利润	$ 78 135.15	$ 191 658.69	($ 84 518.25)	$ 49 711.80

（续表）

已实现的损益	1930年		1931年	
	非稳定币值	根据1930年9月30日一般物价水平调整的稳定币值	非稳定币值	根据1931年9月30日一般物价水平调整的稳定币值
未实现的损益				
评估损失：				
有价证券	($4 675.50)	($2 624.49)	($7 950.00)	($6 112.26)
存货	($3 438.85)	($2 043.79)	(19 281.45)	($14 437.85)
合计	($8 114.35)	($4 668.28)	($27 231.45)	($20 550.11)
减：币值变动导致的收益和损失：				
现金		$5 398.98		$2 707.59
应收票据		($62.49)		$166.93
应收账款净额		$4 969.33		$4 778.08
应付银行票据		($5 625.97)		$1 972.10
应付账款		$180.64		$516.56
应付政府票据				($939.60)
货币价值变动导致的净收益		$4 860.49		$9 201.66
本年未实现的净利润	($8 114.35)	$192.21	($27 231.45)	($11 348.45)
本年最终净利润	$70 020.80	$191 850.90	($112 049.70)	$38 363.35

注：（　）表示负数。

米尔代理有限公司稳定币值和非稳定币值的比较损益表

截至1930年9月30日的会计年度和截至1931年9月30日的会计年度

已实现的损益	收入和费用 稳定币值		收入和费用 根据1931年9月30日一般物价水平调整的稳定币值		收入和费用变化 增减额		收入和费用变化 增减百分比	
	1930年	1931年	1930年	1931年	非稳定币值	稳定币值	非稳定币值	稳定币值
营业收入净额	$6 037 676.83	$396 581.34	$5 111 557.11	$5 076 561.94	($641 095.49)	($34 995.17)	(10.6)	(0.7)
减：营业成本	$5 964 061.52	$5 481 399.59	$5 042 441.39	$5 162 186.02	($482 661.93)	$119 744.63	(8.1)	(2.4)
经营净利润	$73 615.31	$84 818.25	$69 115.72	($85 624.08)	($158 433.56)	($154 739.80)	(215.2)	(223.9)
非常净利润	$4 519.84		$3 460.61		($4 519.84)	($3 460.61)	(100)	(100)
经营活动净利润	$78 135.15	($84 818.25)	$72 576.33	($85 624.08)	($162 953.40)	($158 200.41)	(208.6)	(218.0)
货币价值变动导致的收益和损失								
现金		$44 412.77		$81 556.31		$37 143.54		83.6
应收票据		$1 235.30		$336.82		($898.48)		(72.7)

第六章　代理公司的稳定币值会计示例

(续表)

已实现的损益	收入和费用			收入和费用变化				
	稳定币值		根据1931年9月30日一般物价水平调整的稳定币值	增减额			增减百分比	
	1930年	1931年	1930年	1931年	非稳定币值	稳定币值	非稳定币值	稳定币值
应收账款净额			$107 737.45	$86 368.81		($21 368.64)		(19.8)
应付银行票据			($13 176.97)	($14 439.55)		($1 262.58)		(9.6)
应付账款			($42 060.56)	($16 987.32)		$25 073.24		59.6
纳税准备			($1 716.22)	($1 499.19)		$217.03		12.6
货币价值变动导致的净收益			$96 431.77	$135 335.88		$38 904.11		40.3
本年已实现的净利润	$78 135.15	($84 818.25)	$169 008.10	$49 711.80	($162 953.40)	($119 296.30)	(208.6)	(70.6)
未实现的损益								
评估损失:								
有价证券	($4 675.50)	($7 950.00)	($2 314.33)	($6 112.26)	($3 274.50)	($3 797.93)	(70.0)	(164.1)

存货	($3 438.85)	($19 281.45)	($1 802.25)	($14 437.85)	($15 842.60)	($12 635.60)	(460.7)	(701.1)
合计	($8 114.35)	($27 231.45)	($4 116.58)	($20 550.11)	($19 117.10)	($16 433.53)	(235.6)	(399.2)
减：货币价值变动导致的净收益								
现金			$4 760.92	$2 707.59		($2 053.33)		(43.1)
应收票据			($55.10)	$166.93		$222.03		403.0
应收账款净额			$4 382.07	$4 778.08		$396.01		9.0
应付银行票据			($4 961.08)	$1 972.10		$6 933.18		139.8
应付账款			$159.29	$516.56		$357.27		224.3
应付政府票据				($939.60)		($939.60)		无法计算
货币价值变动导致未实现的净利润			$4 286.10	$9 201.66		$4 915.56		114.7
本年未实现的净利润	($8 114.35)	($27 231.45)	$169.52	$11 348.45	($19 117.10)	($11 517.97)	(235.6)	(6 794.5)
本年最终净利润	$70 020.80	$112 049.70	$169 117.62	$38 363.35	$182 070.50	($130 814.27)	(260.0)	(77.3)

注：（ ）表示负数。

米尔代理有限公司稳定币值和非稳定币值的财务比率与经营比率

1929 年 9 月 30 日、1930 年 9 月 30 日和 1931 年 9 月 30 日

比　率	1929 年 非稳定币值	1929 年 稳定币值	1930 年 非稳定币值	1930 年 稳定币值	1931 年 非稳定币值	1931 年 稳定币值
财务比率:						
流动资产/流动负债	2.31	2.31	4.44	4.44	5.64	5.64
速动资产/流动负债	2.25	2.25	4.42	4.42	5.49	5.49
流动资产/固定资产净值	155.38	145.33	117.13	121.49	93.65	109.22
净资产/外部负债	1.32	1.33	3.49	3.49	4.73	4.72
现金/资产总额	0.22	0.22	0.46	0.46	0.48	0.48
现金股利/平均股本			0.080	0.081		
现金股利/平均净资产			0.075	0.076		
每股账面价值	$108.37	$108.46	$105.97	$105.92	$101.10	$100.90
经营比率:						
已实现的净利润/平均净资产			0.059	0.152	(0.068)	0.043

最终净利润/平均净资产	0.052	0.150	(0.090)	0.033
现金股利/已实现的净利润	1.28	0.51		
现金股利/最终净利润	1.43	0.51		
营业净利润/营业收入净额	0.012	0.014	(0.016)	(0.017)
已实现的净利润/营业收入净额	0.013	0.033	(0.016)	0.010
营业净利润/平均总资产	0.036	0.041	(0.054)	(0.059)
已实现的净利润/平均总资产	0.038	0.099	(0.054)	0.034
最终净利润/平均总资产	0.034	0.099	(0.072)	0.026
营业收入净额/平均总资产	2.96	3.00	3.47	3.49
营业收入净额/平均应收账款净额	4.82	4.94	7.56	7.63
营业收入净额/平均净资产	4.51	4.54	4.34	4.36
营业收入净额/平均固定资产净值	408.47	405.65	369.70	407.29

注：( )表示负数。

米尔代理有限公司稳定币值和非稳定币值的资金表

截至 1930 年 9 月 30 日的会计年度和 1931 年 9 月 30 日的会计年度

项　　目	1930 年 非稳定币值	1930 年 根据 1930 年 9 月 30 日一般物价水平调整的稳定币值	1931 年 非稳定币值	1931 年 根据 1931 年 9 月 30 日一般物价水平调整的稳定币值
资金流入:				
最终净利润	$78 135.15	$191 658.69	$84 818.25	$49 711.80
已实现的净利润				
加: 不会导致资金减少的费用和损失:				
折旧	$2 217.96	$2 141.77	$2 875.92	$2 476.00
固定资产处置损失	$89.41	$81.51		
未实现的净利润	($8 114.35)	$193 881.97	($81 942.33)	$52 187.80
导致资金增加的收入	$72 328.17	$194 074.18	($27 231.45)	($11 348.45)
出售固定资产的收入	$104.50	$95.25	($109 173.78)	$40 839.35

资金流入合计	$72 432.67		$194 169.43		$40 839.35
减资金流出:					
已分配的现金股利	$100 000.00	$97 035.69		($109 173.78)	
固定资产的增加	$1 630.17	$1 486.07	$3 290.00		$2 936.77
购买库存股			$50 000.00		$45 480.50
资金流出合计	$101 630.17	$98 521.76	$53 290.00		$48 417.27
余额流动资产净额和递延费用的增加:					
现金	$258 634.26	$307 002.25	($100 215.49)		($8 452.36)
有价证券	$2 125.00	$3 378.97	($7 950.00)		($6 112.27)
应收票据	($16 819.52)	($15 248.46)	$10 500.00		$10 500.00
应收账款净额	($868 880.23)	($704 944.53)	($230 717.06)		($125 984.77)
存货	($46 977.62)	($41 904.19)	$29 309.28		$30 176.50
递延费用	($100.40)	$44.93	$2 973.55		$3 522.80
应付银行票据	$125 000.00	$99 313.19	$100 000.00		$82 272.73

第六章 代理公司的稳定币值会计示例

(续表)

项目	1930 年			
	非稳定币值		根据 1930 年 9 月 30 日一般物价水平调整的稳定币值	
应付账款	$ 509 175.80		$ 442 289.73	
纳税准备	$ 8 645.31		$ 5 715.78	
应付政府票据				
资金增加金额合计		($ 29 197.50)		$ 95 647.67

项目	1931 年			
	非稳定币值		根据 1931 年 9 月 30 日一般物价水平调整的稳定币值	
应付账款	$ 94 399.20		$ 69 947.54	
纳税准备	$ 9 236.74		$ 6 551.91	
应付政府票据	($ 70 000.00)		($ 70 000.00)	
资金增加金额合计		($ 162 463.78)		($ 7 577.92)

注：(　)表示负数。

正如前文所述，流动资产和流动负债中唯一具有实际价值的项目——有价证券和存货，均以市场价格计量。之所以视市场价格为稳定价值，是因为它代表了货币的现值。因此，以实际价值记账的流动资产相当于以稳定币值计量，货币性资产和货币性负债自然也是以稳定币值计量，以非稳定币值计量的资产负债表中所有的流动资产和流动负债都在各年年末以相应的一般物价水平进行了稳定币值会计处理。于是，可以得出以下结论：账簿中流动资产的计量一般不会出现稳定币值误差，大部分非稳定币值下的财务比率也不会出现这种误差。

第三节　对案例中稳定币值会计的评价

运用前面两章阐述的方法对本案例中的稳定币值会计进行评价。

一、稳定币值会计信息的价值

米尔代理有限公司非稳定币值的资产负债表 1929年9月30日、1930年9月30日和1931年9月30日 非比较资产负债表中的计量误差

资　　产	1929年		1930年		1931年		比较资产负债表	
	金额	百分比	金额	百分比	金额	百分比	金额	百分比
流动资产：								
现金							($32.8)	(51.7)
有价证券							($14.2)	(48.6)
应收票据							($15.7)	(71.7)
应收账款								
往来客户净额							($9.0)	(16.3)
员工和其他							($21.8)	(259.5)
预付账款							($17.2)	(121.1)
存货(产成品)							($16.9)	(108.3)
流动资产合计							($14.8)	(56.1)

第六章　代理公司的稳定币值会计示例

(续表)

资　产	非比较资产负债表						比较资产负债表	
	1929 年		1930 年		1931 年			
	金额	百分比	金额	百分比	金额	百分比	金额	百分比
递延费用	($83.59)	(1.8)	$195.61	4.7	$138.62	1.9	($33.6)	(34.3)
固定资产：								
汽车净值					$282.62	12.0	无法计算	无法计算
家具和固定装置净值	($1 049.19)	(6.5)	$516.74	3.7	$1 827.04	17.7	$0.4	2.0
非流动资产合计	($1 049.19)	(6.5)	$516.74	3.7	$2 109.66	16.6	($0.3)	(14.3)
资产合计	($1 132.78)	(0.0)	$712.35	0.0	$2 248.28	0.2	($14.7)	(56.5)
负　债								
流动负债：								
应付银行票据							($4.5)	(5.8)
应付账款：								
往来客户							($3.8)	(4.7)
其他							($8.5)	(14.7)

项目								
纳税准备							($10.8)	(23.4)
应付政府票据							无法计算	无法计算
流动负债合计							($6.0)	(8.6)
净　资　产								
股本:								
发行在外的股票	($72 674.43)	(5.5)	$50 872.09	4.2	$192 587.20	18.2	无法计算	无法计算
减:库存股					$15 406.98	18.2		
实际在外流通的股票	($72 674.43)	(5.5)	$50 872.09	4.2	$177 180.22	18.2	无法计算	无法计算
资本公积					$10 887.48	27.8		
赚得的盈余:								
已实现的盈余	$79 312.19	481.3	($35 636.59)	(32.5)	($157 218.49)	(107.4)	($1 122.2)	(111.0)
未实现的盈余	($7 770.54)	(46.7)	($14 523.15)	(95.1)	($28 600.9)	(1 348.3)	($314.6)	(374.1)
赚得的盈余合计	$71 541.65	216.1	($50 159.74)	(40.2)	($185 819.42)	(125.2)	($596.4)	(129.5)
净资产合计	($1 132.78)	(0.1)	$712.35	0.1	$2 248.28	0.2	($21.3)	(300.0)

注:( )表示负数。

第六章　代理公司的稳定币值会计示例

米尔代理有限公司非稳定币值的盈余表中的计量误差
截至1930年9月30日的会计年度和1931年9月30日的会计年度

项 目	1930年 金额	1930年 百分比	1931年 金额	1931年 百分比
已实现的盈余				
年初余额	$80 851.26	541.2	($22 688.44)	(23.5)
加：本年已实现的净利润	($113 523.54)	(59.2)	($134 530.05)	(270.6)
合计	($32 672.28)	(15.8)	($157 218.49)	(107.4)
减：已分配的现金股利	$2 964.31	3.1		
年末余额	($35 636.59)	(32.5)	($157 218.49)	(107.4)
未实现的盈余				
年初余额	($6 216.59)	(41.2)	($12 717.93)	(94.4)
加：本年未实现的净利润	($8 306.56)	(4 321.6)	($15 883.00)	(140.0)
年末余额	($14 523.15)	(95.1)	($28 600.93)	(1 348.3)

注：( )表示负数。

米尔代理有限公司非稳定币值的损益表中的计量误差

截至 1930 年 9 月 30 日的会计年度和 1931 年 9 月 30 日的会计年度

已实现的损益	非比较损益表				比较损益表	
	1930 年		1931 年			
	金额	百分比	金额	百分比	金额	百分比
营业收入净额	$241 065.67	4.2	$320 019.40	6.3	($9.9)	(1 414.3)
减：营业成本	$245 829.02	4.3	$319 213.57	6.2	($10.5)	(437.5)
经营净利润	($4 763.35)	(6.1)	$805.83	0.9	$8.7	3.9
非常净利润	$595.43	15.2				
经营活动净利润	($4 167.92)	(5.1)	$805.83	0.9	$9.4	4.3
货币价值变动导致的收益和损失：						
现金	($50 365.00)	(100.0)	($81 556.31)	(100.0)	($83.6)	(100.0)
应收票据	($1 400.85)	(100.0)	($336.82)	(100.0)	$72.7	100.0
应收账款净额	($122 176.49)	(100.0)	($86 368.81)	(100.0)	$19.8	100.0
应付银行票据	$14 942.96	100.0	($14 439.55)	(100.0)	$9.6	100.0
应付账款	$47 697.54	100.0	$16 987.32	100.0	($59.6)	(100.0)
纳税准备	$1 946.22	100.0	$1 499.19	100.0	($12.6)	(100.0)
货币价值变动导致的净收益	($109 355.62)	(100.0)	($135 335.88)	(100.0)	($40.3)	(100.0)
本年已实现的净利润	($113 523.54)	(59.2)	($134 530.05)	(270.6)	($138.0)	(195.5)
未实现的损益						

(续表)

	非比较损益表				比较损益表	
	1930 年		1931 年			
	金额	百分比	金额	百分比	金额	百分比
已实现的损益						
评估损失:						
有价证券	($2 051.01)	(78.1)	($1 837.74)	(30.1)	$94.1	57.3
存货	($1 395.06)	(68.3)	($4 843.60)	(33.5)	$240.4	34.3
合计	($3 446.07)	(73.8)	($6 681.34)	(32.5)	$163.6	41.0
减：货币价值变动导致的收益和损失						
现金	($5 398.98)	(100.0)	($2 707.59)	(100.0)	$43.1	100.0
应收票据	$62.49	100.0	($166.93)	(100.0)	($403.0)	(100.0)
应收账款净值	($4 969.33)	(100.0)	($4 778.08)	(100.0)	($9.0)	(100.0)
应付银行票据	$5 625.97	100.0	($1 972.10)	(100.0)	($139.8)	(100.0)
应付账款	($180.64)	(100.0)	($516.56)	(100.0)	($224.3)	(100.0)
应付政府票据			$939.60	100.0	无法计算	无法计算
货币价值变动导致的净收益	($4 860.49)	(100.0)	($9 201.66)	(100.0)	($114.7)	(100.0)
本年未实现的净利润	($8 306.56)	(4 321.6)	($15 883.00)	(140.0)	6 558.9	96.5
本年最终净利润	($121 830.10)	(63.5)	($150 413.05)	(392.1)	($182.7)	(236.4)

注：( )表示负数。

米尔代理有限公司非稳定币值下财务比率与经营比率的计量误差

1929年9月30日、1930年9月30日和1931年9月30日

比　率	1929年 金额	1929年 百分比	1930年 金额	1930年 百分比	1931年 金额	1931年 百分比
财务比率：						
流动资产/固定资产净值	$10.05	6.9	($4.36)	(3.6)	($15.57)	(14.3)
净资产/外部负债	($0.01)	(0.8)	($0.001)	(1.2)		
现金股利/平均股本			($0.001)	(1.3)	$0.01	0.2
现金股利/平均净资产						
每股账面价值	($0.09)	(0.1)	$0.05	0.0	$0.20	0.2
经营比率：						
已实现的净利润/平均净资产			($0.093)	(61.2)	($0.111)	(258.1)
最终净利润/平均净资产			($0.098)	(65.3)	($0.123)	(372.7)
现金股利/已实现的净利润			$0.77	151.0		

(续表)

比 率	1929年 金额	1929年 百分比	1930年 金额	1930年 百分比	1931年 金额	1931年 百分比
现金股利/最终净利润			$0.92	180.4		
经营净利润/营业收入净额			($0.002)	(14.3)	$0.001	5.9
已实现的净利润/营业收入净额			($0.020)	(60.6)	($0.026)	(260.0)
经营净利润/平均总资产			($0.005)	(12.2)	$0.005	8.5
已实现的净利润/平均总资产			($0.061)	(61.6)	($0.088)	(258.8)
最终净利润/平均净资产			($0.065)	(65.7)	($0.098)	(376.9)
营业收入净额/平均总资产			($0.04)	(1.3)	($0.02)	(0.6)
营业收入净额/平均应收账款净值			($0.12)	(2.4)	($0.07)	(0.9)
营业收入净额/平均净资产			($0.03)	(0.7)	($0.02)	(0.5)
营业收入净额/平均固定资产净值			$2.82	0.7	$37.59	(9.2)

注：（ ）表示负数。

米尔代理有限公司非稳定币值的资金表中的计量误差
截至 1930 年 9 月 30 日的会计年度和 1931 年 9 月 30 日的会计年度

项　　目	1930 年 金额	1930 年 百分比	1931 年 金额	1931 年 百分比
资金流入：				
最终净利润：				
已实现的净利润	($113 523.54)		($134 530.06)	
加：不会导致资金减少的费用和损失：		(59.2)		(270.6)
折旧	$76.19	(3.6)	$399.92	
固定资产处置损失	$7.90	9.7		16.2
合计	($113 439.45)	(58.5)	($134 130.13)	(257.0)
未实现的净利润	($8 306.56)	(4 321.6)	($15 883.00)	(140.0)
导致资金增加的收入	($121 746.01)	(62.7)	($150 013.13)	(367.3)
出售固定资产的收入	9.25	9.7		
资金流入合计	($121 736.76)	(62.7)	($150 013.13)	(367.3)
减：资金流出				
已分配的现金股利	$2 964.31	3.1		

第六章　代理公司的稳定币值会计示例

（续表）

项　目	1930 年 金额	百分比	1931 年 金额	百分比
固定资产的增加		144.10	$353.23	12.0
购买库存股			$4 519.50	9.9
资金流出合计	$3 108.41	3.2	$4 872.73	10.1
余额净流动资产和递延费用的增加：				
现金	($48 368.09)	(15.8)	($91 763.13)	(1 085.7)
有价证券	($1 253.97)	(37.1)	($1 837.73)	(30.1)
应收票据	($1 571.06)	(10.3)		
应收账款净额	($163 935.70)	(23.3)	($104 732.29)	(83.1)
存货	($5 073.43)	(12.1)	($867.22)	(2.9)
递延费用	($145.33)	(323.5)	($549.25)	(15.6)
应付银行票据	$25 686.81	25.9	$17 727.27	21.5
应付账款	$66 886.07	15.1	$24 451.66	35.0
纳税准备	$2 929.53	51.3	$2 684.83	41.0
资金增加金额合计	($124 845.17)	(130.5)	($154 885.86)	(2 043.9)

注：（　）表示负数。

通过分析1929年、1930年、1931年各年非稳定币值会计的资产负债表的误差可以得出以下几个结论。

第一,如果期末的一般物价水平相较期初有所提高,则非稳定币值下的实物资产和净资产项目的误差将呈上升趋势。

例如,非稳定币值的资产负债表中1931年9月30日的一般物价指数与1930年9月30日相差19.5个百分比。这意味着2年间的一般物价水平变动比1929年和1930年2年期初到期末的一般物价水平变动都要大。结果无论在金额还是程度上,1931年9月30日报告的绝大多数实物资产和净资产项目在非稳定币值会计下的计量误差均大于1929年9月30日或1930年9月30日相应项目的误差。

第二,在大多数案例中,已赚取的盈余(可能是最重要的项目)在几乎所有的非稳定币值会计的资产负债表中的误差都是最大的。这一点是可以预见的。

以1929年9月30日非稳定币值会计下的资产负债表为例,已实现的盈余为95 789.27美元,但稳定币值会计下只有16 477.08美元,仅仅为非稳定币值会计下的1/6多一点。因此,非稳定币值会计下的已实现的盈余比稳定币值会计下高出了481.3%。同时,非稳定币值会计下的未实现的盈余为8 866.16美元,而稳定币值会计下为16 636.70美元,前者比后者低了46.7%。非稳定币值会计下的已赚取的盈余总额为104 655.43美元,稳定币值会计下为33 113.78美元,不到非稳定币值会计的1/3,因此非稳定币值会计下的已赚取的盈余比稳定币值会计下高出了216.1%。

1年之后的1930年9月30日,非稳定币值会计下的已实现的盈余减少了35 636.59美元,也就是减少了32.5%。另外,非稳定币值会计下的未实现的盈余仅仅只有751.81美元,稳定币值会计下它应该为15 274.96美元,是非稳定币值会计下的20多倍。这里非稳定币值会计下的未实现的盈余减少了95.1%。最终,非稳定币值会计下的已赚取的盈余合计为74 676.23美元,稳定币值会计下应为124 835.97美元,比非稳定币值会计下高出 50 159.74 美元。总的来说,非稳定币值会计下的已赚取的盈余降低了 40.2%。

非稳定币值会计下的资产负债表的最后一部分,即 1931 年 9 月 30 日的资产负债表中,包括了已实现的损失 10 893.83 美元,然而稳定币值会计下的资产负债表却包含了 146 324.66 美元的已实现的盈余,这样,非稳定币值会计下就减少了 157 218.49 美元,即减少了 107.4%。同样,非稳定币值会计下的未实现的损失为 26 479.64 美元,而稳定币值会计下则是未实现的盈余 2 121.29 美元,这样,非稳定币值会计下的金额就少了 28 600.93 美元,即少了 1 348.3%。最终,非稳定币值会计下的已发生的损失合计为 37 373.47 美元。而稳定币值会计下的资产负债表列示的已发生的损失合计为 148 445.95 美元,金额更大。本例中,非稳定币值会计下的金额少了 185 819.42 美元,即少了 125.2%。

第三,当一般物价水平的降幅增大了,非稳定币值会计下已赚取的盈余的降幅也会随之非正常增大。从下表可以看出已赚取的盈余账面金额非正常的下降趋势。表中稳定币值会计下的金额均是基于 1931 年 9 月 30 日的一般物价水平。

日期	已实现的已赚取的盈余		已赚取的盈余合计	
	非稳定币值	稳定币值	非稳定币值	稳定币值
1929 年 9 月 30 日	$95 789.27	$13 172.60	$104 655.43	$26 472.82
1930 年 9 月 30 日	$73 924.42	$96 612.86	$74 676.23	$110 082.60
1931 年 9 月 30 日	($10 893.83)	$146 324.66	($37 373.47)	$148 445.95

注:( )表示负数。

总体来说,非稳定币值会计下的已赚取的盈余从 1929 年 9 月 30 日至 1931 年 9 月 30 日,由较大的盈余转变为巨大的损失。然而稳定币值会计下的趋势刚好相反,它显示经过同样的 2 年时间,已赚取的盈余的金额变得更大。

因此,从欧洲和美国的应用情况得出以下两个结论。首先,在通货紧缩时期,每股已赚取的盈余同每股净利润一样都被严重低估(通货膨胀期,被高估①)。其次,非稳定币值会计下已赚取的盈余和净利润的高估或低估程度与通货膨胀和紧缩程度呈正比。

当然,在很大程度上,管理层的决策行为会依赖已赚取的盈余和净利润。因此,如果这些数据是有误差的,那么有关红利、扩张、工资、雇佣等方面的数据也同样存在误差。然而,企业不能满足社会上大部分人的需要,社会公众会因会计重视形式而非实质受到惩罚。传统的会计夸大了繁荣和萧条时期的实际情况,从而导致企业管理层采取行动延长了繁荣和萧条的周期,比预计的或必要的还要长。因此在传统会计责任方面,有很多文章可以写。其次,非稳定币值会计下的比较资产负债表中,大多数非常重要的相对百分比变动存在许多误差。例如,账面上将稳定币值会计下现金的增长率错误地列示为51.7%,已实现的盈余的增长率列示为111.0%,已赚取的盈余总额的增长率列示为129.5%,净资产的增长率列示为300.0%。

然而,非稳定币值会计下有价证券的降幅有48.6%的误差,应收票据的降幅有71.7%的误差,流动资产合计的降幅有56.1%的误差,资产合计的降幅有56.5%的误差,未实现的盈余的降幅有374.1%的误差。

非稳定币值会计下的盈余表中,年初余额的误差从23.5%~541.2%不等。其他主要误差也与非稳定币值会计下的资产负债表和损益表有关。

接下来分别考虑截至1930年9月30日和1931年9月30日的这2年的损益表。

据观察可知,第一,随着年初至年末一般物价水平变动百分比的增长,非稳定币值会计数据中最重要部分(即不同层次的净利润)的误差率也趋

---

① 以下引用的这段话解释了通货膨胀条件下账面利润高出实际值的原因:"如果美国即将发生通货膨胀,数以万计的大小企业以一定的价格购买商品,并以该价格入账。数周或数月之后,它们以更高的价格卖出,账面上肯定是利润。但是在买卖过程中美元的价值变动会导致账面利润大大减少,甚至转为实际亏损,然而众多的大小企业并未意识到这一点,即使你告知它们这一点,它们却认为这只是理论性的东西。"参见斯帕林·E:《通货膨胀入门》,第36页。

于增长;第二,随着一般物价水平的变动,净利润数据也容易出现误差,而且误差程度比其他数据更严重;第三,随着一般物价水平不断降低,非稳定币值会计下的净利润增长也变得很不利。

例如,首先,上年非稳定币值会计下已实现的净利润为 78 135.15 美元,但是稳定币值会计下的金额为 191 658.69 美元,是前者的 2.5 倍,所以非稳定币值会计下降低了 59.2%。其次,当年非稳定币值会计数据显示,未实现的净损失为 8 114.35 美元,而稳定币值会计下则是未实现的净收益 192.21 美元。所以非稳定币值会计下的金额降低了 4 321.6%。最后,非稳定币值会计数据显示,上年的最终净利润为 70 020.80 美元,但稳定币值会计下的金额为 191 850.90 美元,是前者的 2.75 倍,所以非稳定币值会计下的金额降低了 121 830.10 美元或 63.5%。

第二年,首先,非稳定币值会计下的报表显示,已实现的净损失为 84 815.25 美元,而稳定币值会计下则是净利润 49 711.80 美元,账面数据下降了 134 530.05 美元或 270.6%。其次,在相同年度,非稳定币值会计数据显示,未实现的净损失为 27 231.45 美元,而相应的稳定币值会计下只有 11 348.45 美元,因此账面数据有 140.0% 的误差。最后,非稳定币值会计数据显示第二年的期末净损失为 112 049.70 美元,而稳定币值会计下显示为最终净利润 38 363.35 美元,账面数据被低估了 150 413.05 美元或 392.1%。

非稳定币值会计下的损益表中还包含一些其他重要的误差,但这些误差与净利润相比就逊色得多了。例如,上年有价证券评估产生未实现的损失的误差率为 78.1%,今年存货价值评价产生未实现的损失的误差率为 33.5%。此外,货币价值变动导致的净收益没有包含在非稳定币值会计数据中。上一年这种收益共计 114 216.11 美元,当年为 144 537.54 美元。

在非稳定币值会计的比较损益表中,大部分百分比的变动都是相当不真实的。此外,对于大部分重要的项目来说,这些变动相对于合理的事实来说,也都是不利的。

例如，首先，非稳定币值会计下的数据显示，营业收入净额从 6 037 676.83 美元下降了 641 095.49 美元，降幅为 10.6%。但是稳定币值会计数据显示是从 5 111 557.11 美元仅下降了 34 995.17 美元，因此降幅的误差率为 1 414.3%。其次，在货币价值变动导致的损益方面，非稳定币值会计数据未显示出任何变化，稳定币值会计数据却显示，由于货币价值变动引起已实现的净收益增长了 40.3%，未实现的净收益增长了 114.7%。

其次，非稳定币值会计比较损益表显示，已实现的净收益下降了 208.6%，但是稳定币值会计下仅下降了 70.6%，降幅的误差率为 195.5%。最后，非稳定币值会计下的数据显示，损益表中最重要的项目，即最终净利润，下降了 260.0%，从最终净利润 70 020.80 美元到最终净利润 112 049.70 美元，共下降了 182 070.50 美元。但是，稳定币值会计下的数据却显示仅下降了 77.3%，即从 169 177.62 美元下降到 38 363.35 美元。因此，非稳定币值会计下的降幅有 236.4% 的误差。

然而，非稳定币值会计的比较损益表显示出的过分悲观的变动在一定程度上被一些乐观的变动抵销了。首先，非稳定币值会计下营业成本总额的变动降低了 8.1%，而稳定币值会计下的变动增加了 2.4%，非稳定币值会计下的百分比变动误差率即为 437.5%。其次，非稳定币值会计下的评估损失仅为 235.6%，但稳定币值会计下的评估损失却为 399.2%。因此，非稳定币值会计下的百分比变动误差率为 41.0%。最后，非稳定币值会计下的未实现的净损失由第一年的 8 114.35 美元上升到第二年的 27 231.45 美元，即变动幅度为 235.6%。相反地，稳定币值会计下由 169.52 美元的未实现的净收益变为 11 348.45 美元的未实现的净损失，下降了 6 794.5%。因此，非稳定币值会计下的变动率有 96.5% 的误差。

接下来分析这些比率的误差。可以看出，第一，随着一般物价水平变动幅度的增加，非稳定币值会计下相关比率的误差程度也呈上升趋势；第二，随着一般物价水平的波动，非稳定币值会计下最重要的经营比率也容易出错,而且误差程度很高;第三,随着一般物价水平降速加快,非稳定币值会计下最重要的比率也越来越不利。

比较而言,非稳定币值会计下的财务比率的误差轻微,主要有两个原因。第一个原因是,在同一时期的一般物价水平下,3年中每年年末稳定币值会计下的流动资产与同一时期非稳定币值会计下的流动资产在金额上是一致的。这种情况是由于账面上流动资产的实际价值是根据市场价格估计的。第二个原因是,在非稳定币值会计下的财务比率中,固定资产是最近取得的,且数额不大。

但非稳定币值会计下的经营比率情况则大不相同。

前一年非稳定币值会计下已实现的净利润与平均净资产的比率仅为5.9%,但是稳定币值会计下的比率为15.2%。因此,前者不足后者的2/5,低了61.2%。下一年非稳定币值会计下已实现的净损失与平均净资产的比率为6.8%。但是,如同稳定币值会计数据所显示的,这个比率应该表示已实现的净利润和平均净资产之间的关系,应该为4.3%,因此,非稳定币值会计下的比率低了258.1%。

上一年非稳定币值会计下最终净利润与平均净资产的比率仅仅只有5.2%。但是稳定币值会计下的比率为15.0%,几乎是前者的3倍。因此,非稳定币值会计下的比率被低估了65.3%。下一年非稳定币值会计下最终净损失与平均净资产的比率为9.0%。同时,稳定币值会计下最终净利润与平均净资产的比率为3.3%。因此,非稳定币值会计下的比率被低估了372.7%。

下面一个重要的比率是现金股利/净利润。它只适用于上一年,因为只有上一年支付了现金股利。非稳定币值会计下现金股利/已实现的净利润为1.28,而稳定币值会计下仅为0.51,因此,非稳定币值会计下该比率被高估了151.0%。此外,非稳定币值会计下现金股利/最终净利润高估的更多,为180.4%,因为非稳定币值会计下该比率为1.43,而稳定币值会计下只有0.51。

截至1930年9月30日,非稳定币值会计下已实现的净利润/营业收入净额被低估了60.6%。下一年应该是正的1.0%,但却显示为负的1.6%,误差率为260.0%。

接下来,上一年非稳定币值会计下已实现的净利润/平均总资产为3.8%,稳定币值会计下该比率为9.9%,因此,非稳定币值会计下该比率被低估了61.6%。下一年非稳定币值会计下该比率为负的5.4%,但应该是正的3.4%,因此被低估了258.8%。

最后,上一年非稳定币值会计下最终净利润/平均总资产为3.4%,但稳定币值会计下该比率为9.9%,是前者的将近3倍多。因此,非稳定币值会计下该比率被低估了65.7%。而下一年非稳定币值会计下该比率被扭曲得更为严重,最终净利润/总资产本应该是正的2.6%,但却显示为负的7.2%,被低估了376.9%。

应考虑的最后一个会计报表是资金表,非稳定币值会计下资金表中的误差与非稳定币值会计下的比率误差相似。第一,随着一般物价水平变动百分比的上升,这些误差百分比也呈上升趋势;第二,随着一般物价水平上升,非稳定币值会计下的资金表中最重要的数据也开始出现误差,而且误差程度很高;第三,随着一般物价水平下降程度的增加,非稳定币值会计下的资金表中最重要的数据也变得不利。

上一年中,非稳定币值会计下引起资金增加的收益金额低了12 1746.01美元或62.7%,下一年低了150 013.13美元或367.3%。

此外,上一年非稳定币值会计下的资金表显示,资金流出超过了资金流入。换句话说,就是净流动资产和递延费用减少了,减少金额为29 197.5美元,但是稳定币值会计下资金流出金额比资金流入金额高出95 647.67美元。因此,非稳定币值会计下的数据存在124 845.17美元或130.5%的误差。下一年非稳定币值会计下的资金流出金额比资金流入金额高出162 463.78美元。但是,稳定币值会计下高出7 577.92美元,因此,非稳定币值会计下的数据存在2 043.9%的误差。

二、稳定币值会计信息的成本

前述稳定币值会计处理所需的时间大致如下。

采用稳定币值处理的会计数据	会计师花费的小时数	
	高级会计师	初级会计师
流动资产和流动负债	2	2
递延费用	0.5	1.5
固定资产	1	3
股本、库存股和已分配的现金股利	1	1
购买库存股所获得的收益	0.5	0.5
评估形成的未实现的收益	1.5	3
货币价值变动导致的未实现的盈余	6	14
未实现的盈余概要和未实现的收益和损失的计算	1	
非常收入和非常费用	0.5	0.5
货币价值变化导致的已实现的收益和损失	6.5	19.5
经稳定币值会计处理的已实现的盈余重述	1	
营业收入净额	0.5	1
营业成本	1	
最终成果展示	9	10
合　　计	32	56

在这种情况下,稳定币值会计处理过程所需的时间为高级会计师工作4.5 天的时间和初级会计师工作 8 天的时间。由于没有差旅费支出,所以给客户的费用大约是 340 美元,这一估计是建立在高级会计师每天 40 美元的薪酬和初级会计师每天 20 美元的薪酬基础上的。

1929 年 9 月 30 日、1930 年 9 月 30 日和 1931 年 9 月 30 日的资产负债表的审计费用分别为 500 美元、400 美元和 450 美元。

在前一章威廉姆斯羊毛厂的案例中,年初审计费用的 2/3 大约等于编制该日资产负债表的费用。这种推断也适用于本案例。最终确定米尔代理有限公司 1929 年 9 月 30 日财务状况的审计费用约为 333 美元。

接下来的两个审计活动都涉及确定财务状况和审查经营成果,它们的总费用为 850 美元。

因此,审计稳定币值会计下的会计报表的费用大约为 1 183 美元。1929 年 9 月 30 日执行稳定币值会计处理工作,与费用为 333 美元的审计工作相似,都涉及确定当日的财务状况。1929 年 9 月 30 日和 1930 年 9 月 30 日执行的稳定币值会计处理工作,与费用为 850 美元的审计工作相似,都涉及确定当日财务状况及审查当期经营成果。

基于这种推断,稳定币值会计工作会花费不多于公司审计费用 30% 的成本,而且使公司的经理和职员在了解稳定币值会计后,能够正确编制稳定币值会计下的会计报表。在这个案例中,公司的成本不应该超过 225 美元。

如前面两个案例所示,虽然公司准备和编制后来经过稳定币值会计处理的会计分录的成本只能加以推测。但是,前面案例采用的推测方法也适用于本案例。基于这种推测,本案例中的成本是所考察的这 2 年经营周期内支付给记账员工资的一半,即 2 500 美元。

三、小结

稳定币值会计的第三个案例,与前两个案例一样,稳定币值会计处理过程可以确定所有的贷方金额,由此稳定币值会计信息的价值超过了经审计的账面会计信息价值。这种会计信息价值优势应当很大,因为期末稳定币值会计信息不仅要比经审计的账面会计信息更加准确和完整,还要传达完全不同的信息。在这种情况下,非稳定币值会计信息确实非常危险。

更具体来说,截至 1929 年 9 月 30 日,稳定币值会计下的已实现的盈余不超过非稳定币值会计下的 1/6,稳定币值会计下的未实现的盈余大约是非稳定币值会计下的 2 倍,稳定币值会计下的总盈余不足非稳定币值会计下的 1/3。

然而,1 年以后,稳定币值会计下的已实现的盈余超过了非稳定币值会计下的 50%,稳定币值会计下的未实现的盈余是非稳定币值会计下的 20 倍,稳定币值会计下的总盈余超过非稳定币值会计下的 2/3 以上。

最后,在 1931 年 9 月 30 日,稳定币值会计下的已实现的盈余与非稳定币值会计下的已实现的亏损相差 157 218.49 美元。尽管账面上显示未实现的亏损的金额很大,但是稳定币值会计下的未实现的盈余却很小。稳定币值会计下的总盈余很大,非稳定币值会计下的总亏损也很大,它们相差 185 819.42 美元。

因此,首先,尽管 1929 年 9 月 30 日稳定币值会计下的资产负债表显示出总盈余很低,较为危险,但非稳定币值会计下的资产负债表却显示它很高。其次,尽管 1 年后的稳定币值会计下的资产负债表显示的已实现的盈余、未实现的盈余和总盈余都相当大,但非稳定币值会计下的资产负债表却显示这些金额很小。尽管稳定币值会计下的数据显示总盈余会持续增加,且可以在 1931 年 9 月 30 日达到一个比较大的数额,但非稳定币值会计下的数据却显示那时总盈余会持续降低到一个巨大的亏损数额。因此,非稳定币值会计下的盈余的减少要比它的增加多。

稳定币值会计下的损益表中的数据和非稳定币值会计下的损益表中的数据之间也同样存在着惊人的差异。

例如,第一年稳定币值会计下的已实现的净利润几乎是非稳定币值会计下的 2.5 倍,而且,该年稳定币值下的未实现的净利润金额很小,非稳定币值会计下的未实现的净亏损金额适中,稳定币值会计下的最终净利润是非稳定币值会计下的 2.5 倍多。

第二年的差异则更大。稳定币值会计下的损益表中已实现的净利润与非稳定币值会计下的损益表中已实现的净亏损相差 134 530.05 美元。非稳定币值会计下的未实现的净亏损将近是稳定币值会计下的 2.5 倍。稳定币值会计下的最终净利润与非稳定币值会计下的最终净亏损相差

150 413.05 美元。

因而,传统非稳定币值会计下的单调图再一次变成了稳定币值会计下的辐射图。

同样重要的误差存在于非稳定币值会计下的比较资产负债表、比较损益表、会计报表比率和资金表的主要数据中,这些误差不断地重复着。

例如,1931 年 9 月 30 日稳定币值会计下的最终净利润/平均净资产是非稳定币值会计下的近 3 倍。而第二年,尽管稳定币值会计下最终净利润/平均净资产很小,但是非稳定币值会计下却表现为较大的最终净损失/平均净资产。又如,第一年稳定币值会计下的最终净利润/营业收入净额是非稳定币值会计下的 2.5 倍。尽管第二年稳定币值会计下已实现的净利润/营业收入净额为 1.0%,非稳定币值会计下却表现为已实现的净损失/营业收入净额为 1.6%。

然而,尽管在将稳定币值会计运用到企业实际数据的过程中,稳定币值会计处理过程有着巨大的价值,且在这个案例中,稳定币值会计处理过程的成本是非常小的,不应当超过 340 美元,它应该不足初始记账和审计总成本(3 683 美元)的 1/10。

因此,在本案例及前面两个案例中,稳定币值会计都被证明是切实可行的。

第七章 稳定币值会计的各种问题

本章将讨论关于稳定币值会计的各种问题,这些问题之间并无紧密联系。

第一节 稳定币值的实践问题

在稳定币值会计的运用过程中,无疑会面临各种各样的问题。这些问题大部分涉及具有实际价值的项目,尤其是存货和固定资产。

货币性资产和货币性负债,包括坏账准备和任何具有货币性质的净资产项目,总能够自行反映当前的一般物价水平。因此,这些项目不存在稳定币值会计问题。然而,货币性收入和支出需要用期末一般物价水平进行重新表述,但这也不存在稳定币值会计问题。

接下来的讨论中,没有涉及的项目是一些不难进行稳定币值会计处理的普通项目。以成本计价的有价证券就是一个例子。因为每种证券期末都可以通过用其历史成本乘以下面这个分数进行稳定币值会计处理。

$$\frac{期末一般物价指数}{证券购买当月或当日的一般物价指数}$$

一、存货的稳定币值会计处理

国外学者似乎未能对存货的稳定币值会计问题给予足够的关注。因为在大多数情况下,他们仅仅把存货当作货币性资产进行处理①。因此,就像处理现金和应收账款一样,他们只是简单地将存货以历史成本计量。

但是,正如前面的章节所介绍的,存货是有实际价值的资产,它需要用特殊的稳定币值会计进行处理。事实上,当在若干个会计期间对一个企业的账户进行稳定币值会计处理时,存货是最有可能出现稳定币值问题的。因为在稳定币值会计处理过程中被证明较难处理的唯一其他账户是固定资产,但当期初的稳定币值资产负债表编制好之后,这些固定资产项目一般也就不难进行稳定币值会计处理了。

尽管存货的稳定币值计价构成了稳定币值会计一般应用中的一个主要方面,但它不应该被认为是困难的,或是需要较高的稳定币值计价成本的。一般来说,存货的数量越多,存货稳定币值会计处理的工作量就越大。此外,存货的计价基础是决定稳定币值会计处理费用的重要因素。例如,当以历史成本为计价基础时,稳定币值会计处理所需的工作量最少;当以市价为计价基础时,工作量就较大;而当以成本与市价孰低法来计价时,工作量就更大了。

如果存货只有很少的几个项目,那么每个项目都应该进行稳定币值会计处理。但是,正如我们所常见的,存货一般有很多项目,那么唯一可行的办法就是仅仅计算大致正确的稳定币值金额。这种方法在前面几章中也应用过,就是这个目的。

不管是原材料和辅料,还是准备出售的产成品,当对它们以历史成本

---

① 许多学者推荐系统地使用"常规盘存法"以确保会计报表的真实性,确保更合适的税收和红利政策,以及更安全地保存资本。参见拉捷·A:《法国货币账户重述》,巴黎,1928年,第24页;也可参见莱曼·F:《货币价值变动对使用寿命的影响》,《贸易与商业惯例》,ⅩⅤ,8(1922年11月)。这种方法是著名的基本存货方法的变形,它最早于1800年应用于瑞典。[参见西伦·O:《不变瓦德的库存——甘默尔斯文斯克使用原则》,《斯文斯克金融》,Ⅰ,6[(1922年11月11日),第131页]。它不仅应用于欧洲,特别是德国和法国,美国国家铅业公司也使用它(参见沃肖·H·T:《存货计价和商业周期》,哈佛商业评论,第3期,1924年10月1日)。对这种方法清晰而完整的描述也可参佩鲁贝特1929年在关于会计的国际诉讼大会上所作的"固定价格的普通股票估价"一文的第565~581页中和施马伦巴赫·E的《动态资产负债表》(1925年,第3版),莱比锡,第171~185页。

为基础进行稳定币值会计处理时,最可行的方法是按如下顺序进行:

(1) 选择 10~20 个成本金额最大的项目(当然,选择的项目数量越多,最后的结果就越准确)。在对生产的存货进行稳定币值会计处理时,通常选择对在产品所包含的原材料和辅料进行测试,这比选择那些库存的原材料和辅料能获得更加准确的结果。因为这些被选择的项目是所拥有的生产性存货中最具代表性的。

(2) 用一般物价指数来计算每一个被选项目的非稳定币值成本在基年的约当量。

(3) 计算所选项目稳定币值总成本与非稳定币值总成本的比率。

(4) 把这个比率转换为计价当日的约当比率。具体来说,就是用期末一般物价指数乘以这个比率。

(5) 用这个计价当日的现行比率乘以存货所有项目总的非稳定币值成本。当对生产性存货进行稳定币值会计处理时,理所当然地,在产品和完工产品包含的每一种非稳定币值的原材料和辅料的总成本也应该乘以这个现行比率。

正如前面所指出的,许多案例中的存货用市价计量,就是用稳定币值的金额来计量,这里的市场价值大多数情况下类似于会计中的重置成本。然而,存货仍然要以历史成本为基础来进行稳定币值会计处理,以便能够计算出评估增值产生的稳定币值未实现的收益。这种稳定币值会计处理过程也体现在前面工业企业测试的例子中。

当稳定币值会计通过使用一些特殊的商品指数或指数系列来计量一种存货的市场价值时,这种方法就与上面讲到的用一般物价指数调整历史成本的计量方法一致。

尽管受到许多学者的攻击[①],当前公认的观点主张将原材料、辅料和

[①] 参见哈特菲尔德·H·R:《会计的问题在哪里》,《会计学》,XLIV,4(1927年10月4日);也可参见佩顿·W·A:《会计学》,第374~375页;格里尔·H·C:《美国高校会计教师联合会第九届年会会议论文》,IX,1(1925年2月),第90页。

持有待售的产成品以成本与市价孰低法进行计价。相对于以历史成本或市价为基础的计价方法,采用成本与市价孰低法计价,其一般的计价程序和由此带来的审计程序可能花费更长的时间。同样地,当运用成本与市价孰低法计价时,稳定币值会计处理过程也就需要更多的时间。

在这样的案例中,最可行的稳定币值会计处理方法通常如下:

(1) 当以成本与市价孰低计价时,选择 10～20 个成本金额最大的存货项目。如果对生产性存货进行稳定币值会计处理,从在产品中选取原材料和辅料项目进行测试,其结果将更精确。

(2) 用一般物价水平计算所选择项目的基期非稳定币值成本和基期市价。

(3) 对于每一个被选项目,都选择其稳定币值成本和市价中的较低者,用这个较低数额来乘以存货的数量。

(4) 计算所选择项目稳定币值成本或市价总金额与非稳定币值成本或市价总金额的比率。

(5) 将上一步骤中计算的比率通过当期期末一般物价指数转换成当前日期的比率。

(6) 用所有存货项目的非稳定币值成本或市价总额乘以当前日期的比率。当对生产性存货进行稳定币值会计处理时,在产品和完工产品中所包含的原材料和辅料的非稳定币值成本或市价总额,也应该乘以原材料和辅料的当前日期比率(然而,通常我们会发现公认的会计和审计过程都是以成本与市价孰低来计量原材料和辅料的价值,但对在产品和产成品中所包含的原材料和辅料价值,仅仅以历史成本计量。在这种情况下,最令人满意的处理方法就是对后者进行再计量,也就是说,包含在在产品和产成品中的原材料和辅料,也按照成本与市价孰低来计量。然后,将额外付出的时间当作合理完成会计和审计工作所必需的时间。这个方法从长远来看是最好的,因为它对所有存货都以同一标准进行计量,既包括那些非稳定币值的报表项目,也包括那些稳定币值的报表项目,使得以历史成本为基础计量的存货项目不需要再计算一个新的当期调整比率)。

成本与市价孰低的稳定币值会计处理方法已在前面毛纺厂的案例中解释说明了。

无论一个存货项目是按历史成本计量,还是以市价计量,或者是以成本与市价孰低计量,包含在存货项目中的任何人工成本和制造费用都不存在稳定币值的问题。因为这些非稳定币值的人工成本和制造费用一般也能够作为合理的稳定币值数据。关于这些非稳定币值数据通常能够达到实际目的的解释,可以在毛纺厂的案例中找到。因此,比起一般的估价方法,稳定币值会计不必深陷困难的评估方法之中,就能获得正确可行的结果,使我们受益颇多。

顺便说一下,在这里我们可以看出,就像以历史成本计量的典型存货项目一样,经营过程中发生的递延费用一般也只能够通过测试来进行稳定币值会计处理。然而,正如毛纺厂的案例一样,如果项目很少,那么每一个项目都应该进行稳定币值会计处理。

二、固定资产和折旧准备的稳定币值会计处理

正如前面所详述的,每一项固定资产的成本都是用期末物价水平进行了稳定币值会计处理的。

在对固定资产账户的每一项增加额(也就是每一个借方发生额)进行稳定币值会计处理时,将账面价值转换为稳定币值的基期等值的物价指数是合法取得资产所有权当月的指数,而不是预订或付款当月的指数。当然,除非这个指数在每个时间点上都是一样的。但是,因为这个指标通常每月变化很缓慢,所以即使不是合法取得资产所有权的当月,用这个指数对固定资产的借方金额进行稳定币值会计处理也能得到足够理想的结果。

然而,在德国通货膨胀的那段时间里,物价变动得非常快。因此,付款当日或当月的物价指数常常与前面提到的合法取得资产所有权的当日或当月的物价指数大不相同。但是,以付款当日或当月指数为基础来进行稳

定币值会计处理一般也会被提倡①,因为这样做更简单。

账面记录应该基于每月的物价指数来进行稳定币值会计处理,但前面一章指出了这种一般处理方法的一个例外情况(通常各个月的物价指数标注在账面记录的旁边)。这个例外就是对于月中某一天发生的大额异常项目的稳定币值会计处理,应该以这个特定日期所估计的物价指数为基础进行调整。通常,对固定资产增加额的稳定币值会计处理,用增加当天的物价指数来调整,其结果更准确,特别是在物价变动很频繁的月份里。

当然,上面指出的月物价指数和日物价指数要么是重置成本下单项资产的一般物价指数,要么是特定物价指数。但是即使固定资产是以特定物价指数来进行稳定币值会计处理的,它也必须以一般物价指数为基础进行调整。原因很明显,只有这样做才能确定评估增值产生的未实现收益的稳定币值金额。同样的原因,前述以市价进行稳定币值会计处理的存货也要求以历史成本的一般物价指数为基础来进行调整。

有些学者甚至主张固定资产也应该用饱受争议的成本与市价孰低来计价②。但是,如果这个主张被采纳,固定资产历史成本的一般物价水平将仍需按期末物价指数来计算,因为它需要与资产的市价相比较以选择较低者作为其价值。

与前面对大草原自来水公司的账户进行调整的理由一样,固定资产账户的每一个贷方金额必须基于对前述借方金额进行稳定币值会计处理的物价指数进行相应地处理。但是,不能选用固定资产减少当月或当日的物价指数③。否则,固定资产账户的稳定币值余额将很有可能是错误的。

---

① 参见《增加物业(注册号 19～83)》,1924 年 3 月,《调整》,信托股份公司,柏林,第 5 页。
② 参见卡尔费拉姆·W:《德国马克会计与资本转换》(1925 年第 2 版),柏林,第 52 页;施马伦巴赫·E:《动态资产负债表》(1925 年第 3 版),第 222～223 页。
③ 施马伦巴赫和梅尔贝里这两位著名的德国稳定币值会计专家,未能很好地理解这一点。参见施马伦巴赫·E:《动态资产负债表》,第 222 页和梅尔贝里·W:《物价波动情形下的资产负债表编制技术》(1923 年第 3 版),莱比锡,第 116 页。法国的托马斯是其中唯一能正确应用这种方法的专家之一,参见其《物价波动情形下的资产负债表修订》,巴黎,1928 年,第 13 页。

实际上，折旧准备的贷方就是固定资产账户的贷方。因此，从原则上来说，它们应该按照固定资产贷方实际稳定币值的金额来进行稳定币值会计处理。换句话说，折旧准备的每个贷方金额应该以前面提到的用来对其对应借方科目进行稳定币值会计处理的物价指数为基础来处理，而不是按折旧所属期间的物价指数来处理，同样也不应该按计提折旧当月或当日的物价指数来处理。

这就是对折旧准备贷方金额进行稳定币值会计处理的基本理论。当折旧准备的每一个贷方金额仅仅基于与其相关联的固定资产的借方金额进行稳定币值会计处理时，运用起来会方便得多。然而，通常来说，折旧准备的每一贷方金额可能对应很多个借方金额，其中每一个借方金额又按照不同月或不同日的物价指数来进行稳定币值会计处理。

因此，我们必须找到一个更加切实可行的方法。这种方法就是采用固定资产稳定币值的余额乘以对应的折旧率，它在前面三章关于稳定币值会计的三个测试案例中都运用过。

正如电话公用事业单位的会计处理一样，通常，到处置的时候，固定资产成本可折旧的部分通过固定资产原值减去估计净残值来计算。在这个例子中，如同资产的总成本一样，净残值也应该以资产购买当日或当月的物价指数来进行稳定币值会计处理。这样做的原因是，净残值向来是以进行估价时的一般物价水平来表述的，而不考虑期间一般物价水平的变动①。

当然，在一段时期内通常只有一部分折旧需要进行稳定币值会计处理。对一项刚好在期初购进的固定资产进行折旧就是这种情况。在这样的例子中，除了折旧的稳定币值会计处理是以资产的稳定币值成本为基础的，而不是以货币成本为基础的，在这一段期间内对折旧进行稳定币值会

---

① 如果估计日的一般物价水平与取得资产时的物价水平不完全一致，这种差异也应当是微小的。当考虑这种差异对稳定币值下的净残值的影响时，毫无疑问是可以忽略的，因为在绝大多数案例中，净残值都是相当小的。

计处理的方法与一般的折旧处理方法一样。举个例子来说,资产的稳定币值折旧额占总折旧额的 2/3,其折旧期也占全部期间的 2/3。

有时候折旧准备的贷方仅仅表示一个大致的名义金额,比如 1 000 美元或 10 000 美元,而不是一个经过审慎评估的金额。为了对这样一个金额进行稳定币值会计处理,事实上,首先必须确定下面的折旧率,然后把它运用到稳定币值的资产账户余额中:

(1) 将本应该在账面上列示的理论上正确的总折旧额计算出来。这可以通过对特定的固定资产采取合适的折旧率来完成,目前大都忽略了实际折旧额。

(2) 计算确定这个理论上正确的折旧金额与名义折旧准备金额的比率。

(3) 这个比率必须应用于每一个理论上正确的折旧率,以将这些折旧率转换为实际可用的折旧率。

(4) 然后把这些实际的折旧率运用到每项折旧固定资产的稳定币值余额中。

最后,折旧准备的每一个借方金额也应该以购买固定资产当日或当月的物价指数为基础来进行稳定币值会计处理。这个稳定币值会计处理步骤在某种程度上与对其贷方金额的稳定币值会计处理方法一样,会产生同样的结果。下面的例子应该可以清楚地说明这点。

假设当一般物价指数是 100 时,一台设备的非稳定币值成本是 1 000 美元。然后,当一般物价指数是 120 时,这项设备在第一期期末的稳定币值成本为 1 200 美元。如果第一期历史成本的折旧率是 10%,那么这个非稳定币值折旧额将是 100 美元,并且稳定币值的折旧额将是:1 200 美元×0.1=120 美元。当然,在这个特殊的例子中,稳定币值的金额能够轻易地通过调整非稳定币值的折旧额得到,也即:100 美元×120÷100=120 美元。

但是,接下来,假设后来发现第一期正确的折旧额只是实际给出的

3/4。因此,账面折旧额应该抵销掉 25 美元。那么现在应该如何计算应进行稳定币值会计处理的 25 美元借方额呢?

有两种方法。相对简单的方法就是以购买当日或当月的物价指数为基础对借方金额进行稳定币值会计处理,也就是以 100 为基础进行调整。计算如下:25 美元×120÷100＝30 美元。这个金额也可以通过从稳定币值的贷方金额中减去而得到。当然,这个金额仍然是 30 美元,它是这样计算的:120 美元×1÷4＝30 美元。

三、净资产的稳定币值会计处理

每一个净资产项目应该基于发生当日或当月的一般物价指数来进行稳定币值会计处理,假设这些日期都是记录在案的。应该按照该基础进行稳定币值会计处理的净资产项目包括发行的股票、对独资企业和合伙企业的投资或提款、宣告发放的现金股利、合理估计的盈余以及股份出售的溢价和折价等。

对所持有的库存股进行稳定币值会计处理的方法取决于账面上是如何处理库存股的。比较受青睐的做法(因为这样的处理方法更精确地反映了库存股的本质)是如果库存股被当作以前发行股本的减项,它应该以发行股票时的物价指数来进行稳定币值会计处理,并且资产负债表上净资产项目下调整后的股本金额应该等于发行在外的股票净值。但是如果库存股被当作是对另一个公司的权益投资,可能是因为它被看作是一种短期投资(并且通常是投机性的)的缘故,它应该基于取得当月或当日的物价指数来进行稳定币值会计处理,并且资产负债表上净资产下调整后的股本金额应当等于所发行的股票总额。

一项未支付的认购股本是一项普通的货币性资产,就如同顾客的应收账款一样。

很明显,在独资企业中,所有的稳定币值净资产都属于投资者个人。

但是在合伙企业中,稳定币值净资产必须分配给每一个合伙人。这种方法将在接下来的段落中进行解释。

(一) 合伙企业净资产的稳定币值会计处理

第一步,就是对合伙人资本或投资账户的余额进行稳定币值会计处理。如果这些账户以前就已经用稳定币值会计调整过,那么截至最近的稳定币值会计处理日,以稳定币值计量的余额,包括实现的和未实现的以及所有的暂时性变化都应该以当期资产负债日的一般物价指数进行调整。但是,如果这些账户在以前没有进行过稳定币值会计处理,那么自合伙企业成立以来,所有资本性交易都必须以稳定币值进行重新计量。

第二步,就是从用稳定币值的净资产总额减去稳定币值的合伙人资本总额。

第三步,用得到的余额,即当期最终的未分配净收益,加上当期稳定币值的合伙人提款总额,得到的总额就是当期最终的净收益,包括已实现的和未实现的。

第四步,从未实现的合伙企业资本的期末余额中扣除其期初余额(这样的资本通常包括因货币价值变动导致的未实现的收益或损失),这个余额通常就是当期未实现的净利润。

第五步,从期末净利润中扣除未实现的净利润,所得到的余额就是当期已实现的净利润。

第六步,如果考虑合伙人的薪金,合伙人资本账户的利息,或者两者都考虑进来,那么第六步就是确定与账面调整分录对应的稳定币值,并且像处理非稳定币值那样处理它们。当然,稳定币值下合伙企业利息应该以稳定币值的余额为基础来计算。

第七步,在调整了合伙企业的薪金和利息之后,根据合伙人各自的损益分配率来分配稳定币值的已实现和未实现的净利润。

第八步,也是最后一步,是将合伙人的净资产分类为已实现和未实现两部分。一个合伙人的期末未实现净资产由其期初未实现净资产加上在当期未实现的净利润中应享有的份额而得到。

上述步骤都基于以下假设:

(1) 所有的收益和损失都是在每期期末分配。

(2) 当期提款总额超过合伙人个人账户的贷方金额。

(3) 每个合伙人的损益、利息或未领取薪金(如果有的话),以及提款通常都要在每期期末结转到他的资本账户中去。

(二) 稳定币值下每股账面价值的计算

如果在某一特定时期内只有一种流通在外的股票,那么很显然,其稳定币值的账面价值是以稳定币值的股本金额加上或减去其他稳定币值的净资产项目的余额,这些项目通常包括已实现的和未实现的盈余。

但是发行在外的股票很可能不止一种,那样的话,每一种股票稳定币值的账面价值就是其稳定币值的股本金额加上已实现和未实现的稳定币值盈余以及其他任何有理由认为会影响此类股票权益的净资产项目。

总的来说,对于某种特殊的股票,其稳定币值的盈余可以通过将一般的会计原则①应用到稳定币值的数据中计算得到。如果有应付发行在外的优先股股利,或者有可参与分配的发行在外的优先股,又或者公司基于清算必须支付一定的溢价给发行在外的优先股,那么就应该特别关注将稳定币值盈余正确地分配给发行在外的股东。

例如,如果有累计应付现金股利,就必须确定这部分股利的稳定币值并包含在计算中。并且这个金额最好是以实际发放现金股利(如果已经宣告发放现金股利)月份的一般物价指数为基础来确定。

例如,假设一个公司在 1935 年 12 月 31 日年度结算时,其净资产如下:

项　目	非稳定币值	稳定币值
优先股	$1 000 000	$1 100 000
发行在外普通股	$500 000	$600 000

---

① 为了很好地说明这些内容,参见科勒·E·L:《会计师手册》中使用了"股本"一词(1932年第 2 版),佩顿编辑,第 950~953 页。

(续表)

项 目	非稳定币值	稳定币值
已赚得的盈余	$200 000	$400 000
合计	$1 700 000	$2 100 000

(优先股不参与分配,不享有清算时支付的溢价补偿。1935年,其累计季度应付现金股利率为6%;应付现金股利的日期:1月1日、4月1日、7月1日、10月1日。)

接下来,假设1935年到期应支付的优先股股利以及它们稳定币值等值金额如下:

现金股利支付日期	现金股利	
	非稳定币值	稳定币值
1月1日	$15 000	$16 000
4月1日	$15 000	$15 000
7月1日	$15 000	$15 500
10月1日	$15 000	$17 000
合计	$60 000	$63 500

然后,分配给优先股和普通股的可分配盈余确定如下:

说 明	非稳定币值	稳定币值
已赚取的总盈余	$200 000	$400 000
减:归属于优先股股东的累计应付优先股股利	$60 000	$63 500
余额:归属于普通股股东的可分配的盈余	$140 000	$336 500

但是为什么以稳定币值计量归属于优先股的可分配盈余不是简单地用 1 100 000 美元(译者注:1 100 000 美元是稳定币值的优先股金额)的 6%计算得到呢?如果是这样的话,金额应该是 66 000 美元,而不是上面计算出来的 63 500 美元。答案是,因为大多数公司是按发行给优先股股东的股票的票面价值来支付股息的,稳定币值下的现金股利金额主要是基

于非稳定币值下的现金股利金额,而不是稳定币值下的优先股金额,因此,在这个例子中就是 63 500 美元。

第二节　新政和稳定币值会计之间的关系

许多金融专业的学生最近在谈论公布的通货膨胀①比例在不久的将来很可能出现在美国②,他们的这种观点是基于发生在富兰克林·D·罗斯福新政期间的重要事件。如果他们预期会发生大规模通货膨胀的这种观点是正确的,那么因通货膨胀而引起的物价上升和稳定币值会计之间又有什么关系呢?

答案很简单,如果发生通货膨胀,稳定币值会计对会计数据的准确性以及可理解性绝对是必不可少的。

1934 年 2 月 1 日,金本位制的美元贬值最终导致了通货膨胀③,因此就有了政府购买白银的计划和最高法院于 1935 年 2 月 18 日出台的"黄金条款"。

但是在通货膨胀可能产生的影响中,购买白银计划和颁布黄金条款仅仅是一个前奏,重要的是接下来发生的一些事件,这些事件使得大多数研究该领域的权威专家预测这是信用通胀而非货币通胀。这些事件就是 1933 年银行贷款担保的创立、复兴金融公司在各银行投资购买优先股、超额准备金和

---

①　通货膨胀可以简单地定义为一般物价指数的上涨——因此引起货币贬值——由货币操纵而引起的(参见伍德沃德和罗斯:《通货膨胀》,1933 年,第 101 页)。

②　参见哈伍德和费格森:《通货膨胀》,1936 年,第 59～60 页;也可参见艾因齐格·P:《第二次世界大战中的经济问题》,1935 年,第 317～320 页;也可参见基普林格和谢尔顿:《眼前的通货膨胀》,1935 年,第 2～3 页,第 6～15 页;也可参见塔克·G·M:《繁荣之路》,1935 年,第 143 页;也可参见米尔斯:《明天会怎么样?》,1935 年,第 47～66 页;也可参见布鲁恩:《新政与恶魔同行》,1935 年,第 69 页及之后页码;也可参见安德森:《黄金股隐藏着通货膨胀危机》,《纽约先驱论坛报》,1996 年 3 月第 1 期。

③　在美元采取金本位制而不是一般购买力的情况下,关于美元贬值对账簿记录影响的讨论,可参见斯威尼·H·W:《新美元将如何影响你的资产》,《福布斯》,XXXIII,4(1934 年 2 月 15 日),第 10～11 页。

银行活期存款制度的建立,以及政府获得对联邦储备体系的控制等。

最后,也是最重要的,出现了实质上明显加速通货膨胀的两个因素。第一个就是自从 1931 年以来联邦政府出现了大规模的预算赤字,特别是自 1936 年 1 月 6 日美国最高法院宣布农业调整法案无效以及紧接着预付士兵津贴立法的通过以来,赤字将会更多;第二个就是全国普遍认为经济复苏的速度是令人欣喜的。

然而,不管通货膨胀是否已经发生或是将要发生,也不管通货膨胀发生的条件是否存在,对其是否会影响稳定币值会计的检验,就是要看它们是否会抬高物价(主要是一般物价指数)。如果它们不会提高物价,那么它们就与稳定币值会计无关;但是如果它们像现在预期的那样的确提高了物价,那么它们将会影响稳定币值会计。事实上,如果通货膨胀真的将物价水平抬高到如反对罗斯福货币政策①的那些激进分子所预言的程度,那么稳定币值会计在美国各地将成为重要且急需的必需品②。

但是,无论是基于罗斯福的一般规划③,还是欧文·费雪的具体"商品美元"④,抑或是银行信贷控制⑤的一些形式,如果美元的币值最终会稳定在某一水平(很有可能会稳定在比 1936 年春天要高的一个物价水平上),那么稳定币值会计将会受到怎样的影响呢?

---

① 参见巴恩斯:《货币变化与新政》,1934 年,第 75 页。
② 关于美国通货膨胀对资产负债表影响的一般描述,可参见斯威尼·H·W:《通货膨胀将怎样影响资产负债表》,《总会计师》,Ⅲ,6(1935 年 6 月),第 106~111 页。关于不同程度通货膨胀对资产负债表影响方式的详细讨论,可参见斯威尼·H·W:《通货膨胀如何影响资产负债表的》,《会计评论》,Ⅸ,4(1934 年 12 月),第 275~299 页。以来自 11 个欧洲国家的 11 份真实的资产负债表作为研究对象,得出研究结论,揭示通货膨胀对会计和公司政策的总体影响,特别参考了德国的经验,参见考斯威尼·H·W:《通货膨胀对德国会计的影响》,《会计学》,XLⅢ,3(1927 年 3 月),第 180~191 页。
③ 例如,1933 年 7 月 3 日他在致伦敦经济会议的信上说道:"坦率地说,我们希望在不久的将来,美元能使这一代人拥有与之前相同的购买力和偿债能力。"(参见沃伯格·J·P:《货币混乱》,1934 年,第 118~119 页)
④ 参见费雪:《稳定美元》;罗蒂:《商品美元》,《哈佛商业评论》,ⅩⅣ,2(1936 年冬),第 133~145 页。
⑤ 参见科林斯:《通货膨胀与你的货币》,1933 年,第 27~28 页。

首先,当物价上升或下降到理想的稳定水平时,毫无疑问,稳定币值会计将会是在美元统一体制下会计报表的有效呈报方式。

其次,当币值稳定的美元开始起作用时,所有账面余额的实际价值就需要用币值稳定的美元来重新表示。这与过去法国人和比利时人在他们各自的货币贬值时也要对账面余额进行重新调整是一样的。此外,每当我们将币值稳定之前的特定日期或时期内的数据与新的币值稳定时期的数据相比时,也有必要对前者用币值稳定的美元进行重新表示,这时将会用到稳定币值会计。

最后,即使美元的币值稳定,稳定币值会计仍然有一定的用处。这是因为尽管在稳定币值美元的主导下交易的真实情况难以预测,但是一般物价水平在那时仍然有可能会产生小幅度的波动①。如果这样的波动在被更正之前持续地超过一两个百分点,那么稳定币值会计将表明账面数据仍是不相关的、不准确的以及不完整的。然而,只有实际的测试可以合理地解决这个问题。而且,即使一般物价水平没有波动,个别商品或服务的价格也会继续波动,尽管波动的幅度比以前要小。如果是那样的话,在运用现值指数去估计重置成本时,稳定币值会计将会被证明是有用的。

上述讨论假设美元币值是稳定的,那么它的一般购买力就是稳定的。然而,实际上,如果在不久的将来美元是稳定的,那么参照简单的商品批发价格,它看起来似乎更加稳定。在这种情况下,美国劳工统计局的商品批发指数将可能被选为稳定币值的计量基础。

然而,商品批发指数从来都不是一般物价水平的恰当计量指标②,如果美元在这个指数的基础上稳定不变,它是不是一个恰当的计量指标还有待观察,尽管它有可能仍然不是。因此,如果使用商品批发指数,或者其他

---

① "……无法获得完全稳定的物价水平。"福斯特和凯切灵斯:《利润》,第 207 页。
② 参见斯奈德:《商品价格和一般物价水平》,《美国经济评论》,XXIV,3(1934 年 9 月),第 385~387 页,第 399~400 页;也可参见斯奈德:《1875 年以来一般物价水平的新指数》,美国统计学会,XIX,新系列,146(1924 年 6 月),第 189 页;也可参见金·W·I:国家经济研究办公室发布的新闻简报,29(1928 年 9 月第 10 号),第 2 页。

除生活成本指数和一般物价指数以外的指数作为稳定币值美元的基础,那么尽管会计数据将不会因为不准确而被质疑,但毫无疑问,它也会因为不相关及不完整而受到质疑。因此,稳定币值会计仍然是非常必要的。

第三节　稳定币值会计有利于净资产的实物资本保全

尽管稳定币值会计确实有利于保全投资者投入资产的实物资本,但它仍被质疑不一定有利于保全净资产中的实物资本,当然,后一种资本,是更为重要的。

净资产中的实物资本代表了一般购买力,这些资本是由企业所有者的代表,即管理层负责管理的,他们期望以此获得更多的一般购买力。然而,投入资产中的实物资本仅仅代表了管理层自身用其受托管理的资产投资所增加的一般购买力。因此,通过最后分析得出,管理层不需要关注企业投入资产中的实物资本是否得以保全——但前提是投入企业的实物资本,即净资产中的实物资本要得到保全(当然,增值更好)。

我们将举例说明上述内容的实质:第一,假设一个公司的股本在1月1日出售可得现金100 000美元;第二,假设其中的60 000美元在一般物价水平变动之前立即用来支付土地费用;第三,假设当年没有其他任何交易发生;第四,假设12月31日的一般物价水平是1月1日的2倍。

基于上述假设,那么12月31日,稳定币值会计下的资产负债表将会列示40 000美元的现金以及120 000美元的土地资产——资产一方总计160 000美元。这里的土地资产是以历史成本计量的,资产负债表的负债一方将列示股本200 000美元以及因持有现金产生的未实现的损失40 000美元。

因此,投入该企业的实物资本将难以得到保全。然而,如果我们一直使用稳定币值会计对账户进行处理,那么稳定币值会计将会怎样保全投入企业的实物资本呢?

答案就是,不管是稳定币值会计还是非稳定币值会计,通过列示所有资本和收入的真实情况来保全净资产和资产中的实物资本。然后,如果没有足够的收入来弥补所有被消耗的资本以及应付债务,会计就不应该因为没能保全投入企业的原始资本而被责难,因为会计已经做了一切能做的。管理层应该利用会计信息进行资本保全,或者增加收入或者减少费用,或者同时增加收入、减少费用。

第八章　对稳定币值会计异议的回应

笔者试图公正地回应已经发现的关于稳定币值会计的所有异议。这些异议可以分为两类：一类是合理的异议，也就是那些看起来有些价值的异议；另一类是不合理的异议，也就是那些看起来几乎没什么价值的异议。接下来，笔者将按照价值的大小顺序来讨论这些异议。

令人遗憾的是，过去发现的许多反对意见似乎仅仅是因为不愿意改变旧的会计观念而提出来的。

第一节　对合理异议的回应

对稳定币值会计的异议似乎只有一半是合理的。正如我们将要看到的，它们并没有明确指出这个国家不需要稳定币值会计。

一、一般物价指数并不准确

这一异议似乎比其他异议更强烈，它仅仅认为稳定币值会计之所以不能得出准确的结果，是因为它所依赖的一般物价指数本身并不准确。

前面章节已经提到过一般物价指数的创造者和发起者卡尔·斯奈德。作为创始者，他经常被要求解释这一指数为什么要被视为是具有高度准确性的，他的解释通常也是非常具有说服力的。

在他看来，有几个证据能证明他的一般物价指数拥有高度的准确性。

第一个证据，斯奈德称为"决定性证据"。这一证据是基于"由于价格变化对银行借项进行调整时,对所运用的指数进行酸性测试"。

在美国,人们通常认为,任何特殊时期,银行的货币结算额可以反映那个时期由商业交易产生的90%以上的货币量,原因是90%以上的商业交易所需的货币量是用支票支付的,最多只有10%用现金支付。

而银行结算是用美元,结果是,一方面,当一般物价指数很高时,银行的结算量也会明显偏高;另一方面,当一般物价指数很低时,银行结算量也偏低。因此,为了反映商业活动的实际交易量,必须"紧缩"银行结算量。换句话说,我们必须排除由于美元本身的变化所导致的银行结算中美元数量的变化。

因此,以年为基础,斯奈德通过一般物价指数减少了银行结算的货币量,结果能够反映实际的交易量。总的来说,和其他3个独立计算的衡量标准一样,这个交易量的衡量标准有类似的主要活动和平均增长率。对这4个标准的比较,大约从19世纪60年代早期一直持续到1934年早期。

当人们以月为基础来衡量交易量,并将其与美国电话电报公司的月标准进行比较,也会出现类似的情况。这一相似情况从1877年一直延续到1934年中期。

通过前面的"酸性测试"结果,斯奈德宣称:"在笔者看来,如果一般物价指数确实没有充分体现美国各类商品、服务和财产交换实际平均价格的变化,那么,这一结果将令人难以置信。"①

第二个能证明他的一般物价指数拥有高度准确性的证据是下列即将讨论的问题。

在美国,长期以来,实物交易量和银行借款量的长期趋势是一般物价水平的决定因素。因此,通过确定1865年至1934年上半年每月的银行贷款与贸易额之比,②他弄清了每月一般物价水平的变化,这被认为是那个

---

① 参见斯奈德·C:《商品价格与一般物价水平》,《美国经济评论》,XXV,3(1934年9月),第399页。
② 参见斯奈德·C:《工业增长和货币理论》,《经济论坛》,I,3(1933年夏),第280~282页。

时期理论上的一般物价水平。

然后,将理论上的一般物价水平的变化与同时期物价指数的变化相比,结果发现,这两组数据的变化密切相关。

由于这种所谓的相关性只是一个巧合,斯奈德认为必定存在一系列抵销性错误,当然,它们的存在未必完全可信。①

因此,关于第二个证据的基础,他认为:"在某种程度上,进一步的确定性结论在于,我们已发现的一般物价指数和贸易与银行贷款数量的理论关系之间存在高度的一致性。"②

第三个证据是,他的一般物价指数系列与另外两个独立计算的指数系列之间密切相关,这两个指数系列分别是金的消费者物价指数和美国劳动部门的平均生活成本指数,它们可用于衡量这个国家许多相同的一般物价领域。在这个测试中,大部分都是使用1909年至1934年上半年的数据。在测试中,关于其他两个指数系列的应用,斯奈德认为:"这些都不是一般物价指数准确度的结论性证据,但它似乎合理地支持了这样一种观点,即它们确实为其提供了一种相当程度的可能性。"③

斯奈德的一般物价指数当然并不完美,也不可能完美。毋庸置疑的是,比他的一般物价指数更准确的一般物价水平标准是批发商品物价指数。长期以来,大多数经济学家都习惯使用这个指数作为一般物价指数。而且,通常几乎任何一个被用来衡量一般物价水平的指数都是更精确的标准,因为它比仅仅使用货币单位更能衡量一般购买力的变化。

最后,稳定币值会计和为稳定货币一般购买力的计划一样,都不要求

---

① 参见斯奈德·C:《贷款和贸易相关性的新计量方法》,政治科学学术论文集,XIII,4(1930年1月),第400页。

② 参见斯奈德·C:《商品价格与一般物价水平》,《美国经济评论》,XXIV,3(1934年9月),第400页。

③ 同上,第393页。

一个完美的一般物价指数。① 如果经常使用同样的指数系列,就更是如此。到那时候,即使这个指数不完美,至少在一般资本和收益领域,以它为基础定期编制的稳定币值报表应该能够按要求近似正确地反映它们的变化。② 掌握了这些信息,管理者能比在目前的情况下更灵活地管理一个企业。

各种对一般物价指数的反对意见认为:斯奈德一般物价指数的基年(即 1913 年)数据太陈旧。它们认为,1913 年的基本经济情况和价格之间的内在联系在最近几年已不再具有代表性。这也就意味着将这个指数系列中的数据应用到我们所关注的最近几年就不再准确。

从前面对斯奈德一般物价指数准确性异议的解答中我们可以大致看出对这个异议的解答。如果这一指数在最近几年或更长时间内是不准确的,那么它不可能成功通过上面所描述的测试,这个测试在最近几年经常使用。

顺便说一句,更重要的发现是,稳定币值会计不是必然与任何特殊的价格指数或任何特殊种类的价格指数相关。因为它仅仅只是想说明与企业主要目标相关的交易和价值,它选择了可获取的最佳指数作为实现这一目标的手段。正如前面所指出的那样,如果能获取足够多的以前的月度数据,那么更具代表性和可靠性的生活成本指数将是最合适的。但是,由于难以获取这样的生活成本指数,斯奈德一般物价指数是最好的替代品。

---

① "……几乎所有可供选择的指数都可以产生统计上合理的结果,这样的结果无限优于那些可能由于货币价值漫无目的的变动带来的结果,这在以前经常出现。"也可参见金·W·I:《稳定价格水平所使用的最好指数》,《美国统计学会》,XXIII,新序列 161A 号(1928 年 4 月),第 152 页。"统计人员可能会对细化索引编号持有异议,但是相对于过去 20 年所使用的方法,即使不是全部,就算是一个较差的指数都能提供一个更好的计量方法。"也可参见琼斯·R·C:《财务报表和不确定性的美元》,《会计》,LX,3(1935 年 9 月),第 174 页。

② 下面所引用的话表达了大致一致的意见:"尽管计划不够完美,如果比较收益按照相同的方法计算,计算结果之间的比率是值得信赖的……假使会计根据货币价值采取异化措施。"参见帕尔格雷夫:《政治经济学词典》,(希格斯,1923 年),伦敦,II,第 374 页。

二、应当使用每日的一般物价指数

这一反对意见具有一定的影响力,它认为应该使用每日或每周的一般物价指数,因为它比前面提到的月一般物价指数能得出更为准确的结果。

第一个回应可能只是一部分,但它大大缩小了异议的范围,它认为应该在一半的稳定币值会计工作中使用每日的一般物价指数。

这句话可以解释如下:当对一个非稳定币值数据进行稳定币值会计处理时,它实际上是通过一个指数比率转换为期末的对应值。这个比率的分母通常是月指数,但分子是当期最后一天的日指数。

第二个回应是一般物价指数每月通常变化不大。因此,任何特定日或周的一般物价指数通常几乎和这一天或周所在的月指数一样。当然,结果是使用月指数产生的稳定币值数据与使用日或周指数产生的数据非常相近。

第三个回应是如果价格变化频繁,以至于人们不再期望月指数产生的结果与更短期指数产生的结果相似,一个好的周一般物价指数无疑将被使用。同样重要的是,在它代表的那周过后不久,人们很快就能获得这个指数。因为即使是在通货膨胀期间,德国也会每周公布生活成本数据。[①]

只有确定了周一般物价指数后,欧文·费雪的周指数才能在一段时期内获得满意结果。周一般物价指数是一个批发商品物价指数,并且从星期一开始,每天会公布在报纸的金融版。

确实,如果对一个好的每日一般物价指数的需求足够大,不仅要搜集基本价格信息和计算指数,也要为第二天准备好这个指数。当然,这个过程的费用相当大,但它的价值无疑更大。

最后,前面的稳定币值会计处理过程已表明,离月中较远的某天出现的异常大的数据是在日指数而非月指数的基础上产生的。这意味着,在这

---

① 参见《美国 1914—1930 年的生活成本》,国家工业会议委员会,第 30 页。

种情形下,稳定币值指数比率的分子和分母一样,均为日指数。

三、在美国采用稳定币值会计是不切实际的

尽管它不是所有异议中最强烈的,但在美国,这一异议是最常见的。而且,与其他异议相比,我们能以一种更令人信服的方式加以讨论,因为它至少能够引用一些实际的会计数据来加以说明。而且由于它更注重实际,在会计中也应该得到强化。因此,这一异议一直很受欢迎。

首先,异议的范围可能大大地缩小,因为提出这一异议的人并没有认为稳定币值会计完全不切实际,其次,笔者也不认为它总是符合实际的。异议的实质是这些人宁愿说它很少符合实际,但作者更宁愿说它通常符合实际。

不幸的是,大多数案例中,在仅仅进行了粗浅的研究后,那些反对稳定币值会计的人就形成了他们的观点。而事实上,前面章节的研究不仅仅完全涵盖了基础理论,还涉及这些理论在前述3个实际案例以及尚未描述的大量假设案例中的应用。几乎在每一个案例中,所获得的效益都比耗费的成本大。

当然,这个结论甚至可以应用到自来水公司案例中。然而,期末的一般物价水平与期初的完全一样,尽管上面所作的实际测试仅仅只涉及三个案例,但我们仍可以得出以下几点结论:第一,测试中包括了期初和期末的一般物价水平之间仅有的三种关系;第二,测试中也包括三种不同的行业;第三,测试中的实际数据和实际状况在大多数行业都具有代表性。

笔者乐意承认,在美国,稳定币值会计并不总是符合实际情况,在营运不久的小企业中最可能出现这种情况。因为在这段时期内,一般物价水平没有机会发生很大的变化。因此,由于一般物价水平变化导致的稳定结果调整将是很小的。

然而,即使是在这种情况下,也不可能对稳定币值会计的实用性进行准确的预测。因为虽然稳定币值信息的货币价值比一般情况下要小,但应

用稳定币值会计的成本也很小,因此,结果可能是稳定币值会计信息的价值仍将超过获取该信息所耗费的成本,最终将证明稳定币值会计是符合实际的。在很多情况下,在了解了货币价值变动以及忽略重大收益或亏损来源给企业带来的大致影响后,稳定币值会计对管理的价值将超过稳定币值会计处理的总成本。

如果在具体案例中出现这两种情况中的任意一种,我们可以确定稳定币值会计是符合实际的。

如果在指定的会计期间,一般物价水平至少波动5%,我们就说第一种情况存在,也就是说期末的一般物价水平至少比期初的高或低5%。但在很多案例中,它简单地解释为,当期某个时点的一般物价水平与当期其他时点至少有5%的不同。因此,如果观察期的一般物价指数从100变到105,即使期初和期末的一般物价指数都是102,我们也认为稳定币值会计是符合实际的。

在这里,我们有必要回顾一下最近几年每年对应月份之间一般物价指数的平均变化程度,因为截至1935年12月31日的5年中,年平均变动率为8%,截至1935年12月31日的10年和15年中,年平均变动率为5%。

如果当一般物价水平至少高于或低于期末水平的5%时,大多数资产、负债和净资产项目首次出现在期末账簿中,我们就说存在第二种情况。

当然,人们总是用稳定币值信息的价值超过其取得成本的程度来衡量其实用性,它不仅仅取决于稳定币值信息的价值,也不仅仅取决于稳定币值信息的取得成本,而是取决于它们两者。

因此,在某种情况下,由于成本巨大,稳定币值会计产生的结果也许非常有价值,但不具有可行性。在相反情形下,由于成本较小,稳定币值会计产生的结果可能价值很小,但是实际是可行的。而且,从长期来看,需要考虑稳定币值会计的实用性,因为当将不同的时间段作为一个总体来看待时,它也许具有代表性,但将它用于其中具体某个时间段时,它也许并不具有代表性。

施马伦巴赫是一名德国权威专家,他将报表放在书的首页。对报表的解释表明,只有更正后的资产负债表是符合实际的,它才有价值。而且他认为,即使在所谓的正常期间,稳定币值会计也是符合实际的。① 另一位权威人士施密特认为,用来修正通货膨胀期间的资产负债表的会计方法也必须应用到正常价格变化期间的类似错误中,即使这种错误很小。②

一些稳定币值会计的反对者认为,如果要对美国钢铁公司这样的大公司数据进行稳定币值会计处理,稳定币值会计的非实用性将尤为明显。③ 然而,笔者认为,测试的结果可能刚好相反。首先,可以证明这样一个事实,即稳定币值数据与账面数据之间可能有很大的差异;其次,稳定币值会计处理的成本或许并不像预期的那么大。因为大量的稳定币值会计工作都可以通过测试来进行,就如大量的审计测试一样。

对于争论的目的,我们假定,在美国所处的一般情况下,稳定币值会计不可能实用,这也是反对者对它的最严厉的指责,但是难道它真的一点价值都没有吗?

答案是否定的,因为在会计中,稳定币值会计仍占有一席之地。

第一个原因是会计应该总是能够及时提供一种可以衡量实质而不仅仅是形式的方法。由于未来是不确定的,所以在通货膨胀或通货紧缩情况下,价格变化频繁一直是不争的事实。

第二个原因是对稳定币值会计理解得越好,对非稳定币值会计也就理解得越透彻。换句话说,深刻认识稳定币值会计的目的、特征、方法、优缺点有助于更好地认识现行会计方法的有用性和局限性。因此,稳定币值会

---

① 参见施马伦巴赫·E:《动态资产负债表》,(1925 年第 3 版),莱比锡,第 192 页。
② 参见施密特·F:《利润与资产负债表的价值》,赫特国际会计师会议,阿姆斯特丹,1926 年,第 406 页。
③ 参见 E·F·杜布鲁尔针对 1902—1925 年美国钢铁企业主要经营数据做了一个富有挑战的开创性研究。他运用斯奈德原始的、未修正的一般物价指数重新表述这些数据,得到 1913 年的等值。通过这种方法,他将年平均物价指数用于已公布的数据。也可参见他的《无意伪造会计数据》,N.A.C.A. 公告,国家成本会计师协会,Ⅸ,18(1958 年 5 月 15 日)。

计知识能使人觉察到何时非稳定币值会计运行良好,何时需要运用稳定币值会计加以补充。

其他关于稳定币值会计不实用的异议包括:稳定币值会计过于理论化;成本太高,价格变动太少以至于不能产生有用的信息;稳定币值会计要求定期重新计量存货和固定资产,耗费太大。

四、稳定币值会计缺乏及时性

这一异议基于下文中将要讨论的争议。

稳定币值会计数据通常体现在月末的一般物价水平中,而当月月末的一般物价水平是根据某月和其下月的一般物价指数取平均值来估计的。但下个月的一般物价指数,即斯奈德一般物价指数至少要到下个月结束后的第二十天才能获得,也就是稳定币值会计处理日之后的大约7周。

换句话说,在1935年12月31日的一般物价水平上,为了对1935年的会计数据进行稳定币值会计处理,1935年12月的斯奈德一般物价指数必须运用1936年1月的指数来求平均值,但直到1936年2月20日才能得到1月份的一般物价指数,也就是1935年12月31日后的7周加2天。

以斯奈德一般物价指数为基础编制的稳定币值会计报表通常要在月末后8个星期才能完成,最有价值的会计报表应在当期结束后尽快编制好,而稳定币值会计报表通常无法在最有价值的时间内编制完成。

这一异议有一定的道理,但它像反对普通会计和审计一样强烈地反对稳定币值会计,因为一般会计和审计本身也是在当期结束后5~7周才能完成。

通常,企业在会计期间结束后至少需要1~2周来调整和结清账目,特别是当大量的实物存货需要盘点和计价时,通常需要3~4周才能完成这一工作。如果由注册会计师审计报表,通常要在当期结束后5~7周才能完成。如果审计的是大公司,或者正处于会计师事务所的"旺季",比如说在1月、2月和3月,就特别符合这种情况。

当然也有例外的情况,如证券公司或银行的审计通常在当期结束后 3 周内完成,有一些非常大的公司,像伍尔沃斯公司和西尔斯罗巴克公司,它们的报表通常在当期结束后 4 周内完成结账和审计工作。

最近几个月,斯奈德一般物价指数在公布时偶尔会被称为"初步"指数。这意味着,事实上,当接下来月份(有时候甚至是接下来的第 2 个月)的指数公布时,任何这样设计的指数都使用经修订的数据。因此,例如,某期结束于 12 月 31 日,结果可能如下:为了计算 12 月 31 日的一般物价指数,我们需要下个月,即 1 月份的一般物价指数,而通常在 2 月 20 日才能获得 1 月份的指数,而在那时,1 月份的数据也许仅仅是一个初步数据。结果,1 月份的正确指数大约要到 3 月 20 日才能知道。

如果这样的话,12 月 31 日的稳定币值报表必须等到 3 个月后才能获得吗?答案是否定的。在这种情况下,第 1 个月的初步数据可能会在下一阶段中得到有效使用。因为它可能与最终的数据是相同的。根据经验,如果不是这样的话,它与最终数据的差异不超过 1 个百分点,在这种情况下期末指数的不准确性将只有 0.5 个百分点。

最后,如果稳定币值会计得到普遍应用,那么毫无疑问在每个月月末将产生一个廉价的一般物价指数,而不再是现在的每月平均值。这种月末指数可能会在它产生之日起 3 周之内获取。这样,一旦审计人员宣称审计数据不用再更改时,稳定币值会计就能使经审计的数据更加完善。而且,审计员有可能在审计完成之前就确定某类数据是不用更改的,这类数据可能是固定资产和货币计量账户的数据。因此,在大多数情况下,稳定币值报表可能在审计报告出来后仅仅一两天内就能编好。

就如前面章节介绍的一样,稳定币值会计在确定期末一般物价指数之前就能开始它的工作。原因是基年的稳定币值会计处理方法允许特定类型的数据在审计过程中就进行部分稳定币值会计处理(甚至是在会计账户的审计开始之前)。当审计工作完成以及期末一般物价指数确定时,基年的数据就能快速转化为期末的对应值,稳定币值报表也就能很快完成了。

五、稳定币值会计太复杂了

这个反对理由具有一定的道理。它认为稳定币值会计太复杂以至于不能很好地被理解和运用。然而,不管这种反对理由多么有道理,它必须被看成复杂经济结构的产物,而正是这种复杂的经济结构使得稳定币值会计具有必要性。在价格不断变化的经济体系中,传统会计计量的基础,即名义资本和名义收入,很遗憾已经被认为过于简单而不能有效使用。

以下是针对这一反对意见的回复。

只有通过一些更复杂的技术才能表达和理解我们不断增长的经济关系知识。这种观点似乎也体现出最根本和基础的事实:高度发达文明中的社会关系不可能以原始人的语言来表达。会计以及其他的商业统计学都倾向于发展更复杂难懂的技术,这是很明显的,也是不可避免的。在批评技术变得复杂和不可实施时,我们必须足够小心,以免使我们的判断缺乏远见。①

因此,如果稳定币值会计效益大于成本的话,那么使用更复杂的稳定币值会计不应受到干扰。它是最有前途的经济控制工具之一,经济管理领域里的进步不能仅仅因为它的复杂性而受到阻挠。而且,从人类解决问题的能力来看,即使再复杂的稳定币值会计也绝不会长期阻碍这些进步。

然而,稳定币值会计也许并不如它一开始看起来那样复杂。

至于稳定币值会计应用上的复杂性问题,至少在一开始,受影响的仅仅是会计师而已。他们习惯于同数字打交道,并且他们大多都熟悉稳定币值会计所依赖的常规经济理论。因此,作为一个群体,他们在理解和应用稳定币值会计上都不存在困难。当他们把稳定币值会计纳入可提供的服务范围之后,其他人,尤其是簿记员,毫无疑问会去学习以及掌握它。

关于稳定币值会计的理解困难,至少相对于一个能够理解非稳定币值

---

① 参见斯科特·D·R:《折旧估计与重置融资》,《会计评论》,Ⅳ,4(1929年10月),第一部分,第226页。

数据的含义,或者了解到非稳定币值数据无法呈现的内容的人来说,那些得到了关于稳定币值数据充分解释的人,此后在理解那些数据在特定情况下的具体含义时要容易得多。然而,在数年以后,每个稳定币值会计下的会计报表都可能会含有简要解释每个数据的脚注。

稳定币值会计下的资产负债表中的这类脚注可能如下:

"稳定币值"是指均匀表述资产负债表所涵盖期间的货币价值,而不是对许多不同日期和期间货币价值的混合表述。

而稳定币值会计下的损益表中的脚注可能如下:

"稳定币值"是指均匀表述损益表所涵盖期间的期末货币价值,而不是对许多不同日期和期间货币价值的混合表述。

任何认为物价指数太复杂而不适合在日常经济生活中使用的人都应该熟知这一点,即最近一次世界大战带来的通货膨胀使得他们工资调整幅度有多大。在那段时间,生活成本指数引起很大关注,因为对于老板和雇员来说(主要是雇员),它能带来更公允的工资水平。[1] 此外,在某些情况下,这种方法应用起来相当复杂。

例如,一个国家的银行采用了以下计划:[2]

在一个季度中,布瑞斯追特的批发物价月度指数的季度平均变化为 0.2,相当于平均生活成本变动 1%。因为季度平均生活成本变动了 0.25% 导致每个季度末工资也会调整 0.25%,即季度平均指数变动了 0.05。简单地讲,季度的平均变化只会以 0.05 单位进行计量。

以 1919 年第二季度为基准。这个季度的平均指数为 17.53,而雇员也收到了他们常规工资以外 25% 的津贴。

而 1919 年第三季度的平均指数为 19.45。这比基准季度即第二季度

---

[1] 参见卡尔·E·B:《生活成本数据在薪金调整中的应用》,美国劳工统计局第 369 号公告,第 200 页。关于德国在制定薪水时一般物价指数所扮演的角色,参见马斯特·P:《计算折旧水平》,科学,XXIII,4(1930 年 4 月),第 95 页。

[2] 参见卡尔·E·B:《生活成本数据在薪金调整中的应用》,第 383 页。

提高了 1.92,或者说以 0.05 为单位的话是 1.90。相应地,工资的调整幅度应该是：1.90÷0.05×0.25％＝9.5％。在这个季度的 3 个月内,先前 25％的额外津贴随即提升到 34.5％。

六、"稳定币值会计"与会计无关

实际上,这个反对意见认为通过一般物价指数进行稳定币值会计处理的会计数据不应纳入会计领域的范畴(至少暂时它更应当被纳入统计学的范畴)。这个反对理由解释如下所示。

斯威尼在提倡使用稳定币值会计时,包括通过一般物价指数对资产价值和折旧费用进行适当调整。除了质疑其普遍适用性外,对这个提议的主要反对理由在于：会计的功能是记录特定企业的特定经济元素,以及密切关注由于经营条件和经济环境变化带来的这些元素的实际变化,而不是通过一般物价指数来进行调整。[①]

可以对以上反对理由作如下回应：首先,会计的真正功能是,或者说应该是,以这样一种方式来总结财务数据,即以最低的成本使企业获得最多的有用信息。其次,就像它看起来能做到的一样,如果稳定币值会计能够帮助实现会计的这一功能,那么,真正的会计领域就应该包含稳定币值会计。

尽管只是对交易和价值的形式计量,但账簿上的分录常常也确实能代表一些真实的、确切的内容。上面引述的反对理由看起来就像是害怕稳定币值会计如果得到执行,他们会对基于一般物价指数的估价和半统计校正感到费解。

这种担忧是很容易理解的。一方面,尤其是国外早期关于稳定币值会计的计划和建议,已经或者似乎将要广泛推广,我们实际编制的会计账簿应该体现由于货币估价变化而带来的调整。另一方面,在引用的上述反对

---

① 参见佩顿·W·A：《收入决定》,《会计师手册》(1932 年第 2 版),第 1091 页。

理由出现之前,笔者提倡的稳定币值会计尚没有在公开出版物中解释其完整的方法。

但是,就像前几章强调的那样,稳定币值会计下的账簿记录毫无障碍。因此,甚至当稳定币值会计在与普通会计方法联合使用时,普通会计方法也能实现"记录特定企业的特定经济元素,以及密切关注由于经营条件和经济环境变化带来的这些元素的实际变化"的功能。在这种情况下,获取只有稳定币值会计才能提供的有价值的额外信息就没什么困难了。

然而,在最后的分析中,与这个反对理由相关的要点是:稳定币值会计提供的服务是否能够被归类为会计或者其他?比如说统计学?

以上引用的反对理由的提倡者可能反对将稳定币值会计纳入会计中。但很显然他并不打算否认或轻视稳定币值会计可发挥的功能。因为在上面引文的前面,作者这样说:

会计人员可能会更多地考虑将一些统计学的基本方法引用到会计数据处理中,尤其是涉及比较资产负债表和损益表时,因为这样可以将被消除的一般物价指数的变化显现出来。①

不管把稳定币值会计的特有功能看成是会计的一部分还是统计的一部分,这都不重要。但是,我们注意到在一些重要的企业管理领域,它们又被认为是至关重要的。笔者倾向于把它们看成是会计的一部分。首先,因为它们是使得一般会计数据有足够价值的必要补充。其次,专门从事会计工作的人员通常会利用它们。

第二节 对不合理异议的回应

这些异议几乎没有什么价值,以下是对这些异议的回应。

---

① 参见佩顿·W·A:《收入决定》,《会计师手册》(1932年第2版),第1090页,也可参见佩顿·W·A:《折旧、估值和生产力》,《会计》,XXX,Ⅰ(1920年7月),第1~2页。

一、过去已证明现在的会计方法足够好

这一异议声明,以非稳定币值会计为基础的经济发展一直很顺利,所以非稳定币值会计已足够好。因此,实际上这个异议认为稳定币值会计是不必要的。对这一异议的驳斥,其实很简单。就算非稳定币值会计是有益的,但这并不表示稳定币值会计不会更有帮助,尤其是在物价高速变动的时期。

正如之前所提到的,美国的物价总水平波动时间长且幅度大。这导致的第一种后果就是账户数据在计量上的不统一。正是这一后果,导致各种重要的决策在错误的财务信息的基础上作出(三个稳定币值会计的实际案例证明了这一点)。第二种后果导致整个国家的人民都被迫接受不同程度的惩罚。

这种紧随着货币单元波动的不良后果可能会随时得到证实。欧洲国家人民对通货膨胀本质的研究能证明这一点。

在上述情况下,尽管使用非稳定币值会计,这个国家的经济仍可能在发展。实际上,这种发展可以被解释为是一个病人拥有自然活力的迹象,而不是医生给予有效建议的结果。因此,使用稳定币值会计,经济会有更大发展的假设是合理的。

然而,大家一致认为将来对稳定币值的争论将比现在更激烈。因此,对会计信息的准确度要求不断提高。从某种程度上来说,只有使用稳定币值会计,货币价值变化带来的消极影响因素才能被消除。

但是,不管争论是更激烈或者没有那么激烈,我们都应该清楚地认识到基本的事实。只有这样,基本事实才能被正确的理解和控制。

二、稳定币值会计没必要,因为非稳定币值会计存在误差

根据这个理由,许多依据非稳定币值会计提供的数据进行决策的人都明白,这些数据是不同货币价值的综合体现,相应地要考虑其误差,因此,

非稳定币值会计对数据的误差进行了估计,稳定币值数据的准确性不一定高于非稳定币值数据。

对这个异议的回复是:

首先,断然反对依据非稳定币值数据作出决策的人允许由于货币价值变动引起的差异存在是不合理的。因为这些人大多数可能都是公司管理人员和投资者。而且几乎不用调查就能证明他们几乎不关注那些会计数据中由于非稳定币值带来的误差。

其次,就算大多数研究非稳定币值会计的人确实允许由非稳定币值带来的误差,他们在没有精确数据的情况下仍然不能这样做。理由是,就算是货币和财务领域的专家,也不具备充分的关于物价水平,尤其是一般物价水平的系统知识,而就算他们具备,仍然无法估计会计报表中账面余额的近似稳定币值。因为这些余额分散在过去用不同的货币价值来衡量的交易中。

最后,设想对非稳定币值会计报表感兴趣的人总是尽力弥补由非稳定币值带来的误差,而且他也绝对能够做到这一点。但会计仍然不能履行它作为交易行为导向的服务职责——因为它把解决问题的重担丢给了非稳定币值会计报表的阅读者,而它本应该自行承担这一责任。

三、稳定币值会计妨碍了纳税申报表的编制

这个异议显示出对稳定币值会计缺乏最起码的认识。因为稳定币值会计在任何方式下都不会干预账面记录,它当然也就不能以任何方式干预纳税申报表的编制。纳税申报表的编制在绝大多数案例中都是基于账面记录。

四、使用当前一般物价指数,稳定币值会计不恰当地以市价计量

这个异议具有迷惑性。但是既然它已经被提及了好几次,我们在这里也把它包括进来。

首先,它认为稳定币值会计是运用期末的一般物价水平来重新表述过去的交易,这是正确的。其次,它又错误地把这个步骤等同于以市场价格计量,而非历史成本计量,因此违背了计量的常规原则。

答案很简单,这个异议有两个方面的错误。

第一,运用当前的一般物价水平重新表述以历史成本计量的具有实际价值的资产不等同于运用当前的市价计量。例如,如果一般物价水平是125,一项资产的成本为1 000美元,那么以后来的一般物价指数150重述历史成本,金额为1 200美元。但是在随后的时间里,资产的市场价格可能是从0到无限大的任何一个数字。意味着其价值为1 200美元的可能性不大。

第二,以市场价格对具有实际价值的资产进行计量不再认为是不恰当的。当然,传统会计仍然偏向于历史成本计量。但是长期认同按市价估值,如果这种估值基础被采用,任何超过成本的市场价值必将清晰化,并且不能归入已实现的利润和可供分配的盈余中。

附 录

追忆稳定币值会计 40 年

40 年前的 1924 年 5 月 25 日,我深陷困境。

原因是我不能再无限期地推迟一个决定我命运的抉择。前一天我通过了哥伦比亚大学哲学博士学位的综合面试,当时要我决定博士论文选题了。

我必修且已经通过的基础课程有经济学研究生部的课程,包括经济理论、经济史、经济思想史和统计学;还有商学院的课程,包括会计学、企业组织和管理、货币和银行学以及劳动力问题。我曾经主修的课程是会计学,而企业组织和管理是我的第二主修课程。

因为罗伊·伯纳德·凯斯特教授,时任哥伦比亚大学商学院会计系主任,是我的主课老师、资助人和导师,因此,经过他的同意,我选择了一个会计方面的话题作为我的博士论文选题。这个选题必须对知识作出原创性的贡献,最终成果必须出版,并且在企业的实务运用中证明自身的价值。

接下来的 1924 至 1925 学年,时年 26 岁的我,正担任匹兹堡大学企业管理学院的会计学助理教授,最终选择了会计计价作为我的博士论文选题(公认的计价规则完全没有给我留下深刻印象)。

那些计价规则至今仍未改变,它们是:用面值计量现金。应收账款也用扣除必要的准备后的面值计量,而不是用未来可能收回的价值的折现金额计量。对于各项存货项目和有价证券,如果在计量日,历史成本低于或等于市场价值,就以历史成本计量;否则,以市场价值计量。对于厂房这样的固定资产,既不是以历史成本与市场价值孰低计量,也不是仅仅以市场价值计量,也不是以未来可能产生的价值的折现值来计量,而是以历史成本(不管它是在多久以前取得的)减去折旧(多种方式估计)来计量(但是,如果公司管理层或银行家坚持,也可以用一些扣除相应折旧的评估价值全部或部分地替代历史成本)。以历史成本计量对子公司和附属公司的投资,也不管这样的有价证券事实上可能值多少钱。对商誉和专利权这样的无形资产,除非这些资产明显没有价值,最好是以1美元的名义价值进行计量。这样的处理没有考虑到历史成本是可以被利用的(对专利权和版权来说,它们的历史成本可以被摊销)。

由于对历史成本的持续依赖,整个计量过程在保守主义、权宜之计和实际可操作性的原则下执行,看起来就像一个大杂烩。在我寻求解决办法的过程中,现值(如果它能令人满意地被确定)给我留下了深刻的印象,因为它代表了特定资产或业务的当前价值。鉴于资产负债表被普遍地视为能反映财务状况,现值对于资产负债表计量来说显得更加合适。但是,仔细分析一下,现值这一计量属性除了获取代价太大,而且长期被高估外,它从本质来说就是很模糊的。比如,它是市场重置价格、市场销售价格、目前可预期的未来利益折现到当下的价值(以什么利率折现、预测多远的未来),还是别的什么?

面对这些理论与实践问题,我花费大量的时间设计了一个全新方法——通过统计概率进行计价。这需要比较以下两个项目:① 传统方式下确定的每一资产负债表流动性项目至少最近5年在资产负债表日的价值;② 从后续发生的事件判断出的这些项目在之前的计量日所拥有的实际价值。然后计算每一个项目实际价值与之前时点上会计价值的差异,即计价误差。在这些计价误差的基础上,计算每个项目的统计学"标准偏差"(又称"西格玛")。于是,根据资产负债表上每个项目可能发生错报的程度确定每个项目在资产负债表日的真实价值,也即它的确定程度。

相应地,不管以何种方式计价,如果商品存货在资产负债表上列示的是1 000 000美元,同时它的西格玛被确认为正负100 000美元,进一步地,如果该存货的真实价值不低于900 000美元的概率为1/5,那么它的价值就可以被标记为"比较稳健"。如果其真实价值位于900 000美元和1 100 000美元之间的概率为1/2,那么其价值1 000 000美元可以被描述为"非常确定"。这样计价的基础可以合理地被理解,而且如果研究表示可能的错误在可以接受的区间内,那么该方法在数学上也是合理的。当然,找到可能的错误在实践中存在难度,这一点会影响这个计价基础的优点。

在我调查各种各样计价流程的过程中,我发现自己一直在和延伸到过去和未来的货币金额打交道。在我学习经济学,甚至是高中时代学习经济学时就了解到,当货币的购买力上下波动时,意味着它的价值发生了波动。如果不通过物价指数先行"紧缩",不同日期的货币金额就不能相互比较或者合计。但奇怪的是,在我的会计学专业学习中从来没有提到这个基本的问题。我一直被灌输的假设是"1美元始终是1美元"。换句话说,与所有美国其他的会计学专业学生一样,我一直在对不同计量单位下的数据进行加减乘除,就好比我用1 000匹马加上1 500头牛,得到了2 500头猪。

当我发现这种过时的、简单的"1美元始终保持一样的价值"的方法不得不被摒弃后,虽然我一直在努力研究,试图使得计价更加有逻辑性,然而一直没有取得显著的进步。我怎么能够用一把某天是12英寸、另一天是7英寸或8英寸,也许哪一天又是20英寸或24英寸的尺子量东西呢?在我找到合理的价值计量方法之前,我必须要有一个合理的货币计量单位。就在那时,"稳定币值会计"诞生了。

不久之后的1925年的夏天,我作出了一个重要的决定。在那之前的一段时间,我一直在学习或者从事教学工作,但我那时已经意识到,正如西摩·瓦尔顿所指出的,健全的理论自会有它的应用。因此,是时候把我的会计理论放在可怕而又残酷的会计实践中进行检验了。因此,我辞去了教学工作,回到了美国公共会计的中心——纽约。1925年的秋天,作为两个州的注册会计师和一本基础会计著作(1924年由麦格劳希尔公司出版)作者的我,在凯斯特教授的热情支持下,接受了一家著名的职业会计师事务所审计员的职位,并在那里一直工作到1931年的夏天。在这个职位上,我经历了20世纪20年代后半叶的繁荣、1929年的股市动荡,以及经济大萧条的初期阶段。在那里的大部分时间里,我一直都忙于大型的所谓"资产负债表"类型的审计,偶尔做一些特殊的指派任务和研究。

在那段时间,包括我担任纽约其他两家大型注册会计师事务所的主管的3年里,公共会计行业在规模上和重要性方面都得到快速发展,但会计理论作为会计实践的基础却鲜有发展。因为那时始终被强调的依然是可操作性,可操作性,还是可操作性。但会计如果要有较强的可操作性,那带来的好处一定要超出它的成本。如果时间允许,新思想在气氛宽松的大学里是可以被接受的,但是在现实中,没有一项新思想可以通过试验在实践中被验证,尤其当重要客户要成为"天竺鼠"时!结果,我就必须根据当时被认可的标准熟练且快速地处理不同地方、不同时间、不同行业的审计(从1925年到1930年连续的6个新年元旦,我每天都从早到晚为股票经纪公司做审计)。工作是艰苦的,时间是漫长的,薪水是微薄的,但我从中获得的商业知识和会计训练在后来的日子里被证明是无价之宝。

在我供职于一家大型注册会计师事务所时,甚至在大学教书期间,我偶尔表达出的对非稳定币值的、传统的会计学的评判,常常被认为是"过于理论化的"。我的抗争是无谓的,其实我才是一个真正的现实主义者,因为我仅仅是在寻找一个让会计学包含一个重要的经济事实——货币的价值在不断变化——的方法。传统的会计师们才是充满幻想的理论家,他们生活在一个充满人为假设的会计世界里。

1925年至1934年期间,稳定币值会计理论在我的脑海中逐渐形成。1925年,我和凯斯特教授讨论过我对计价方法的一些看法,以及我准备选择会计计量单位的研究作为我博士论文选题的打算。凯斯特教授首先指出,密歇根大学的威廉·安德鲁·佩顿教授已经发表过这方面的论文,随后当场就认可了我的以稳定币值会计为选题的想法(威廉·安德鲁·佩顿教授的这篇超前的优秀论文《折旧、估值和生产力》于1920年7月发表在《会计》期刊上。它是我见过的第一篇说明了如何通过修正代表折旧的会计数据来反映货币价值变动的购买力的文献。它激励我努力挖掘美国在这个新课题上的无限可能)。

凯斯特教授还指出,纯粹的理论,无论它在学术上多么地令人鼓舞和全面,都远远不够。他提醒我,我设计的任何修正性的会计方案都要在实际的会计账户上进行检验,也就是必须证明它的可操作性。换句话说,任何研究结论如果不具有可操作性或不能通过会计实践来检验(尽管对于化学学位博士来说,这样的论文可能是可以接受的)都不会令哥伦比亚大学满意。我可以坐在藤椅里把我的一切想法写成理论。但是,正如凯斯特教授一直提醒我的那样,如果我的理论不能应用于实践并创造价值,那么它们就不会被采纳,而我的时间全都被浪费了(他在1925年3月20日给我的来信中第一次这么提醒道:"从可操作性的角度进行实践检验是必需的,而我认为你必须牢记的唯一的事情就是你的理论必须经得住实践的检验。")

与此同时,在第一次世界大战爆发后的5年里,德国通货膨胀非常严重,马克作为官方货币完全失去了控制。它们的通货膨胀让我们的独立战争和内战看起来像小儿科。事实上,当时德国的通货膨胀达到了历史上的峰值,1923年年底时的汇率最后达到了1万亿马克兑换1美元。人们提着满篮子的马克上街买东西,银行在街角设立工作亭,这样商人就可以立刻将收到的马克现金兑换为美元现金。富者越富,穷者越穷,为了邮寄一张偿付1亿马克抵押贷款的支票,此时的邮费都超过了这张支票的面值。

尽管如此,我知道,德国的经济活动不得不照常继续运行。会计账簿不得不继续被记录。现金在账簿、资产负债表以及损益表里无谓地被合并,会计师们怎么能够从中获取有用的信息呢?当然,人们不得不寻找一些解决的办法。它们究竟是什么呢?

为了回答我的这一领域的问题,一贯热心助人的凯斯特教授推荐我去咨询俄亥俄大学会计学院的丹尼尔·珊亭教授。丹尼尔·珊亭教授非常高兴地帮助我选择通货膨胀会计方面的德语文献。同时,我也被引荐给贝特霍尔德·哈尼伯科博士,他之前在莱比锡大学和埃森州的德累斯顿银行工作,他帮助我专业地解读德国当时修正通货膨胀期间会计数据计量错误的技术方法。

关于该问题的德语著作均有很强的逻辑性,思路清晰,论证彻底,极具实用性。如:弗伦斯堡大学的沃尔特·马赫伯格教授的著作《通货膨胀时期的资产负债表列报和计价》;科隆大学企业经济学教授奥根·施马伦巴赫在生前写了大量的经济学著作,并作为编辑参与创办了《商业科学研究》期刊。马赫伯格教授的亲密朋友,德国经济学家恩斯特·沃尔伯在为其撰写讣告时称"马赫伯格教授是他的科学城堡中的王子,他自己也知道这一点"。

幸运的是,我在德国和法国上大学期间接受了严格的语言训练,并达到了博士学位的外语要求。结果,复习德语几个月之后,我就可以不再借助字典能够阅读德国通货膨胀的著作了。我开始利用晚上、周末和会计师事务所工作之余的闲暇时间努力从事该领域的研究工作,并于1927年年初为《会计》期刊撰写了我的第一篇期刊论文,题目是《通货膨胀对德国会计的影响》。1927年5月,我匆忙向国家级的哈尔特·斯卡夫尼与马克思学术奖经济学比赛递交了我的第一本400页的《稳定币值会计》的书稿。该书稿最后使我荣幸获奖,并得到了500美元的奖金。

得到奖金的条件是该书稿在2年内由霍顿米夫林公司出版。但在那时,通货膨胀会计的法文书籍和手册已经开始出现了。而且,它们较那些观点更加抽象(甚至更加晦涩)的德文版著作更容易阅读。德语因其拉丁文式的结尾,3个(而不是2个)词性(译者注:指的是语言中的名词、代词和形容词词性的区分,不同的词性有不同的词尾)以及复杂长句而难以理解(马克·吐温有句名言说,一个德文句子中的动词总要到第二卷才出现)。结果,受惠于德文文献的早先尝试,法文文献变得更加成熟、精炼和适用。因而,为了提高自己书籍的合理性、完整性和可读性,我参考法文文献继续修改我的书稿,因而错过了最终获得该奖项。

我记得,到了1931年秋天,我已经完成了第二本完整的书稿(这份书稿包括五六百页打印纸,并包含许多的图表,其中不少图表有2页纸宽)。此时,我在这个项目上已经工作了7年,我的主要思想已得到了全面发展和阐述,于是我开始寻找出版的机会。在接下来的12个月里,随着国家在经济萧条中越陷越深,许多著名的出版商不愿出版我的书稿(尽管善意地给予了赞扬)。因为出版成本可能很高,并且这类颇具理论性又新颖的书籍的读者面可能很小。

1933年年初,我获准参加最后的博士考试,包括我的学位论文(《稳定币值会计》)的答辩。我顺利通过了考试。学位的授予只等着论文的出版了。但是,在出版商看来我的书稿仍旧太过庞杂,且带着大量印刷昂贵的图表。我应当怎么办?

为了引起人们对这个话题的兴趣,我已经将书稿的一部分发表在了有关期刊上,大多数发表在《会计评论》上。尽管我打算最终将这些发表在期刊上的论文依旧收录进我的专著中,但最后我有了一个新的计划,那便是将那些全新的基础观点的冗长解释发表在期刊上,然后将这些解释归纳后放入专著中,并在书中采用注释的形式标明这些解释。利用这一方法,我在保证专著覆盖广度的同时,大大减少其长度和复杂度,进而节省出版的成本。与此同时,期刊的主编很乐意接受我的论文,因为我的论文呈现了一组新的建立在国外经验上的启发性原则和技术。

无论如何,书稿的缩减不无遗憾。因为所有内容最终无法在一本专著中完整地呈现。但是,通过缩减和简化,该专著变得对潜在的读者更有吸引力。这些读者可能会顺着注释寻找更加详尽的信息。而与此同时,该专著也比原来可能的出版日期提前很多时间问世了。当然,图书的价格——每本3美元,也因此大大降低了。

1935年春天,在我的好友约翰·L·凯里的推荐下,我被任命为位于华盛顿的联邦通讯委员会负责折旧问题的专家。在那时，约翰·L·凯里的职位相当于今天的美国注册会计师协会的副会长。我之所以接受了这一职务，主要是因为这一职务似乎可以让我在计价领域出人头地，并最终使我成为能够为公共设施部门的折旧和投资回报率的确定提供服务的独立顾问。该职位也提供了一个高于在经济大萧条时期同等公共或私人部门的折旧岗位所能提供的薪酬。同时，它也给我提供了一个后来可以学习、实践富兰克林·罗斯福总统的社会改革新政的人事部门职务。遗憾的是，由多方面的原因，这一任命并没有给予我心中想要的那些东西。于是在几个月的实习期后，我被调到了农业信贷管理部门（另一个新政机构）。我的职务为银行监察，这样一待就是4年，直到1939年8月。

去华盛顿之前，也就是1935年的春天，我从所有实际企业职务中抽身出来以准备《稳定币值会计》的最后书稿。因此，用两个半月在家闭关修行的时间，我完成了书稿最后的修订。我重排了内容，清晰化了说明，将长度缩短了一半以上；精简了词语、句子和文章；又插入了对重要理论的频繁的说明；还拓展了范围，并且只提供了编制稳定币值财务报表所必需的有代表性的工作论文。在做这些工作时，我将能够出版列为首要目标，当完成上述工作后，书稿的风格由典型的博士论文型转变成了一本经济学和会计学实用基础读本。自1924年以来，这是我第四次从头到尾进行重写，许多部分和章节甚至重写了4次以上，有的部分甚至多达10次，故最后一稿并非一种对长篇大作的单纯缩写。

提及出版，我非常幸运地被引荐给了奥德韦·蒂德，他是哈珀兄弟出版公司经济类图书的编辑。我耳闻他在出版物的选择方面非常出色，颇具眼光。他预测道，经历了之前20年的通货膨胀和紧缩的冰火两重天，我的专著可能可以阐明怎样从根本上改善指导美国经济的主要财务报表，如果此著作确实能够做到这点，那么它将成为一次出版的创新，也可能成为变革的先驱，最终被纳入会计理论和实践。因此，在1935年年末的时候，我与哈珀兄弟出版公司签订了出版合同，并于1936年，出版了该专著的第一版。

一件很有趣的事情是,哥伦比亚大学研究生部的主任规定,由于我的博士毕业论文(在第一次期末考试中已经顺利答辩了)的内容已经被大量更改了,所以我必须进行第二次期末考试,即重新答辩。我按照要求做了,并且很幸运,我的著作经受住了著名的经济学家韦斯利·C·米切尔的第二次审核。要知道,韦斯利·C·米切尔可是因为其在物价指数数字和商业周期的研究贡献而赫赫有名。

《稳定币值会计》在期刊和其他书籍中的评论,普遍来说都是非常积极的,尤其是会计界的伟大思想者和先驱——亨利·兰德·哈特菲尔德博士在非常重要的期刊《会计》上发表的评论。A·C·利特尔顿博士在《会计评论》上发表了一篇透彻、辛辣、诙谐的长篇评论,我认为他最终给予了支持性的结论。当我告诉他我的感想时,他很惊讶和开心——说希望是这样的。每月一书俱乐部也推荐了这本专著,究其原因,我认为可能是这本专著简单易懂的表达方式和这门学科显而易见的潜在重要性。

随着越来越多的人关注这些书评,虽然本专著的作用和理论已经被众人所接受,但是对其应用于实践还是有些疑问。

在这本专著已经在各大会计和经济类期刊上多次宣传的2年后,我抄下了大部分的广告,尝试着告诉大家普通的财务报表与各种各样最优的幻想是相似的。

这本专著当时总共只印刷了1 000册。我记得有80册要赠送给哥伦比亚大学,用作与其他大学间进行博士论文的交流。另外,我赠送给朋友、商务上的合作伙伴、杂志社、图书馆和其他人共计200册,并在每本专著上进行了亲笔签名。此专著已经有很多年没有再版了。可能是因为有了大量的新版本,二手的此专著变得几乎不可获得,那些有我亲笔签名的第一版的此专著,几乎都成了图书馆或朋友的收藏了。从那时开始,我在二手书店不断地寻找此专著第一版的身影,甚至在《会计》期刊上登广告,试图收集能够收到的每一本第一版的此专著。我买下了所有能找到的第一版的此专著,有时候甚至要花 25 美元才能买到一本。每次当我重新获得第一版的此专著后,我总是会把它赠送给新的朋友和该领域新的学者。

该专著在 20 世纪 30 年代中期的经济大萧条中问世。早期在一些主流期刊上发表的论文,构成了我早期的整体书稿的组成部分,我将其以参考书目的形式放在第 240 页的附录中。与早期发表在期刊上的论文一起,这本专著引起了理论界的关注和支持,被认为是当未来物价波动幅度足够大时可以派得上用场的工具。这本专著展示了历史上那些受通货膨胀影响的国家的会计师是怎样重新表述财务报表,才使得财务报表更有意义的。遗憾的是,它没能唤起人们整治目前财务数据上出现的"橡胶美元"问题导致的错误。

问题的原因并不神秘。这仅仅是因为一定期间一般的经济萧条并不会导致传统会计方法中的很多问题暴露出来(虽说从理论上来说应该如此)。与收入相关的成本(尤其是原材料采购成本、商品销售成本和折旧费用)本来应当被重新表述为经济大萧条期间更低的价值,但会计师没有这样做,导致在经济大萧条期间企业利润被低估了。因此,企业所得税降低了,工会的需求也不那么令人头痛了,股东的分红也少了。但尽管经济情况不尽如人意,非稳定币值的计量单位是罪魁祸首,管理者面对愤怒的股东却能够把责任推卸给经济萧条。

一个时期的通货膨胀却会引起公司管理层发起一致的抗议,因为,成本费用被低估了,利润和企业所得税被高估了,股东和工会的欲望不断增长。公司管理层信息充分,资金充沛,组织有序,他们喜欢享受一时的高利润带来的经济繁荣,但也喜欢毁坏随之而来高涨的员工薪水、企业所得税和现金分红。

为了在计价领域实现更精确和完整的会计核算,我做了所有我能做的工作,包括我把我的精力转向实现我过去的一个梦想上去——当一名律师。因此在 1936 年秋天,我进入华盛顿大学的乔治敦法学院学习。一般情况下,我在下午去听课,并于 1940 年 7 月获得了法学学士学位,并在当月通过了哥伦比亚地区的律师资格考试。而且,在我成为乔治敦法学期刊的一个编辑之后,我开始写有关所得税法方面的论文(有关稳定币值会计的法律或解释以及为什么1美元不能总是代表它实际的价格,实在是没有什么写头)。同时,我继续讲授我的稳定币值会计,每年一次。例如,在我当年哥伦比亚大学商学院的导师和资助者凯斯特教授组织的会计学学术研讨班上讲授我的稳定币值会计,偶尔也在别处讲授。但是,由于我的工作日益繁忙,正如下面很快就会讲到的那样,我在1964年之前关于这个话题唯一的一篇论著是1960年撰写的关于折旧计价的论文,该文一直没有出版,它仅仅是为满足哥伦比亚大学法学院法学硕士学位的要求而提交的。

非常幸运的是,在1939年的夏天,我担任了华府海军合约批准委员会的首席会计师。不久后,第二次世界大战在欧洲爆发,我们国家似乎也正在逐步、但却坚定地为加入战争准备着(就如第一次世界大战一样)。我在该委员会的职权广泛,正好有大堆的、尖锐的关于海军是否应当扩军的争论,以致我不得不投入处理各种各样的联邦合约的繁忙工作中。在1940年和1941年,我雇佣了大量的海军军人并把他们培训为成本稽查人员。让他们审计那些与私营公司签订的有关战争和海军部门的成本类合约的账簿记录。这些审计直接决定了为政府生产供给和建造政府部门使用或拥有的建筑物允许发生的成本。这种状况一直持续到1942年年初。此时,我被指派监督所有的审计工作,跑遍了整个美国,为合约人提供建议并监督他们的工作。此后,我评估合约者对额外报酬的要求,制定合约终止的条款,同时在提出和发展一项需要更大的政府合约的谈判的改革性的新法律时发挥绵薄之力。

1940年,物价开始飞速上涨。与过去那种我们已经逐渐适应的相对温和的通货膨胀相比,此时的通货膨胀变得令人惊讶了。此时的我,面对海军部门的大量的法律和会计问题只有加班工作,没有时间和精力来做稳定币值会计的研究工作。当然,我自己也意识到了这一点:物价飞涨的经济形势有利于修正"橡胶美元"财务报表的现状。

那段时间,修正物价水平中的不精确的一个阻力来自物价管理局(Office of Price Administration,简称OPA)稳定物价的政治目的。这个联邦机构毫无疑问在促使日用品价格、设备价格、服务价格和工资远低于应该有的价格水平方面做了很多的努力。我猜想联邦政府肯定在购买上述货物或服务的时候节省了好几十亿美元。当然,由此导致的结果是,必须限制许多基础生活必需品的购买数量。否则,消费者(一般会发现自己的购买力比以前提高了)会得到不平均,也不公平的——从国家利益的立场来说还是不利的——被人为压低价格的商品和服务。站在自由市场供求关系法则的角度来看,如此不正常的干涉阻止了许多商品和服务供给的增加(但正常情况下,需求上升了,供给就会上升),也因此阻止了价格降低到接近正常的水平。

从稳定币值会计的观点来看,OPA 导致了一个更为严重的后果,即扭曲了物价指数。其原因不言自明。一个持有仅能代表购物许可证明的定量购物券的人,他只能按 OPA 的定价买到限定数量的黄油、汽油或肉——前提还是他能找到愿意以这一价格出售商品的卖家。但是,那个价格并不能衡量出商品的真正价值,很多买家会很欣然投入更多的钱去购买这些商品——如果这类非法且不爱国的行为不被禁止的话。事实上,许多商品和服务(如尼龙丝袜、苏格兰威士忌、中等价位的公寓、新汽车)将无法以OPA 的价格购买,只能以黑市的价格购买。而这当然不会被纳入正常物价指数的编制中。这就必然导致不切实际的物价指数,往往是低得很荒谬,也就不适合用在稳定币值会计中。

基于我个人在政府合同法律方面的丰富经验,在 1943 年年初,随着战争急剧爆发,美国强大的工业和军事力量受人瞩目,我被邀约担任纽约律师事务所在华盛顿的合伙人,这家律师事务所的合伙人都是哥伦比亚大学法学院的优秀毕业生。我接受了这一邀请。这是一个有启发性,且有趣、有益的经历,从中我得到了好几个重要的启示。其中一点是,在没有投入同样多的时间和精力到法律实践中的情况下,我的法律经验是不可能达到我拥有22年丰富实践经历的会计经验的水平。然而,我也不可能那样做。时间和精力并不是永无止境的。但是,因为我喜欢法律并且已经拥有广泛的会计经验,我所能做的就是把法律和会计结合起来。这一计划意味着我要专攻需要广泛且深入的会计知识的法律领域——它们是政府合约和企业所得税领域。

按照这一计划,我不得不开创属于自己的独立的事业,这样才能够发展需要在政府合约和企业所得税方面得到专业协助的客户群。因此,1943年,在得到律师事务所的批准后,我开办了一个特殊的注册会计师办公室,由一名极端值得信赖的会计师负责。1年后,我辞去了律师事务所的合伙人职位,把我的主要精力放在注册会计师的工作上。从那以后,我一直在那里工作,除了偶尔作为一个独立从业者做些法律工作外,还作为美国国防部副部长的特别助理在五角大楼做了2年兼职工作。从1936年起,我作为会计、法律或两者混合专业的兼职教授,先是在乔治敦大学,而后则是在哥伦比亚大学任职。

我从事独立业务的前6年主要是和政府合约有关。在这方面,我比其他律师或会计师更具优势,因为我熟知政府的工作。在那里,我长时间从事企业所得税方面工作的优势也展现出来。因为它告诉我如何"既拥有蛋糕又能够吃掉蛋糕"(译者注:即合理的税务筹划以减少或延迟所需要缴纳的企业所得税)。这个理想的目标是我通过将政府合约收入投资于一家成功的钻井公司而实现的。在这一过程中,我也学到了不少知识。这种形式的石油投资在当时有独特的税收减免项目——"无形钻井和开发费"。这种费用,尽管本质上是资本性支出,但可以在正常的应纳税收入之前全额抵减。而且,根据另一项特殊的所得税抵减方案(被称为比例剥离),石油收入还可以减少27.5%后再纳税,其结果便是获得了很高的税后利润。这种状况一直持续到我的审计费用上升到足以让我们可以减少政府合约的业务规模。

一家从零开始的会计师事务所(就像我的会计师事务所一样),需要多年的时间去发展才能成功。但是,有很大市场需求的专业知识却能让它迅速成功。我仅仅是抓住机会,在那个熟知政府合约的专业人士匮乏的年代满足了商人了解政府合约的需求,然后,通过利用石油行业所提供的节税机会来获得足够多的收入,以使我在审计业务开始盈利之前有足够的偿债能力。

在我独立从业的那段时间,也就是自1943年到现在,我广泛地写作。具体地说,我是两部企业所得税领域专著的合著者之一(这两部专著均由培生出版公司出版)。这段期间,我也是一些发表在期刊上的关于税务和政府合约方面论文的作者,而且是会计百科全书中"政府合约会计"这一章的作者(该书1962年由培生出版公司出版)。我在这些领域的讲座和教学,与我在法律和会计领域的一般性的讲座和教学一样,一直持续着。而且,我还不时地开展一些特定话题的讲座。这些特定话题我认为主要就是稳定币值会计。

在第一次世界大战末期以及随后的十几年里,许多大致可以归纳为稳定币值会计领域的研究成果开始零星地出现在一些期刊或者是某些小册子上。但这些研究主要围绕基于重置成本对固定资产进行重新估值。重置成本也常被称为再生产价值或当前值(对存货和证券资产而言,当前值意味着市场价值或者是竞标价格。但是,涉及资本性资产,常规意义上来说,它通常只意味着用评估来确定重置成本)。当然,这些早期文献中的另一个重要的话题是折旧,人们广泛地认为它的作用是重置固定资产。

据我所知,佩顿和史蒂文森在他们的《会计学原理》一书中(早在1918年就出版了)最早预见了在某种情况下放弃对历史成本完全依赖的必要性。1918年,《会计》期刊发表了一篇米德尔迪奇的简短但是发人深省的论文,论文的题目是《难道会计不应该反映美元价值的变动吗?》。1920年,佩顿在他以前发表的文章《折旧、估值和生产力》(发表在《会计》期刊上)中再次提出了他的天才般的理论质疑。

虽然偶尔会出现一些其他稳定币值会计领域的研究论文,但它们大多数仅仅是在探索、推测,它们的观点不系统、不协调,它们试图寻求因计价与折旧所引起的有关问题的解决方法。这些论文基本上都是纯粹理论性的,没有基于任何实践经验(由美国评估公司所发行的一些小册子除外),它们并不关心稳定币值会计作为一个整体的逻辑性和完整性(一个颇受欢迎的话题——"估值中的折旧"——该主题似乎是矛盾的)。我在1927年至1930年间发表了3篇稳定币值会计基础方面的论文,其中的两篇发表在《会计》期刊上,另外一篇发表在《会计评论》上。此时,随着经济危机的日趋严重,除了将我的博士论文分拆成的一篇篇期刊论文外,有关这一问题的论文开始枯竭。

当然,在1936年,我的专著《稳定币值会计》正式出版了,但那以后发生了什么?似乎没有什么。我现在回想起来,直到1963年以后,有关稳定币值会计的重大事情才发生。

当然,部分涉及稳定币值会计的文献还是出现了不少。虽然其中某些论文还是值得一读的,但是绝大多数的论文没有多少价值,不值得一读。其中的原因可能是,因为读了别人最近的一些论文,许多论文的作者开始对这个领域感兴趣,在该话题的某些方面做出了一些设想,却没有进行进一步深入的研究。他们可以使自己的观点得到发表(想必可能是没有报酬的)。在仔细阅读了这些比较随意的出版物后,我就不再关注它们了。我想知道,怎么有人敢对这样一个复杂的、重要的问题随意发表论文,而没有感到对于潜在的读者,他应当有义务先让自己的结论接受更广泛的研究和调查。在稳定币值会计研究领域,20世纪20年代的相关论著都要比1936年以后的一些伪科学的、无价值的论著更优秀。

1939年,麦克尼尔的专著《会计中的真实》出版了。它推翻了传统的历史成本,提倡使用现值进行会计计量,并认为现值实际上是稳定币值会计的一种特殊形式(在本书的第三章中将提及)。麦克尼尔对本人的《稳定币值会计》一书作出了如下有趣的评论:

"斯威尼清楚地抓住了目前被广泛采纳的会计原则的不能忽视的缺点……结果是,因为精准数据可得的局限性,它是一个可以显示购买力变化的、透彻的且在数学上坚不可破的系统。无论一个人是否认同稳定币值会计中的概念,他都必须承认这个概念达到了它宣告的目的……"

"有两个重要的反对稳定币值会计普遍使用的理由,第一个是所采用的概念可能超出了一般人们的理解范围……"

"第二个重要的反对稳定币值会计普遍使用的理由……源自一个事实,即使一个股东和经理能够理解和运用它的概念,他们能得到的信息可能在大多数情况下不如他们通过现行概念得到的信息更有价值。"

一般情况下,我会仔细阅读佩顿教授在这个研究领域所发表的观点,这些观点不仅存在于他的著作中,也包括1957年他在印第安纳州公共事业委员会所做的关于计价和折旧的诉讼案的证词。拉尔夫·C·琼斯,尤其是在他的《关于四家公司的案例研究》中,和佩瑞·梅森都撰写了关于通货膨胀和对其矫正应当采用的方法的有趣的论文和小册子。该研究领域更年轻的美国教授包括杜兰大学的斯蒂芬·A·泽夫和夏威夷大学的唐纳德·A·卡宾。阿舍尔于1952年发表的《会计调查》一书对稳定币值会计作出了最准确且简洁的解释和阐述。

国外的会计人员,主要是大学的教授,也在积极地寻求会计计量结果一致的计量单位。近几年里,我和他们中的一些学者讨论过稳定币值会计,包括伦敦经济学院的威廉·T·贝克斯特、澳大利亚的雷蒙德·J·钱伯斯、日本一桥大学的铃木一朗·武士刀、斯图加特—乌尔巴赫的埃贝哈德—泰拉克尔、赫尔辛基的亚科—洪科。

在20世纪30年代后期,存货的后进先出法被提出,采用这种方法可以使销售成本与销售收入更具有配比性。当时的争议是,按照传统的存货发出计价方法(即先进先出法),销售价格倾向于代表当前的价格水平,但是存货成本却倾向于代表过去的价格水平。

正如下面例子所显示的,假如期初没有存货,年初购买了单价是1美元的商品100个单位,年中购买了单价是2美元的商品200个单位,年末购买了单价是3美元的商品300个单位。因此,总共购买了600个单位的商品,花费了1 400美元。接着,假设到了年末仅仅销售了其中的500个单位的商品。在先进先出法下,最早购买的商品最先销售出去(现实中这种做法很可能是最常见的),将产生1 100美元的销售成本(即100＋400＋600)和期末300美元的存货(由最后的100个单位、单价为3美元的商品所构成)。但是,在后进先出法下,即最后购入的商品最先售出,将产生1 300美元的销售成本和100美元的期末存货(由最先购入的单价为1美元的100个单位商品所构成)。

由于价格通常会上涨,而且后进先出法对联邦税收来说也是可以接受的,这一方法被美国企业界广泛采用。这样就使得货物的销售成本和销售收入体现更加可比的购买能力。因此,能够减少应纳税收入,减少企业所得税。但是,正如一位作家所声称的:它是不理性的、不充分的,也是不符合逻辑的成本会计,它经常让期末存货成本过低,因此错误地减少了资产负债表中所显示的营运资本的数量。但是,在销售成本领域(这是亟待进行稳定币值会计改革的一个重要领域),它仍然是一个代替稳定币值会计的滥竽充数的方法。

1963年,夏威夷大学的塞缪尔·商—欧科·李教授作为哥伦比亚大学商学研究生院的博士候选人,其博士论文由我指导。他写了一篇优秀的论文,这篇论文的研究主题是有关韩国的通货膨胀和第二次世界大战后重新计价的法律规范,以及运用稳定币值会计消除传统会计数据中的扭曲效应。该博士论文中的一个表格的统计结果表明在1950—1959年的这10年时间里,涉及有关"物价变动调整问题"(即稳定币值会计的问题)的共计有136篇文章、1 048页,这些论文发表在3本美国会计期刊上:《会计学》期刊、《会计评论》期刊和《N. A. A. 公告》。

这个统计表格使我们了解到有关稳定币值会计(不管它被叫作什么)的文献变得多么的丰富,出现得多么的频繁。正如前面所提到的,我只阅读了其中的一小部分。因为我很快了解到,作者的观点早在10年前已经被德国和法国的学者很好地表达出来了,当时他们不得不去真实地面对严重的物价变动问题,而不是想象出来的问题。

但是,在1963年11月,出现了一本有关稳定币值会计的非常重要的著作,该著作的书名是《报告物价水平变化的财务影响》,即《会计研究报告第6号》,由美国注册会计师协会的会计研究部门的研究人员共同撰写,该部门是美国职业会计人员的杰出组织。

这份研究报告的开头声称:"这样设计是为了提供会计问题的讨论和文献……信息量大,但是仅仅是暂时性的。"因此,否定了人们认为该机构会通过该研究的猜想。接着,它继续解释了为什么美国的财务会计报告应该反映美元价值的变化。再接着,它解释了应该如何去处理这种美元价值的变化。最后,它以那些出版的公司财务报告和会计文献作为示例,并提供了相关参考书目和索引。

因为这是一个美国机构的出版物,它必定吸引公众的注意力,引发人们的思考,并激发讨论。事实上,它可能提供决定性的力量,这种力量使得稳定币值会计由不受重视到受到重视。因为,尽管该机构否认这是一份已经通过的官方文件,但是在企业界和会计人员看来,这是该机构也是美国公共会计的半官方观点(该研究项目的一个顾问就指出了这一点)。

这份研究报告的主要建议和稳定币值会计的观点有什么异同呢?最通俗、最直白的事实(我说这些并不带有任何对剽窃的讨厌和指责,而是有一种特殊的自豪感)是这两本著作除了在处理由一般物价水平变化引起的利得和损失不同外,它们的主要观点几乎是完全相同的。但是,我必须承认,我有一种强烈的懊悔感,即《稳定币值会计》的主要观点不得不等到27年后才得到这个研究领域应该得到的认可和尊重。如果这些观点在1936年《稳定币值会计》以一个完整的形式出现时就被接受了,那么从那时起出现的许多不准确的货币计量问题,特别是在第二次世界大战期间及以后出现的货币计量问题可能已经被改变了。

因此，这份研究报告的最重要的原理和程序实质就是《稳定币值会计》里的内容(除去上述提到的一个例外)。之所以被更新,是因为后来发生了与该主题更密切的事件案例,通过新事件案例进行报告从而使得其更容易理解。这些事件包括:第二次世界大战期间很高的所得税税率、后进先出法的引入和商人对"橡胶美元"的越来越担心(译者注:即对通货膨胀情形下美元价值的担心)。因此,我在1964年10月出版的《会计评论》上发表了一篇有关这个研究问题的篇幅长且详细的评论,在这儿就没有必要补充展开了。

这个研究报告的主要缺陷在于,它对几乎所有实际的币值稳定程序中不可避免的和重要的因素,也就是与货币价值有关的利得与损失,都做了模糊不清的和不符合现实的处理。例如,在一般物价水平上涨的时候持有现金,正是引起资本增加的重要原因。

因此,如果1月1日,有银行存款10 000美元,同时物价上涨10%,要保持原有的对经济商品和服务的货币购买力,银行存款也要增加10%。但是,实际情况并非如此,于是银行存款会丧失一定的购买力,这部分是1 000美元,也即维持一般购买力不变应当增加的金额。如前所述,物价上涨10%之后就需要11 000美元,这样它的购买力才等价于物价上涨前的10 000美元;如果金额不变,那么它的购买力将下降10%或者比原购买力少1 000美元。

此外,一般物价上涨之后,只要银行存款没有被使用,那么这个损失就存在,且是未实现的损失。这样,一般物价上涨引起的损失可以部分或者全部被以后的一般物价水平下降抵销。只有现金已经部分或者全部被消耗掉了,才能将潜在的、暂时的、未实现的损失转化为实际的、最终的、已实现的损失。

该研究报告对货币价值的利得与损失的处理有两大缺陷:第一,该研究报告没能清楚地解释这种普遍而重要的利得与损失从本质上来说是应当作为收益性支出还是作为资本性支出,这样的处理太模棱两可;第二,这种处理是不符合实际的,因为它忽略了已实现的收益与未实现的收益之间的重要区别。

在前述的例子中,持有 10 000 美元现金,当一般物价指数上涨 10%时,将发生 1 000 美元的损失。然而,这仅仅是未实现的损失,因为这表示对商品和服务在经济支配力上的下降。如果在一般物价指数达到 110%时就将所有的现金用完了,那么这个损失就是已实现的。如果只支付了一半,即 5 000 美元,已实现的损失为 500 美元,剩下 500 美元为未实现的损失。最重要的一点就是该项未实现的损失实际是存在的,但传统的会计并没有确认这项损失。

该研究报告允许与货币价值变动产生的利得与损失可以采用两种处理方式:要么作为一般情况下的货币价值变动收益;要么作为资本项目的调节(权益资本)。但是,如果都按第一种方式确认为收益,由于货币性项目(如现金、应收账款、应付账款等)在会计期末几乎都有余额,那么这些余额上体现的未实现的收益都被自动处理为已实现的收益;如果都按第二种方式处理,作为资本项目调整,在一个典型的会计期间里,一些项目的损益是实现了的,一些项目的损益还没有实现,而在这种处理方式下这些已实现和未实现的损益就无法被真实地反映出来。

对于这一两难问题,我努力想从国外学者那里找到符合逻辑的答案,却无功而返。最后,我自己想出一个方法,它不同于该研究报告中所采用的方法。我的方法是,不去不切实际地过度简化复杂的现实情况。相反地,我只简单地列示了他们存在的现实状态,将货币价值变动产生的利得与损失处理为收益(或损失),并借鉴传统的会计方法区分已实现的和未实现的收益(或损失)。

我对于该研究报告的其他批评,相对而言,就不那么重要了。这些批评主要包括我对研究范围、研究内容和陈述方式方面的一些反对意见。

应当批评的是,该研究报告没有一个令人满意的、易于理解的、详细的表达方式,用以展现如何在现实的商业环境下运用稳定币值会计。该研究报告的确提到了其他4篇关于物价水平调整的技术问题的出版物,但这种采用参考索引的方式使该研究报告显得更加糟糕,让它不仅不完整而且没有连续性。因为该研究报告与那4篇被引用的文章在涉及稳定币值会计的处理上没有形成完全的一致性(如在货币价值变动的利得和损失的处理上,在物价指数数字的使用上)。4篇参考文献的形式也不太符合公共会计的标准,没能做到把稳定币值会计理论结合实例广泛运用到实践中。

该研究报告共计有280页,仅仅只有58页涉及稳定币值会计的完整理论。这种简化论述,实际上只是个总结,是挺好的,但对那些高级阶段课程之外的学生而言,过于简洁。接下来的222页主要包括附录、参考书目和索引。其中一个附录(附录B)有18页,是对稳定币值会计运用技术的一个简短描述。我认为这应当紧跟在理论阐述之后。

附录D很棒。它展示了部分或全面稳定币值会计的详尽实例,尤其是关于折旧的实例,这些实例来自出版的公司年度财务报表。其中最重要的一个例子是1961年一个大型荷兰公司——菲利普工业公司的年度财务报表。菲利普工业公司实际上通过特殊的物价指数数字(不是一般的)来调整它的会计记录,并公布了调整后的结果,而不是仅仅公布传统的会计数据(对美国会计的非现实性有一种悲观的评价,即为了遵守美国证券交易委员会的规定,公司必须调高1961年经过稳定币值会计处理的净利润以符合"基于美国公认会计原则来报告")。稳定币值会计的基本原理已经被用到了现实中并已经出版了相关的著作,作为这个重要的著名案例的同时代的出版物,这个附录具有引导性和启迪性。

附录E列出了来自会计学和经济学文献中的实际案例,尽管它们没有被用在已经发行的年度报告中(包括从我自己的专著中摘录出来的3个实际运用了稳定币值会计的实例)。这个附录也对稳定币值会计有相当大的贡献。最后,该研究报告以一个出色的参考书目(包括11页更新后的参考书目)和非常有条理的索引结束。

总之,我对这份研究报告的评价可以用我前面提到的发表在《会计评

论》上的评论中的一段文摘来总结:

"该研究报告的出版是非常重要的,因为该研究报告的出版意味着美国注册会计师协会认为应该慎重考虑根据美元价值的变化来修正财务报告,并且使得这个观点第一次广泛传播。尽管现在美国注册会计师协会的会计原则委员会可能不会正式采纳这类会计处理,但是我们已经在消除欧文·费雪曾经恰当地表述过的'金钱幻觉'上迈出了勇敢的一步。任何后续的反对和延迟都不可能使第一次不完美尝试的重要性完全失色,这次尝试提高了用以指导企业界进行重大决策的财务报告的真实性。"

总而言之,尽管该研究报告很难读懂,给人一种内容不紧凑,不是一个有机整体的印象,但实际上它传达的信息对会计学、企业和政府来说都很重要。因此,所有的会计人员不仅应当认真阅读这份研究报告,而且应该仔细研究它。因为它迈出了积极而专业的第一步,通过一个稳健的计量单位来提高财务报告的准确性和完整性。如果该研究报告得到美国注册会计师协会的官方认可,那么它将是自中世纪复式记账法被引入后会计史上的一次最伟大的进步。

在当前经济状况下,美国稳定币值会计会有怎么样的发展前途呢?在回答这个问题的时候就不难理解为什么稳定币值会计尽管好处多多,但却一直没有被采纳。

1936 年首次出版发行的这本书,它的最后一章的标题是"对反对意见的回复"。在这本书出版前的 12 年,我一直围绕这个主题进行写作、演讲和讨论。我已经读到、听到了各种对稳定币值会计的反对意见。28 年后的今天,我曾经定义的"不合理的异议"不会再被那些已经熟悉并掌握了这一知识的人提出。对于"合理的异议",唯一仍然引起注意的是有关可操作性的挑战(这种异议是指稳定币值会计程序太理论化或太难)。

在稳定币值会计发展的初期,首先,我不得不说明它的目标和解释它的理论;接下来,我还得为它的可操作性作辩护。但是,现在精明的会计人员和企业家都知道,美元是一个危险的骗子,财务报表需要基于物价水平进行调整。因此,我能很快地进入基于成本效益原则的可操作性方面的话题。莱纳德·阿舍尔教授对目前形势作出了大概是最好的总结:

"总之,当前稳定币值会计的逻辑优点和理论有效性毋庸置疑。问题是:怎样来推进这样一个复杂的,甚至可能是高成本的改革。"

这本书详细地探究了稳定币值会计可操作性的问题,不仅在最后一章,而且在解释和评估稳定币值会计技术在现实中的运用的三章中均提到了其可操作性问题。凯斯特教授对我的研究结论非常满意,并同意将其作为我的博士学位论文予以认可。我的研究结论在本书的第231页中列出来了。该研究结论是:在以下两种情形下,稳定币值会计是实用的。第一,期末账上的大部分资产、负债和所有者权益是在一般物价水平至少下降或者上涨5%前进入企业的;第二,一般物价水平在会计期间内至少有5%的变化。

是否满足第一种情形主要取决于过去的初始取得日期。可能,时下绝大多数美国的大中型公司的数据满足这一情形。是否满足第二种情形主要取决于所涉及的特殊期间的物价变动范围。最近这些年的物价变化不够大,因此不满足第二种情形。处于现在的这种经济情形下,如果不是被运用于相对而言是近期成立的小公司,稳定币值会计可能具有可操作性。但是,正如本书中所强调的,无论收益和成本是如何被估价和决定的,实用性必须用收益是否超过成本进行严格测试来衡量。但是,在单个案例中这样的测试结果在很大程度上是不能预测的。因为,对一些公司的管理层和股东来说,稳定币值会计提供的数据可能有指导性并能导致增加公司利润的行为发生。然而,对另外一些人来说,它们可能仅仅导致困惑和高成本的无效行为。在某些情况下稳定币值会计下的费用可以被人为地控制和最小化。

毫无疑问,会计职业自身原因是稳定币值会计没有被广泛采用的主要根源。具体而言,其主要原因是,尽管这个问题(以一种或者其他的形式出现)已经在会计文献中出现了数十年了,可大多数会计人员仍然对其视而不见。当然,有许多合理的理由来解释这种漠不关心。我认为其中最重要的原因是:会计人员要在每个年度的前 1/3 里做那些习惯性的超负荷工作,他们没有去学习一门新技术的冲动,不能充分理解稳定币值会计,也缺乏应用这一新程序所需要的额外的支出。特别重要的是,会计信息使用者对这一激进的改革缺乏基本的需求,联邦和州当局也不情愿接受被修订后的数据。在这些理由背后还有可以理解的人类惰性,即人们不愿意去修改现存的已熟练掌握并有利可图的技术。

在另外的一些案例中,企业管理层也备受指责。虽然许多具有前瞻性的企业管理层,他们反对传统会计造成的费用低估和所得税的多付。但是,更多的企业管理层更关心让他们的股东看到利润,即使这些利润仅仅看起来比较多。这样他们便可以从中得到高额的薪水,享有股票期权以及从股票的转让中获利。

当然,政府,特别是我们的联邦政府作为规则的制定者很自然地采用了最简单、最直接的方法。在大多数情况下,它策略性地允许美元失去购买力,同时有条理地征收大量的企业所得税。这些大量的企业所得税负担不均衡、也不平等地落在了那些有大量应计提折旧的资产和较高的净货币性资产的纳税人身上。毕竟,政府要维持各项值得称赞的(和值得怀疑的)支出就必须有收入。因此,政府为什么要支持一种几乎肯定会(至少暂时会)加剧它的不可逾越的问题的会计理论呢?

会计学术界指责企业界不愿意采用稳定币值会计,并责备政府没有意识到它的重要性。而企业界则指责会计学术界没有将稳定币值会计纳入"一般公认会计原则",它也责备政府没有意识到它的重要性。政府作为法律的制定者,它却责备会计学术界没有首先接受稳定币值会计,并责备企业界没有对其有强烈的需求。因此,从某种意义上来说,各方都应当受到指责。但是,从另外一个层面上来说,各方都不应当受到指责。

至少,目前这种互相指责的僵局可能因为《会计研究第 6 号》的出现而被打破。因为,尽管官方一开始就作出了免责声明,且还保留最后否决该提议的权力,但如同骰子已经被掷出去了,厚冰已经被打破,不变价值美元的虚假定律已经被撕下伪装、暴露无遗,并被羞辱。这个民族的巨大的经济优势和进步从根本上取决于会计报告的逻辑性、一致性、完整性,我们已经在这方面迈出了充满想象力的勇敢的一大步,没有任何事情可以使之改变。因此,稳定币值会计需要得到更多的发展,即使缓慢但将会坚定地得到更广泛的接受和尊敬,而不该被指责为太理论化、太昂贵或其他。

正如《稳定币值会计》一书里所强调的,它的主要作用在于为财务报告提供补充信息。正如一些国外学者所提出的,它不应当被用于改变账簿的记录。账簿记录必须以它们原始而非完全符合现实的状态存在。这与《会计研究第 6 号》是一致的。

《稳定币值会计》一书在 1936 年出版,据我所知,它比任何相似的以英语撰写的著作要早许多年。另外,我还知道,在所有用其他语言撰写的类似著作中,本书是第一次对货币价值变动引起的利得和损失提出完整而现实的处理方法的(德国和法国的会计先驱们不像我那样有时间把这一问题研究出来。或许他们不如我幸运,没能找到稳定币值会计的基础)。

作为对我在撰写《稳定币值会计》一书中所花费的时间、精力和金钱的回报,大家都认为《稳定币值会计》是第一本完整且经过了深思熟虑而成的、必将成为未来传统会计一个重要分支的著作。我很珍惜大家给予的这样的评价。1937 年,在美国亚特兰大所举行的美国会计师协会的年度大会上,我的朋友——已故的维克托·斯坦普佛(会计师职业协会的领导人之一和图什·尼文公司的高级合伙人)告诉我"我比我的时代早了 50 年"。现在这 50 年已经过去一半了,如果在这 50 年的后半部分中看到他当时言过其实的预言得以实现,我将非常满足。

为什么稳定币值会计在美国最终能够被采用(以一种或者别的形式)的最合适的解释,可能是阿尔弗雷德·马歇尔(著名的维多利亚折中主义经济学家)所作的如下总结:

"大自然的行为是复杂的。但我们假装它是简单的,并试图从一系列最基本的假设的基础上来描述它,实质上从长期来看,我们什么也得不到。"

最后,我将让读者作出判断,哪一种稳定币值的观点是真正实用的:是非稳定币值会计("1 美元就是 1 美元")还是稳定币值会计("1 美元是一个骗子")!

亨利·惠特科姆·斯威尼
1964 年 8 月于纽约

会计经典丛书已出版著作目录

书 名	作 者
《簿记论》	卢卡·帕乔利
《连环帐谱》	蔡锡勇
《银行簿记学》	谢 霖
《无形资产论》	杨汝梅
《高级商业簿记教科书》	潘序伦
《改良中式簿记概说》	徐永祚
《会计理论》	埃尔登·S·亨德里克森
《公司会计准则绪论》	W·A·佩顿，A·C·利特尔顿
《账户的哲学》	C·E·斯普拉格
《会计中的经济学》	约翰·B·坎宁
《1900年前会计的演进》	A·C·利特尔顿
《1925年前成本会计的演讲》	S·保罗·加纳
《会计理论——兼论公司会计的一些特殊问题》	W·A·佩顿
《现代会计学》	亨利·兰德·哈特菲尔德
《稳定币值会计》	亨利·惠特科姆·斯威尼
《会计中的真实性》	肯尼斯·福赛思·麦克尼尔